5 北大法学部ライブラリー

自治と政策

山口二郎 編

北海道大学図書刊行会

刊行にあたって

北海道大学法学部ライブラリーは、本学部創基五十周年を記念して企画され、学部の総力をあげて取り組んだ論文集である。したがって、ここに収められた論文の大部分は、北海道大学法学部の教授・助教授、および、かつてその職にあった者が最先端の研究から古典的命題の再考察まで日頃の研鑽の成果を書き下ろしたものである。また、一部の巻では、本学部以外より優れた研究者にご寄稿をお願いすることによって、内容を充実させた。

各巻は、それぞれ人権、情報、市民、自治など、現代の重要な問題に焦点を絞って編集された。と同時に、全巻をもって来るべき新世紀の課題を展望するように構成されている。そのため、ほとんどが従来の法学・政治学の伝統的な学問区分を越えた学際的構成をとっている。

本ライブラリーの刊行が、法学・政治学の分野における今後の研究の発展のために、新たな問題提起を果たすことを期待する。

刊行にあたっては、北海道大学法学部創基五十周年記念の基金より助成を受けた。同基金に醵金を賜った同窓生各位、各企業に心からの謝意を表する。また、編集・刊行を引き受けられた北海道大学図書刊行会に対し、記して感謝する。

一九九八年一一月

北海道大学法学部長
中村研一

はしがき

本巻「自治と政策」は、現代日本の行政における大きな変化、地方分権と行政改革を中心に、それらの変化の意味を明らかにするとともに、二一世紀における日本の行政のあるべき姿に関する提言を行う論文を収録している。これらの論文はいずれも一九九〇年代に起こった変化をとらえようとするものであり、本巻の意義を説明するうえでは九〇年代という時代の意味を把握しておく必要がある。

一九九〇年代は政治、行政、経済の各分野において巨大な変化が起こった転換のディケイドであった。経済の分野では「失われた十年」という言い方が定着している。不良債権の処理を誤り、目前の景気対策に忙殺されるばかりで構造改革が先送りされた不毛な十年という意味であろう。また、政治の世界でも政治改革が空前のブームになったにもかかわらず、小渕政権崩壊劇が示すように、自民党の体質は相変わらずで、大規模な制度改革は所期の成果をあげていない。さらに、戦後改革に続く大改革をめざして、いわゆる橋本行革が展開されたが、大規模な組織再編にエネルギーを投入しただけで、行政組織の体質や政策の決定、実施過程にどのような変化が生じるかは定かではない。原子力、警察、農業土木など多くの分野で発覚した政策の失敗や組織の腐敗に対して、行政改革が何らかの解決策を提供したということはできない。

しかし、九〇年代に起こった変化がすべて失敗や退化であったかといえば、そうとばかりもいえない。行政の分野には、日本の行政史上いくつかの画期的な変化、進歩を見出すことができる。たしかに、九〇年代にはさまざまな行政の不祥事が起こったが、一部ではそれらの不祥事への対応の中から政策の決定、実施の手続きや、情報公開、住民参加の仕組みに関するイノベーションが始まったのである。とくに県のレベルで、官官接待やカラ出張を契機に、情報公開の徹底が図られた。また、政策の失敗に対する認識の深まりから、政策の評価や撤退に関する制度の開発が進められた。北海道の「時のアセスメント」はその代表例である。日常の行政活動の中でも、アカウンタビリティ(説明責任)、政策評価、住民参加などのキーワードが行政の権力者自身も含め、誰も反対できない常識となった。実際に例えば、公共事業の決定、実施の仕組みがどこまで変わったかについては楽観できない。しかし、こうした変化は十年前からは想像できないものである。

また、地方分権改革の着実な成果も、この十年間の改革の中でほとんど唯一実質的な内容をもったものである。二〇〇〇年四月に施行された機関委任事務の廃止を中心とする地方自治関連法の大改正は、十年前からは想像できないものであろう。国と自治体を対等の関係とする法的枠組みが新たに樹立され、地方分権はさらに新しい段階に入っている。

こうした変化を引き起こした要因として、経済構造の変化に伴う市場の圧力の高まり、中央集権的行政システムにおける制度疲労、市民社会の成熟という三つを指摘することができる。

第一の経済構造の変化とは、市場経済が世界大に広がり、経済活動に関するルールの標準化が進んだことをさす。それは必然的に政府の活動の範囲を限定することとなった。また、政府と市場との境界が曖昧となり、行政活動の進め方にも変化が生じることとなる。公共性や公平性よりも、効率性が要求される。

第二の中央集権的行政システムの制度疲労については多言を要しないであろう。明治以来日本の近代化や発展を主導してきた中央官僚制は、国家目標の達成とともに動機づけを失い、新しい問題に対する対応力を失った。

そして、行政の無謬性神話は崩れた。政策の評価や責任追及のあり方について世論の関心が高まっていったのである。中央官僚制の限界が明らかになるにつれて、地方分権の動きが促進されることとなった。

第三の市民社会の成熟とは、とくに九〇年代、地方のレベルにおいて、住民の行政に対する意識や行動に大きな変化が起こりつつあることをさす。自らを政策の受益者と考え、行政の権威に服従し、行政に対しては陳情を行うだけという住民にかわって、主権者として地域政策について取捨選択の観点からアプローチし、必要であれば自ら発言、行動するという市民が現れはじめた。こうした変化については地域差が大きいが、一部の意欲的な首長がそうした市民社会の変化を前向きに受け止め、改革の追い風にしていることも重要な変化である。

本巻に収められた論文は、それぞれの要因に照らして九〇年代の日本の行政における変化や、それに影響を与えた外国の変化を説明しようとするものである。

宮脇論文は、第一の市場化の要因から行政における大きな変化を説明する。とくに、金融における市場化の動きが資金の流れの変化を通して、日本の行政にどのようなインパクトを与えたのかを分析するものである。従来の日本の行政においては、無償の財政資金(租税)をもとにした政策と、有償の財政投融資資金をもとにした政策が混在してきた。本来後者の政策は、事業による収益をあげて、出資、融資を還元することが原則となっている。したがって、この種の政策においては事業の効率性、収益性の有無がチェックされなければならない。その意味で、この種の政策はリスクを伴うものである。しかし、長年の右肩上がりの経済構造においてリスクが無視されたまま政策は拡張された。そして、低成長期を迎え財政構造が変化した後も、リスク回避的な政策運営が続けられ、政策における負の遺産が累積している。宮脇論文は、金融システム改革、財政投融資改革によってそのようなリスク回避が持続できなくなる状況変化を明らかにしたうえで、新たなリスク管理型政策運営のあり方を論じている。

木佐論文、畠山論文、小沢論文は、第二の集権型行政システムの限界という要因に即して、地方分権改革や政策評価システムなど九〇年代に起こった行政の大きな制度改革について分析、検討を加えている。

まず木佐論文は、地方分権推進委員会の活動による分権改革に対して、その分権に対する理念を共有しながらも、厳しい批判的検討を加えている。たしかに分権推進委員会が唱えた「国と地方を対等の関係に」というスローガンは画期的ではある。しかし、木佐によれば、今回の分権大改革は、制度の自生的発展を信用、期待できないという発想に立つという特色がある。従来の制度的枠組みの中でどれだけの自治が可能だったのか、十分な実験や実践のないまま、制度の集権性に問題の原因が帰着された。そのうえで、分権推進委員会はさまざまな制度改革の構想を打ち出した。制度の抜本改革を行っても、それを運用する中央、地方の公務員の意識や知恵が変わらなければ、分権の目標は達成されない。木佐論文は、実務に関する広範な調査をもとに、集権体制下の地方行政の実務における現実的パラダイムを掘り起こし、それを比較法的観点から検証したうえで、日本のパラダイムが制度改革によっていかにして変えられるかを論じている。

畠山論文は、地方自治体における公共事業見直しの動きについて、その背景を分析し、公共事業に対する評価システムの現状と問題点を明らかにする。道路、河川改修、ダム、土地改良事業、公有水面埋め立て、都市計画事業など公共事業の分野ごとに規定されている策定、実施手続きを洗い出し、手続きの面から無駄やミスマッチが起こる原因を明らかにする。また、国の省庁やいくつかの自治体で試験的に始められた評価システムを検討している。そうした議論から、公共事業の基本計画策定段階における参加、公開の手続きの不備が明らかにされる一方、事業評価の役割についてはそうした弊害を是正するための手段として位置づけられるべきだとされる。

小沢論文は、一九九八年に北海道で創始され、全国的にも大きな影響を与えた「時のアセスメント」について、その経緯について分析し、時のアセスの対象となって撤退が決定された個別の案件に即して、いかにして撤退が決定されたかを解明している。そして、環境アセスメントと時のアセスメントとを対比して、それぞれの役割の違いを説明している。小沢論文は環境行政の実務者という立場を反映し、現実の日本における政策決定過程に対する実践的な提言が含まれている。

山口論文とピッチャス論文は、外国の制度の紹介を通して日本の改革にとっての示唆を提供しようとするものである。山口論文は、一九九七年の英国における在外研究中に執筆された、エージェンシー制度に関する研究である。これは、市場の圧力と市民社会の成熟という二つの要因によって、伝統的な行政活動の法的枠組みが大きく変化したことを明らかにする。その際、行政が奉仕すべき顧客は民主主義を支える市民ではなく、市場における消費者の類推としての市民である。また、伝統的な民主主義や法律による行政の原理が有効性を失い、競争や効率の原理によりサービスの改善を図るという手法が英国社会に定着した。日本における橋本行革の中でも、エージェンシーは独立行政法人の制度設計に大きな影響を与えた。これに対して、山口論文は、英国の公共サービス供給システムの制度的文脈を無視して制度の模倣を行っても、むしろ組織変更に伴うコストのほうが大きくなることを危惧している。

ピッチャス論文は、ドイツにおける公務員の養成、研修の仕組みについて詳述したものである。基本的な前提として、英国と共通した新管理主義(new public management)の強い影響のもとで、ドイツでも行政の現代化という現象が起こっていることが重視される。行政の現代化とは、市場化の圧力を受けて、政策実施や組織管理の手法が変化することであり、公務員のイメージも従来のような忠実な法の執行者から経営感覚をもったマネージャーへと変化している。ドイツの行政においては、こうした新しい専門能力をもった職員を作り出すために、さまざまな養成、研修のプログラムが開発されている。この論文は、今後の日本の行政官に必要な資質、能力を考察するうえで、きわめて重要な示唆を含んでいる。

九〇年代における政治改革、行政改革については、公法、政治学の専門家が制度改革の立案過程に大きな影響力をもった。ただし、政治学者が制度改革に関して十分な見識をもたないまま制度変更の世論をつくった政治改革と、行政法、行政学の専門家が中央官僚と対峙しながら制度の詳細な検討を行った分権改革とでは、専門家の関与の仕方は対照的である。その意味で、専門家の関与の仕方が改革の成果の良否を左右したということもできる。

二一世紀に入っても、九〇年代後半の行政改革が積み残した課題に対する改革の必要性は継続する。本巻所収の論文が、そのような実践的制度構想と学問的研究との架橋となれば幸いである。

本巻の編集担当者であった木佐教授が二〇〇〇年四月に九州大学へ転出したため、私が急遽編集を受け持つことになった。諸般の事情により刊行が当初の予定よりも大幅に遅れてしまい、法学部同僚諸氏、北大図書刊行会にご迷惑をおかけしたことをお詫びする。

二〇〇〇年五月

山口二郎

自治と政策——目　次

凡例

一、判例等の出典表記は以下の略語によった。

刑集　最高裁判所刑事判例集

判時　判例時報（判例時報社）

判タ　判例タイムズ（判例タイムズ社）

二、引用文（訳文）中の〔　〕は引用者（訳者）による。また、〔　〕で示した傍注は訳者による。引用文中の／は原文の改行を示す。

金融システム改革における地方自治体の政策展開

――リスク管理時代の政策と財源

宮脇　淳

はじめに

国の権限移譲や税財源の配分問題などを柱として展開されてきた従来の地方分権議論に、新たな視点を加えることが必要となっている。それは、金融システム改革(日本版ビッグバン、外国為替及び外国貿易管理法(以下、「外為法」という)の改正)から生じる「資金の流れと質」の変化が、地方自治体の政策展開に与える影響である。地域経済そして財政を支える資金の流れと質が、金融システム改革の進展により国の内外を通じて変化する。そのことが、地方自治体を取り囲んできたこれまでの行財政環境や政策策定要因を変化させ、国依存の政策展開に大きな変化を与える。それは、新たな財源の確保と政策決定・執行プロセスの模索が必要なことを意味する。以上の背景には、コンピュータ・ネットワークの発達等に伴う情報化・市場化の流れが存在する。内外の市場、政府と市場、政府と市民、国と地方それぞれの情報共有化は、地方自治体の政策決定・評価システムの本質に変化を与える。

本稿では以上の観点から、まず金融システム改革と行財政全体の関係を整理したうえで、国と地方自治体の行財政運営が金融システム改革、情報化から受ける影響と、そこでの政策決定のあり方などを考察する。それを通じて、リスク管理型の地方自治の姿、市場原理と民主主義の関わりを考察する。

一　リスク管理型地方自治

情報化・市場化の進展は、国・地方自治体をめぐる諸環境要因の変化を恒常化させ、その深度を深める要因となる。この環境変化に対応するには、機能・リスクの分散化を図ることがまず求められる。金融システム改革に際し、国・地方を問わず日本の行財政が全体として抱える重要な課題として、第一に「市場リスク回避型から市場リスク管理型」への転換があげられる。本稿で取り上げるリスクでは、諸種のリスクが帰結する「政策効果の不確実性」に焦点を当て整理する。[1] 市場リスク回避型の本質は、市場外の所得再配分によるセーフティーネットの存在を前提とした「負担・責任の転嫁構造と利益誘導」であり、市場リスク管理型の本質は、市場内に視野を広げたセーフティーネットの再構築と「評価・責任の明確化、機会均等の実現」である。この意味からは行財政改革の最終的な目的を、「社会全体のリスク配分の現状を明らかにし、その再構築を図ること」と言い換えることが可能となる。すなわち、国を中心とした官のスリム化（いわゆる「行政の減量」）と、効率化を進める一方で、民による過度な官依存を改め、官民ともにリスクを自ら受け止め積極的に管理できるシステムの構築が、行財政改革の最終目的として位置づけられる。従来の行財政改革では、国・地方を問わず予算編成に対するシーリング方式など「数値コントロール」が主体となってきた。数値コントロールは、重要な手段である。しかし、数値コントロールによってコスト削減と鉄格子的体質を強めるのではなく、行財政システムの転換を図ることが重要となる。その体質転換のひとつが、リスク管理型の行財政システムの確立にある。

戦後の日本では、国を中心とした官が規制的な市場のもとで、市場外の所得再配分を含めたリスク回避の主体として機能してきた。中央集権の中で地方自治体、民間(企業、地域住民)ともに自ら信用創造とリスク管理を十分に実現する機能をもつことができず、国自身も名目経済成長による所得の拡大(いわゆる「右肩上がり」)[2]にリスクを転嫁しリスクの顕在化そのものを回避してきた。「政策効果の不確実性」を政策に対する信用リスクの側面から計量化した場合、その基本図式は「政策信用リスク(R)＝政策不履行の確率(D)×予算変動(B)」と表される。政策不履行の確率(D)は「0≦D≦1」であり[3]、予算変動(B)は政策執行および不履行に伴う必要財源の現在価値と機会費用の関係で測定される。従来は、政策信用リスク自体測定されることがないか、あるいは政策不履行の確率(D)を「0」として評価し、予算変動(B)を大きく増加あるいは「∞」化させ、全体としての政策信用リスク(R)の「0」評価には影響を及ぼさない手法が主体とされてきた。予算変動(B)の「∞」化は、特殊法人等における赤字の累積、行政財産の死蔵など負の資産の積み上げによってももたらされている。

こうした日本全体のリスク回避型の構図が、国内外そして地域間・世代間の既得権体質、所得再配分体質を強め、行政の利益化と財政赤字の拡大をもたらす要因となっている。このリスク回避型の構図が経済の成熟化と国際化、世界経済の同質化[4]などにより限界に至っている。国と地方の権限・機能の見直しに加え、とくに地方自治体にとっては、リスク回避の体質から脱却するため施策領域と手法の見直しを図る一方で、参加型民主主義、民間企業や地域住民によるフィランソロピー(philanthropy)[5]、公益的活動の拡充を進めることが重要となる。すなわち、政策選択リスクや信用リスクの管理を官民で分担しあう構図の構築である。参加型民主主義の帰着は、地域住民が政策決定プロセスに参画し、自ら政策のリスクを負担することにある。また、官の領域を絞り込む一方で民が私益を追求するだけの存在にとどまれば地域社会の公益的活動が欠如し、細分化された同質集団によるエンクレーブ(enclave)状況[6]を深刻化させる危険性がある。中長期的な視野に立ってＮＰＯ(nonprofit organization)など非営利の公益的活動[7]を、民間企業や地域住民が主導的に展開できる環境を整備することが、政策展開の信頼性を確保するうえで地方自治体に課せられた重要な課題となる。リスク管理型社会では、情報の開示を進め、抱えるリスクを明確化し、リスクとリスクヘッジの手法を自ら選択できる環境とすることが重要であり、地方自治体が主体となり民間企業も含めた地域住民との協働関係に基づく地域のリスク管理を実現する。

政府の存在意義として指摘されるのは「市場の失敗」の存在である。社会・経済活動は「市場の失敗」を常に伴う。行財政の本来の役割は、この市場がもたらす歪みを補完するため、所得の再配分等を行うことである。市場の失敗は、情報の非対称性、取引費用の障害、独占・寡占等市場支配力の存在、交換の限界、外部性の存在などさまざまな要因によってもたらされる。しかし、市場の失敗は、すべての政策の正当性を担保するものではなく、また、政府が自ら積極的な行為をなすべきことの必然性を意味するものでもない。市場の失敗への対処として、第一に「私的メカニズムによる克服」が優先されるべきであること、第二に市場の失敗を克服する手段として「何もしない」選択肢が常に存在することに留意すべきである。

私的メカニズムによる克服とは、市場の失敗を民間セクターの中に存在する非市場的原理の活用によって克服する方法であり、パートナーシップやボランティアなどによる公共財の供給がその代表例である。また、市場の失敗が政策の失敗によって誘発されている場合、政策の失敗を是正することで私的メカニズムを正常化することができる。例えば、官の積極的な情報開示による情報の非対称性の克服、規制緩和の推進等である。私的メカニズムによる市場の失敗の克服は、公益性のある領域でも民間が担える仕組みはないかを追求する姿勢である。私的メカニズムによる克服をコーディネイトする重要な役割を担う機関として、地方自治体が位置づけられる。また、「何もしない」選択肢とは、市場の失敗への対処が政府の介入を必然とはしないことを意味する。市場の失敗を理由とする規制等の実施が、民間の意思決定と活動の自由を奪い、社会的厚生の向上を制約する可能性を内在させる場合がある。地方自治体の政策評価プロセスでも、「私的メカニズムの活用」と同時に「何もしないこと」を比較評価の対象として含めることが必要である。アメリカのプロジェクト評価では、基本的分析手法として「費用便益分析」と「費用有効度分析」が採用され、①貨幣的価値に換算できない便益も多面的な物理資料によって定量化すること、②現在価値がマイナスとなることが明らかなプロジェクトは原則として実施しない、③規模、手法、公的関与の度合い等さまざまな角度から代替案を策定することの中で、実施しない、直接取得する、更新投資、共有、用途変更、リースなどを検討する仕組みとなっている。評価対象を特定の方法に基づく政策実施に限定せず、政策を実施しない場合、多彩な他の手法を活用した場合を含めた論脈の確定が重要となる。

重要な課題の第二は、財政と金融の相互関係の再構築である。財政主導型の金融政策は「埋め込まれた市場原理」・「国家主導型の擬制市場」のもとでの、財政運営に優先順位を置いた政策決定プロセスを意味する。橋本内閣時代に設置された行政改革会議は行政活動の評価軸として、①競争原理を導入できないか、②社会的費用がその便益を上回っていないか、③採算性の検討を十分行っているか、などの諸点を掲げている[8]。こうした行政活動の評価も、行財政を支える資金の流れの変化を踏まえて行うことが重要となる。

日本の金融システム改革は、「市場原理が働く自由な市場」、「透明で信頼できる市場」、「国際的で時代を先取りする市場」の三原則に基づき国際市場に対して魅力ある金融市場の実現をめざしている。その取り組みは、国や地方自治体を取り囲む従来の財政環境を変化させると同時に、新たな行財政制度を確立する契機ともなる。国から地方自治体への財源移転は、地方分権推進のため不可欠な課題である。しかし、移転される財源は、これまでの規制された市場ではなく国際的にオープン化した市場を前提とする財源となる。政策展開そのものをリスク管理型に転換すると同時に、政策執行のために必要となる財源の確保自体も市場リスクを踏まえた構図に転換することが求められる。企業のリスク管理に置き換えるならば、業務リスクと財務リスクの一体化といえる[9]。政策のひとつの目的は、公益性の実現にある。その公益性の実現を支えてきた財源の流れと質が変わる。そこでは、税と税以外の財源の住み分け、さらにはそれに合わせた政策策定と政策展開の再構築が必要となる。

1　行財政のシステミック・リスク

(1)　金融システム改革

金融システム改革の進展によって、国内資産の運用を国内外のいずれに求めるかは、市場を通じた投資効率やリスクヘッジなどを踏まえたポートフォリオ管理(portfolio management)[10]、ALM(Asset and Liabilities Management)の問題となり、その結果、資金の流動性が国の内外を通じて高まる結果をもたらす[11]。また、外為法改正と二〇〇一年に予定される日本版ビッグバンは、情報通信革命と一体化し国際的な電子金融取引(電子マネー取引等)を発展させる。そうした情報化の進展の中で国際金融市場へと日本市場が脱皮する前提として、現存する「金融のシステミック・リスク」の克服が大きな問題とならざるをえない。システミック・リスクに対処する根本的な処方箋として、民間金融機関の抜本的リストラによる体力強化と早期是正措置などを通じた与信業務の見直し、これまで欠如していたリスク管理体制の確立[12]などが重要となる。金融システム全体のシステミック・リスクが改善されない限り、日本の金融市場は資産運用の優位性と信頼性を確保できない。金融システム改革は、国内金融市場の優位性と信頼性を生み出すため競争制限的な規制の中で活動してきた金融機関の体質改革を求め、「ホールセール(対機関投資家業務)」と「インベストメント・バンキング(投資銀行業務)」の業務活動を拡充させる[13](表1)。そのことは、国際業務を担う既存の金融機関だけの問題ではなく、地方自治体の財政運営と密接な関係を有してきた地域金融機関の位置づけと機能(例えば、地方債制度や指定金融機関制度等)にも大き

表1　金融システム改革の影響

求められる仕組み	従　　来	金融システム改革後
①新規参入・商品自由化	行政による制限	消費者保護・決済機能の維持，独禁法の面からの制限のみで，原則自由
②時価会計	一部のみ	満期まで保有する資産以外は時価評価
③投信の拡大	個人貯蓄は預貯金中心	投信等多様な資産保有形態の出現
④決済業務の変化	オンラインと店舗網の拡大による寡占状況	決済業務への参入自由化，店舗網依存による寡占状況の崩壊
⑤含み経営の限界	含み経営の体質	時価会計導入で含みが基本的になくなる
⑥投資家行動の変化	契約，貸出しと運用が一体	投資効率追求が徹底
⑦シェア主義の崩壊	シェア至上主義	事業全体としての投資効率重視
⑧持ち合いの崩壊	持ち合い	機関投資家の純投資として株式を保有
⑨エクイティの拡大	大企業中心	成長企業，M＆Aの資金調達手段
⑩ベンチャーキャピタルの拡大	上場寸前の企業に投資	早い段階からの投資が拡大
⑪証券化促進	証券化スタート規模2兆円程度	すべての資産の証券化・流動化拡大
⑫社債市場の拡大	発行市場は小規模，流通市場は未完成	発行市場の拡大と流通市場の整備
⑬外国金融機関の拡大	預貸業務でシェアは2％前後	国籍に関係なく活動
⑭対日直接投資の拡大	直接投資は10対1で出超	バランス方向に移行
⑮円の国際化	円建て比率低位	商・金融取引両面で国際化

出典）長銀総研資料などより作成。

な影響を与える。資金の流れと質の変化によるシステミック・リスクの存在は、金融面に加え行財政面でも顕在化する問題である。さらに、第三セクターの破綻等ですでに顕在化しているように、国・地方を通じた財政赤字の拡大と負の資産の堆積は、公信用の揺らぎなど将来の行財政のシステミック・リスクを深刻化させる危険性があることに常に留意すべきである。[14]

(2)　行財政のリスク

金融システム改革を通じて既存の行財政が直面するシステミック・リスクの要因を整理すると、次のとおりとなる。第一は、国内資金の内外移動が自由になるため、所得を対象とした課税制度などを基本とする現行の税制度に限界が生じることである。日本の行財政は、国・地方ともに所得が国内にとどまり国内で運用されることを前提にした税制で支えられてきた。しかし、金融システム改革等を通じて税源そのものの国内への安定的維持が困難となり、税の基本を消費税をはじめとした支出課税と資産課税にウェートを置いた構図によりいっそう移行させることが不可避となる。所得税、法人税を柱とした現行の地方交付税制度による地方間財源調整にも限界が生じる。既存財源を前提とした地方間財源調整の是非だけで、地方財政の問題が整理できないゆえんである。地方分権の過程においては、税制全体が支出課税主体に移行する中で消費課税を中心とした地域間財源調整制度の拡充などの検討が必要となる。こうした資金の流動化と税源の問題は、国の内外だけでなく国内の地域間問題としても生じる。例えば、分社化の促進で地域企業に占める赤字企業の割合が拡大する可能性などである。

第二は、日本の行財政を根底で支えてきた財政投融資制度の存在である。金融市場の原理に立脚した財政制度を実現する際、財政主導型の金融政策の柱であった財政投融資の制度的改革が不可欠の課題となる。とくに、財政投融資の資金運用額は四〇〇兆円規模(簡易生命保険資金を含む)に達しており、戦後の中央集権的行財政運営を水面下で支える大きな役割を果たしてきた[15]。地方分権の推進においても、財政と金融の両面から財政投融資制度の再整理が必要となっている(詳細は、二2(2)参照)。

第三は、公共投資の事業評価をはじめとした政策評価機能の拡充が行財政制度に大きな影響を与えることである。そのことは、日本では従来ほとんど実施されてこなかった公的機関の信用度(いわゆる「ソブリン評価」)の測定に結びつく。それは同時に、政策の決定プロセスと執行そして監査・検査のプロセスに対し情報開示と説明責任の徹底、選択的政策提示などの対応を求める[16]。また、国・地方自治体(複数自治体の複合体も含む)、または国・地方自治体が保証する形で発行した債券(国債・地方債や政府保証債など)がどの程度の確率で実質的にデフォルトされるかを認識することが、公的な信用を確保するためきわめて重要な要素となる。財政赤字の削減、財政の健全化など財政再建が先進国で最優先課題となる中で、今後は公信用を背景に発行する債券も経済・社会情勢や気候、政治情勢など多面的にリスクを測定することが求められる。公共事業など個別プロジェクトごとの費用・効果分析(cost efficiency analysis)や組織体の業務評価など評価制度が充実することで、民間資金の公的部門への活用や複数の政策手段の効果比較に基づく選択などが可能となる。現在は、国の信用を背景とした資金調達が主体となっている地方自治体や特殊法人も、機関ごとあるいは実施プロジェクトごとのリスク評価が必要となる。金融システムの透明性、信頼性を確立すると同時に、行財政システムの透明性・信頼性の向上を図り、日本社会全体に対する国内外からの信用度を高めることが重要となる。国内の貯蓄に依存した経済運営が困難となる中で、国内資金の安定的な確保に加え海外の資金をいかに国内に安定的に呼び込むかが、今後の日本の財政運営を考える場合に重要なポイントとなる。地方分権を進めるにあたっても、地域の貯蓄を中央経由ではなく自らの判断で投資できる能力と、投資面で魅力ある地域づくりに努力することが国依存から積極的に脱却するため重要な要素となる。そこでは、リスク管理の評価に耐えられる政策と地方自治体としての体質づくりが前提となる。一九九六年三月末現在で、北海道の郵便貯金も含めた預金総額は、二八兆円強に達する。[17] 例えば、この貯蓄を道内への直接的な投資に振り向ける制度と政策づくりに取り組むことが、地方分権の推進、国依存からの脱却に向け、まず必要となる課題である。

(3) 公信用の再評価

行財政のシステミック・リスクの問題は、閉鎖的で規制された金融市場を土台とする日本の行財政システム全体に対する見直しの問いかけである。これまでのように国の一元的管理で、一般会計、特別会計、地方財政、そして財政投融資が一体となって、財政のソフト化とリスク回避を実現できた時代はすでに終焉している。加えて、日本の行財政は、多くの「負の資産や負の制度」を抱えている。負の資産そのものと負の資産を生み出してきた行財政の仕組みを見直すことが、公信用の確保のため前提となる。一九九四年、スウェーデンでは国内最大の生命保険会社によって、国債引受けが拒否されるという事態が生じた。この事態を発端に、スウェーデンでは財政への信用を回復するため、年金制度(基礎年金の廃止)も含めた抜本的な改革への取り組みが展開された。「国債引受けの拒否」は、何を意味するのか。それは、国の信用である「公信用」の否定を意味する。公信用とは、法律的には「国の信用関係に基づき貨幣を貸借する形態」を、経済的には「再生産活動の外部にある国が借り手・貸し手となり、信用関係を形成すること」である。国債の発行は公信用の形成であり、国債引受けの拒否は国の基本機能である公信用(全体または特定の案件に関する公信用)を否定する意思をもつ。日本の公信用形成は、国債引受けだけでなく郵便貯金・年金資金など有償資金の活用である財政投融資制度を通じても広範に発揮されている。郵便貯金・年金の資金を確保し、投資・融資に運用する制度の根底を支えるのは、公信用である。財政投融資の原資となる郵便貯金・年金などの資金は、金融市場経由か法制度に基づいて義務的に徴収されるかは別として、国の信用を背景に集められ運用されている。地方債の引受けや政策金融からの資金供給など、地方自治体の財政運営においても国の公信用を背景とした財政投融資の制度が大きな役割を果たしてきた(18)。このことが半面、地方自治体自らの信用創造とリスクへの意識を希薄化させる要因ともなっている。日本の場合、戦後半世紀、右肩上がり経済と規制された金融市場の中で公信用が否定される可能性は低かった。持続的に経済が成長し世代を重ねるごとに所得・貯蓄が増えてきたこと、そして不完全・不透明な財政情報の開示で、実質的な財政赤字を先送りしつつ経済全体で順次負の資産を抱え込むことを可能としてきたことなどをその要因として指摘することができる。もちろん、財政面でこれまでも局地的には、国の信用を問いかける局面がいくつか存在している。その代表は、国債の大量発行によるシンジケート団引受け方法の見直しと国債の流通市場の育成である。それは、実質上大蔵省の決定した条件で引き受けるという公信用発動の方法へのフレーム問題の発生(既存の枠組みに対する限界の発生)であった。こうした流れは、地方債残高が急増する中で地方債市場にも同様に生じる問題である。公信用の最終的な担保は何か。それは、税である。したがって、課税対象をいかに安定的に国内あるいは地域に維持するかが、公信用維持のため問われる重要な課題となる。これまで、公信用の発動の主体は国であった。しかし、地方分権の推進にあたっては、地方自治体あるいは地方自治体の共同体が公信用の発動主体となり、自ら信用創造する努力が求められる。そのため、地方自治体自身のリスク管理体質への転換、課税自主権の確立などが不可欠となる。

2　行財政に対する新たな視点

日本において行財政のシステミック・リスクを克服し、市場と参加型民主主義を土台とするリスク管理型の行財政制度を確立するには、次の新たな諸点を踏まえることが重要と考える。

第一は、「政府活動の相対性」である。政府活動の相対性とは、政府が行う活動のパフォーマンスを民間部門の活動を基軸として客観的に評価・検証することである。政府活動は「民間部門の限界的な補完」であり、経済・社会の資本蓄積と生産活動の阻害要因を取り除くことを主たる機能とする。その際、「市場の失敗」に加えて「政府の失敗」に対するリスク管理にも十分に配慮すべきである。金融システム改革の進展により資本の完全な移動性が達成された場合、政府活動の内容、そして行財政のパフォーマンスが市場の評価にダイレクトにさらされる。そうした時代に備えて民間部門の活動を主体とする効率のよい行財政システムを築き上げることが必要となる(19)。市場の補完、公益性の存在は、政府活動の手法を規定しない。なぜなら、市場の補完の機能を達成するにあたっても、信用保障や税制などを通じて民を主体とした手法の導入が可能だからである。そこでは、単に営利主義を基本とするシステムを構築するのではなく、「公と私」、「官と民」の相互関係の見直しを通じ、市民と企業による非営利的活動が第三の軸(the third sector)として成長する社会が構築される。

第二は、「官」と「民」における「所得とリスク配分の再構築」である。所得再配分は、財政の本源的機能のひとつである。その所得再配分機能の発揮が既存の行政組織あるいは財政支出の構造を通じて広範化しかつ硬直化したこと、日本の社会全体がリスク回避に主眼を置いてきたことなどにより、行政の利益化、財政危機を招く大きな原因となっている。本来、開かれた市場原理に基づき競争し市場の中でリスクヘッジすべき活動に対しても、財政面からの所得保障を行いセーフティーネット[20]の水準を高く画一的に設定することで、民間経済の官依存と財政赤字の拡大を強めてきた。市場外で展開される所得再配分の領域の再検討が必要となる。規制緩和等の経済構造改革そして金融システム改革の取り組みが進められる中で、全国一律の発想(「国土の均衡ある発展」等)の見直しがいちだんと重要になる。このことは、社会保障や地方分権などの課題にも共通する視点である。画一的セーフティーネットを維持し続けることは、リスク回避型体質を温存し、財政負担を拡大させるだけでなく、重点的な保障制度の実施を困難にする。行財政改革は「民間へのリスク移転と、官民を通じたリスク管理機能の拡充」を進める取り組みである。その取り組みにおいては、行財政の透明化・簡素化に加え、受益と負担の関係を混濁させないため「税と保険」の区別を明確化すること、紐つき補助金等政策誘導の手段を見直すこと、セーフティーネットの水準や画一性を再検討すること、などが必要となる。

第三は、「負の資産」の認識である。負の資産の代表として指摘される国鉄清算事業団や国有林野事業の累積赤字は、最終的にプライマリーバランスによる国債発行や税負担の引き上げによる処理を求めざるをえない状況に達した。加えて、負の資産は単なる累積赤字の問題ではなく、機能不全に陥っている公共事業によってもまたらされる。一九九七年、北海道庁が導入した「時のアセスメント」や札幌市の「政策再評価プロジェクト」[21]は、時の経過とともに経済的・社会的に不必要あるいは機能しなくなった公共事業について中止を含めた見直しを行う施策である。官も失敗することを前提にリスク管理する手法に転換しようとする取り組みである(政策不履行リスクの「0」評価からの脱皮)。そして、さらに重要な点は、将来に向けた負の資産の堆積をなくすことである。国と地方自治体を通じた政策決定プロセス、予算編成の仕組みそのものの見直しがなければ、過去の処理を進める一方で将来の負の資産を積み上げる結果となる。過去の負の資産の見直しを行っても、一方で将来の不良資産を従来型の行財政システムの中で積み上げることで行財政の歪みは拡大する。そうした状況を回避するには、地方自治体主体、プロジェクト単位の政策決定プロセスへの転換、機会費用や割引現在価値の予算制度への導入、中間・事後評価体制の確立など公的会計制度、評価制度の抜本的見直しが必要となる。それは、財政情報の改革を意味する。

第四は、可変的フレームの認識である。中央省庁の統廃合や政策金融の見直しを通じて確立すべき新たなフレームとは「可変的なフレーム」である。中央省庁の新しい体制についていかなるフレームを形成するか以上に、新たに形成されたフレームをいかに固定化せず機動的に見直す仕組みを導入できるかが重要である。ランダム・ウォーク化する経済・社会に対応してリスク管理する機能を果たすには、フレーム自体とそこで果たすべき機能の柔軟性・透明性を確保する仕組みを組み立てることが必要となる。

第五は、政策評価制度の構築である。政策評価の導入の際注視すべき点は、政策評価を単なる財政危機に伴うコスト削減の手法と矮小化してとらえないことである。政策評価を通じて、行政サービス提供の質と手法自体をサプライサイドの視点に立って見直す点にポイントがある。市民が受ける行政サービスの質を少なくとも低下させない前提で、より効率的なサービスの供給方法がないかをひとつでも多くの選択肢の中から検討するツールが政策評価制度である。国や地方自治体等で展開される公共的意思決定の目的は、「適切な公共選択の実現」にあり、適切な公共選択の実現とは、「社会的厚生」すなわち「社会に属する個々人の効用を最大化すること」である。この適切な公共選択を担保し支える重要なメカニズムとして、政策評価はまず位置づけられる。政策評価を拡充させるためには、第一に「説明責任の徹底」、第二は「社会設定の適正性」、第三は「予想差違の克服」、第四に「政策目標に向けた明確な仮説を設定すること」が重要となる。

政策評価で不可欠なことは、評価結果に基づく見直しの実効性を担保するため、制度見直しのための支援システムを評価プログラムと一体として設定しておくことである。政策評価を実施しても、その結果が何らかの形で行財政システムの具体的な見直しに結びつかなければ、政策評価自体が官の非効率体質の原因となる。政策評価を単なる問題提示に終わらせることなく、現実の制度・政策転換に結びつけていくためには、行政組織、財政制度、公務員制度等の柔軟性確保を、政策評価の制度設計と同時に実現させておく必要がある。

二　金融システム改革と地方自治

国と地方の関係を考える場合、これまで地方交付税や補助金の問題が中心とされてきた。しかし、地方交付税および譲与税特別会計の資金繰り、公営企業金融公庫や北海道東北開発公庫をはじめとした特殊法人の活動、さらには地方債の引受けなど、財政投融資制度が地方自治体の財政運営に果たしてきた役割は大きい。とくに、一九九〇年代後半、税収の低迷等を反映し、地方自治体の財政運営に占める財政投融資資金の比率は上昇する傾向にある。このため、地方分権を考える場合、補助金問題などと同時に、財政投融資制度を通じた資金供給の質の問題を掘り下げることがいっそう重要な課題となっている。そのことは、金融システム改革が地方自治体の政策決定プロセスにいかなる影響を与えるのかという問題と共通の課題でもある。北海道では民間金融機関が不良債権処理で大きなリストラを求められると同時に、北海道東北開発公庫の廃止・新機関設立、北海道開発庁ならびに開発局の組織・機能見直しなど、官・民を通じた資金の流れが量・質ともに大きく変わらざるをえない局面を迎えている。こうした変化に対して、資金の重要な受け手であり繋ぎ手でもある地方自治体がいかに対応できるかは、今後の北海道の地方自治を考えるにあたっても大きな課題とならざるをえない。

1　補助金行政

(1)　政策の意図と帰着

財政投融資からの資金供給の問題を掘り下げる前提として、補助金行政による「政策の意図と帰着の乖離」の問題を取り上げる。財政投融資の資金供給が、補助金行政と同様の性格を強くもっているからである。政策の帰着とは、政策の意図を示した「予算費目」ではなく支出された予算の効果が最終的にどこに到達しているかに着目し政策評価を行うことである。予算費目や許認可などの権限は、各省庁の縦割りの中で限定された合理性あるいは部分的最適化を基本として機能する。この縦割りに拘束された予算費目の目的が、「政策の意図」を形成する。この政策の意図が実際の政策執行を通じて、全体として個別の意図とは異なる政策効果、すなわち政策の帰着を生み出す。あるいは、当初意図した最終的な効果に到達せず執行過程での反射的効果に帰着する。加えて、政策の失敗を政策で補塡する糊塗策の存在が指摘できる。政策の失敗を政策で穴埋めする「政策の糊塗」の連鎖によって、公的施設の建設・誘致に新たな財政資金が投入され、政策の失敗をさらに財政支出によって補う悪循環に落ち込む。[22] このことが政策リスクにおける政策不履行リスクを「0」とし、予算変動を「∞」化する。地域開発で意図した地域経済の活性化も、政策の糊塗の連鎖によって公的部門中心の補助金依存体質に変質する。この構図の根底には、リスク回避を基本とする官民双方の体質が存在する。官の失敗を前提として、やめるという政策判断が可能な財政制度、法体系を構築する必要がある。すなわち、政策信用リスクの測定における「政策不履行リスク」を「0」ではなく「1」と評価できるシステムの導入である。道庁の「時のアセスメント」や札幌市の「政策再評価」だけでなく、北海道歌登《うたのぼり》町の肥培用ダム建設の中止も、地元自治体からの政策信用リスクに対する問いかけの表れとみることもできる。政策の糊塗策の連鎖は、苫小牧《とまこまい》東部開発やトマム開発など大型プロジェクトだけでなく、地元地方自治体の財政負担で政策の意図と帰着のねじれを補填する厚沢部《あっさぶ》町の灌漑ダム建設問題など、近年の開発事業に規模の大小を問わず検証できる課題である。

補助金行政は、政策の糊塗の連鎖とリスク回避・機会コスト意識の欠如を深刻化させた。補助金は、地域開発など直接的・個別的財政支援によって政府施策の実現をより確実なものとする、などのメリットがある半面、①財政膨張や既得権化の温床となること、②行政責任の不明確性を助長すること、③地方行政の総合性を阻害する要因となること、④利益誘導型政治をもたらすこと、など多くの問題点を有している。とくに、補助金が既得権化しやすい点は、財政膨張の原因をつくるだけでなく省庁縦割りの弊害を助長して総合的・効率的な地方行政の実現を困難にする。同時に、地方自治体のコスト意識を希薄化させ受益と負担の乖離、地域住民の納税意識の低下などももたらす(いわゆる「財政錯覚」・「行政の利益化」)。補助金制度は、議会に対する行政の優位度を高め、国・地方両者の財政民主主義を形骸化させる原因をつくってきた。とくに、地方自治体の財政民主主義は、補助金や税制をはじめとした国の統制によって形骸化を深める。補助金を通じた行政面の国から地方への指揮監督は、単に予算編成過程だけではなく日常の地方自治体の自治事務など執行面にも強い影響を与え、裁量権をも制約しているのが実態である。

また、近年では地方交付税制度も地域間財源調整としての性格だけでなく、政策誘導の色彩を強くしている。例えば、特別交付税の政策誘導的算定として省令による「地域情報システム」等が存在するほか、普通交付税による誘導策も、基準財政収入額からの控除、基準財政需要額に単位費用として算入、事業費補正算入、特定の民間事業への融資原資に対する地方債発行許可と利息負担一定分の交付税措置等が存在している。

(2) 補助金的財政投融資

補助金同様、国から地方への財源面を通じたコントロールの底流を担ったのが財政投融資である。財政投融資は、地域の貯蓄を郵便貯金などを通じて中央に集め再び地域に配分する役割を果たしてきた。民間金融機関の投資資金が中央に量的に集中する中で、財政投融資は地域への投資資金をバランスよく確保する機能を担ってきた。[23]しかし、「量」のバランスだけでこの問題を評価することはできない。財政投融資を通じて供給される資金がもつ「質」の評価がより重要になる。そこには実施する政策、そして財源調達の両面から地方自治体の選択肢を狭める要因が数多く存在する。公共事業や地域開発においても、補助金行政と地方債の発行許可に加え、許可した地方債の引受けや融資など財政投融資による資金供給が中央集権の重要な構図となってきた（図1）。財政投融資については、①直接的な財政支援策であり、地方債の発行許可、地方交付税、財政投融資対象機関による資金供給を通じて国中心の政策執行機能を強力に果たす、②行政責任の不明確性を助長する、③補助金行政との組み合わせなどにより地方自治体の地域ニーズに合わせた政策の最適選択を困難にする、などの問題点を地方の行財政との関係では指摘することができる。今後地方分権を具体化するにあたっては、財政投融資を通じた中央集権的

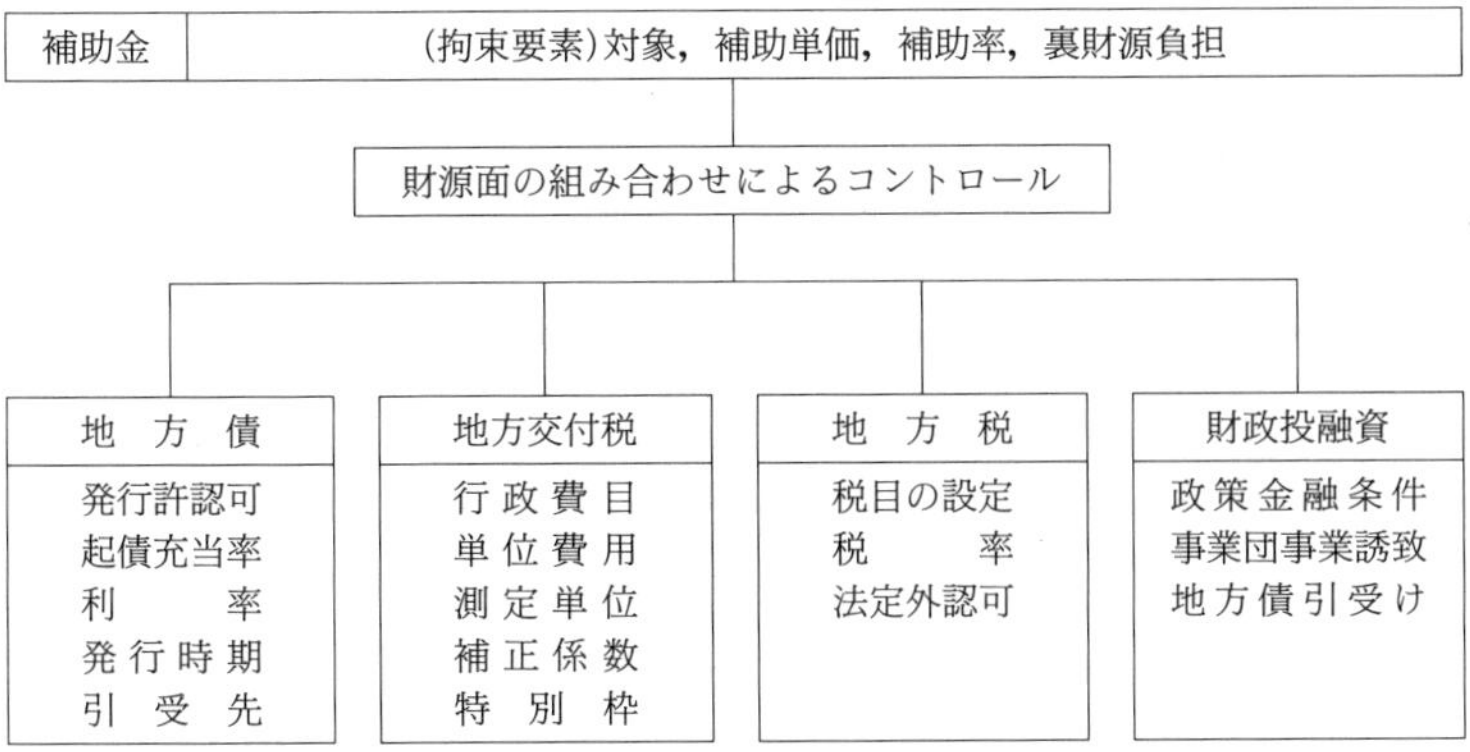

図1　国から地方自治体への財政面からの拘束

な資金配分を見直す制度の構築が必要である。このことは、同時に地方債の発行形態や地方債市場の確立、地域金融のあり方にも問題を投げかける。

また、財政投融資制度は、財政的規律を緩める存在となっている。財政投融資の資金は、郵便貯金や年金資金といった有償の資金を特殊法人に貸し付ける等の形で運用されており、直接的な資金の返済を必要としない一般会計の資金に比べ運用の規律が厳格なはずである。しかし、現実の財政システムでは、一般会計の規律のほうが強くなる結果となっている。一般会計が厳しい財政事情のもとでマイナス・シーリング等その規模が抑制されたのに対して、財政投融資の資金量はこれまで潤沢な状況が続いてきた。本来「質」の面では規律が厳しいはずの有償資金が、「量」の面から逆に財政規律を弱める存在となったのである。このため、一般会計等では負担しきれない財政需要が財政投融資へとその財源を求めて直接・間接的に移行する結果となっている。加えて、財政投融資対象機関への補給金をはじめとした繰入や繰越欠損の存在は、事後的に赤字額が穴埋めされたり、赤字額が放置されたりする仕組みなど財政規律の緩みを加速させる(表2)。財政規律の緩みに対し、金融的側面としての市場性の重視と同時に、財政的側面からの民主主義の貫徹を実現することが財政投融資を改革するにあ

表2　財政投融資対象機関に対する出資金など財政資金繰入状況

（単位：百万円）

		1993年	94	95	96	97
出資金	一般会計	337,438	372,367	394,993	439,866	498,449
	特別会計	485,515	380,565	377,825	416,307	489,341
貸付金	一般会計	79,603	82,379	84,247	89,896	90,398
	特別会計	158,374	161,962	889,501	174,237	162,948
補助金等	一般会計	1,266,846	1,340,274	1,325,188	1,317,059	1,329,309
	特別会計	655,424	799,365	813,766	862,135	889,977
合計		2,983,200	3,136,912	3,885,520	3,299,500	3,460,422
5年間総計				16,765,554		

注）当初ベースによる。
資料）「各年度予算書」などより作成。

たって必要不可欠な要因である。財政構造改革の大きな目的のひとつは、戦後半世紀かけて蓄えてきた国民の貯蓄を財政を通じた非効率な活用から切り離し、日本経済・社会の活性化に向けて有効に活用できる仕組みにすることにある。地方債発行額全体に占める公的部門、すなわち資金運用部等、公営企業金融公庫、金融縁故、共済縁故の引受割合は、一九九七年度で九割強を占めている。また、各年度の当初と補正予算の比較による地方債引受資金別内訳の変化をみると、流通市場が形成されている国債は、金融環境の変化によって補正段階の増発国債の主要引受資金が「運用部等」か「市中」か変化しているのに対して、市場の形成がほとんど行われていない地方債については、市中公募の割合と変化は小さく、運用部等と金融縁故が常に主体となっている（表3）。地方債は発行に関して自治省による許可が必要となる（地方自治法二五〇条）と同時に、発行許可を受けた地方債の消化も大蔵省や自治省のコントロールを事実上大きく受ける資金を主体としている。こうした財政主導型の金融政策が金融システム改革を通じて大きな制約を受けることになる。

財政投融資は、構造変化に直面している。第一は、戦後五〇年間にわたって続いた長期金利低下の構図の終焉である。長期金利の水準は、景気による波はあるものの経済成長に伴う長期資金量の拡大によって恒常的に低下してきた。この恒常的な低下構造の中で調達した資金を長期固定で運用する構図

表3　当初・補正段階における地方債引受資金別内訳(1995年度)

(単位：兆円)

		当　初	補正後	増減額
国　債		125,980	220,320	94,340
	運用部等	17,080	51,660	34,580
	市　中	108,900	168,660	59,760
政府保証債		32,500	36,202	3,702
非政保債		12,520	12,534	14
地方債		160,332	210,650	50,318
	運用部等	72,500	98,300	25,800
	公営公庫	18,500	22,200	3,700
	市　中	14,000	14,880	880
	金融縁故	52,232	72,170	19,938
	共済縁故	3,100	3,100	0

資料)「衆議院予算委員会提出資料」などより作成。

は、財政投融資制度全体に内部留保を厚くする構造を提供してきた。しかし、構造的に長期金利が上昇すると考えられる今後の局面では、恒常的な逆ざや構造となり、財政投融資全体に赤字が累積しやすい体質に落ち込む。

第二は、資金の流動性の拡大である。第一の構図をさらに深刻化させるのが資金の流動性の高まりである。金融ビッグバンに伴い、郵便貯金も含めた国内資金の流動性が高まる。資金の流動性の高まりは、リファイナンス・リスク(refinance risk)を拡大させ長期運用を基本とする財政投融資の体質を変えることになる。運用面でも、長期運用の徹底した絞り込みと、運用の短期化、変動金利制度への比重を高めることが不可欠となる。

第三は、アカウンタビリティの拡充である。財政投融資資金活用の正当性等を、官自らが国民に対して積極的に説明し根拠づける必要がある。そのことは、特殊法人等に対する財政的支援の必要性についても求められる課題である。

財政投融資は、財政構造改革や金融改革の中で、郵便貯金などの原資を資金運用部に全額預託する従来の構図から、市場原理をより多く取り込み、スリム化する仕組みに二〇〇一年四月から移行する。財政投融資の将来像については、一九九七年、自民党行政改革推進本部と政府の資金運用審議会懇談会がそれぞれ案を提示している。その内容の共通点は、①郵便貯金および年金積立金の全額預託義務を廃止すること、②特殊法人等の財政投融資対象機関は財政投融資特別会計(仮称）（従来の資金運用部）が発行する財投債や各機関ごとに発行する財投機関債を通じて資金調達すること、などである。

資金運用部に対する全額預託義務が廃止されることで、郵便貯金の資金は、財投債や財投機関債、国債をはじめとした債券等に運用する仕組みが基本となる。この完全自主運用への移行に伴い問題となるのは、郵便貯金の資金運用面における公共性である。民間金融機関と同様の運用では、公共性を積極的に根拠づけることが困難となる。そのため、完全自主運用後、資金運用面で公共性を積極的に根拠づけるため、従来の地方自治体貸付けを拡充し、地域に積極的に還元する仕組みが検討されている。税源や補助金等の財源配分、権限の移譲などの制度改革に加え、財政投融資制度を地方に密着した形に改革することが地方分権を推進する要因となる。しかし、こうした制度には二つの側面から問題が存在する。第一は地方自治体側の問題である。従来の補助金に依存した政策展開から、郵便貯金という有償資金を活用した政策展開に対応することが求められる。補助金であれば適正化法などによって返還義務が生じた場合などを除き、将来において資金を返済することを前提とした政策展開は必要とならない。しかし、郵便貯金の資金は貯金者に返済すべき有償資金であり、有償資金を使って実施する政策、構築する社会的インフラは、将来の資金返済を担保できる内容であることが求められる。このため、有償資金の投資対象となるプロジェクトを創出する能力と運営環境の整備が不可欠の課題となる。また、財源面では、プロジェクト・ファイナンスの拡大などが求められる。

第二の問題点は、中央省庁再編にからむ問題である。郵便貯金の地域還元は、地方分権の流れに資金面から大きな影響を与える。しかし、一方でこの構図が中央集権を強化する要因となる危険性がある。二〇〇一年をめざした中央省庁再編で、郵政省と自治省が統合され「総務省」としてひとつの組織体になる。かりに現在の地方債や補助金、国と地方自治体との関係が残されたまま中央省庁の再編が実施されたとすれば、既存の中央集権体質を引き継いだ地方版の財政投融資制度が出現する。郵便貯金の地域還元制度の透明性・市場性を確保すると同時に、地方自治体側からの創意工夫を重視する制度づくりが必要となる。

2　地方自治と政策金融

(1)　政策金融の見直し

一九九七年七月一一日、自民党行政改革推進本部から政府系金融機関（以下、「政策金融」という）の見直しに関する報告書（「特殊法人等の整理合理化（第二次分）について」）が提示されている。その内容の骨子は、①平成一一年の通常国会で法律改正を行い、日本開発銀行と北海道東北開発公庫を廃止し、業務範囲の見直しを行ったうえで、地域整備や生活基盤整備などを業務分野とする新機関を設立する、②国民金融公庫と環境衛生金融公庫、中小企業信用保険公庫と中小企業事業団を、統合する、③住宅金融公庫の既存貸付分の証券化、公庫債の発行を検討する、などである。政策金融の組織体としての見直し以上に、具体的な業務の見直しを通じて政策金融から提供される資金の質を変えられるかが本質の問題となる。それは、財政投融資同様、政策金融が前節で整理したように、金融としての性格と同時に一般財政における補助金的性格を強くもっているからである。政策金融の資金供給が、直接・間接的に補助金的体質を強くもってきたことが、政・官・業を通じて既得権益を深める要因となった。政策金融の融資適格条件や事業団の事業誘致などを通じて、財政投融資は地方の政策展開に影響を与え、一般財政の補助金などとの実質的な組み合わせで財政投融資からの資金供給が中央集権的な構図を生み出してきた。もちろん、政策金融など財政投融資からの資金供給が一般財政とまったく同様の質をもつわけではない。一般財政の場合、財政支出は一方通行の使い切りであり、返済を通じた相互通行の財政投融資資金のほうがコスト意識などをもちやすい。しかし、量の拡大と補助金的体質からその利点が失われる結果をもたらしている。

政府系金融機関をはじめとした財政投融資対象機関の統廃合においては、以下の点に留意すべきである。第一は、統廃合のプロセスにおいて、資産・負債等政府系金融機関の財務内容の情報開示を積極的に進めることである。特殊法人の統廃合は、資産・負債の再評価(時価評価や公正評価)など各機関の財務実態を明らかにしたうえで、民主的評価を受けることが前提となる。そのプロセスが欠ければ財政投融資対象機関の出資金や資産が事実上、実態が明確にされないまま赤字や塩漬け的資産と相殺されることになる。とくに、出資金や貸付金は、建設国債によって財源が調達されてきた(財政法四条但し書き)。財政投融資対象機関が抱える赤字を税負担を拡大させずに減少させる方法として、統廃合のプロセスの中で出資金などと相殺する選択肢は存在する。しかし、その場合においても、財政投融資対象機関の資産も含めた財務実態を明確にしたうえで、建設国債で調達された出資金をどう処理するかを、財政民主主義の基本から問いかけることが必要である。

第二は、財政投融資対象機関としての独自性、健全性、透明性を確保できる環境整備を実現することである。政策金融を含めた特殊法人は、人・権限・予算(予算編成過程も含め)を通じて強いコントロールを中央省庁から受ける。そのことは、補助金型金融の現状を生み出す。したがって、中央省庁主体ではなく、実施機関主体型の仕組みに転換することが求められる。また、財政投融資対象機関など特殊法人の整理法体系を整備することも必要となる。これまで公的セクターの整理を明確にする法体系が存在しなかった。しかし、株式会社の破産法と同様に、特殊法人をはじめとした公的機関に対しても整理の必要性を判定する基準と具体的な手続きを明確に定める必要がある。それがないことが、一般財政からの資金援助等により延命措置が講じられやすい土壌を形成している(表4)。

表4　主な特殊法人に対する93-97年度出資金など財政資金繰入総額

（単位：百万円）

機関名	総額	機関名	総額
国民金融公庫	201,302	年金福祉事業団	325,467
住宅金融公庫	2,000,800	簡易保険福祉事業団	241,576
農林漁業金融公庫	464,992	中小企業事業団	97,334
中小企業金融公庫	122,568	国鉄清算事業団	377,051
公営企業金融公庫	28,327	雇用促進事業団	1,084,718
北海道東北開発公庫	130,042	海外経済協力基金	1,874,106
環境衛生金融公庫	30,600	日本科学技術情報センター	30,632
沖縄振興開発金融公庫	71,855	日本育英会	499,472
日本開発銀行	685,697	奄美群島振興開発基金	1,500
商工組合中央金庫	21,756	日本私学振興財団	1,403,350
水資源開発公団	559,372	鉄道整備基金	615,820
地域振興整備公団	26,878	電源開発株式会社	74,928
森林開発公団	268,989	医薬品副作用被害救済・研究振興調査機構	20,217
農用地整備公団	129,169		
日本鉄道建設公団	−58,651	生物系特定産業技術研究推進機構	34,353
住宅・都市整備公団	187,264		
石油公団	2,149,934	情報処理振興事業協会	33,357
船舶整備公団	1,500	基盤技術研究促進センター	130,000
新東京国際空港公団	39,900	通信・放送機構	26,581
日本道路公団	837,130	日本下水道事業団	51,855
首都高速道路公団	28	産業基盤整備基金	6,884
阪神高速道路公団	132,756	東京湾横断道路株式会社	140,160
本州四国連絡橋公団	178,188	民間都市開発推進機構	204,577
環境事業団	48,217	金属鉱業事業団	39,227
科学技術振興事業団	58,207	労働福祉事業団	272,061
社会医療・福祉事業団	193,739		

注）一般会計，特別会計両者からの繰入額。
資料）「各年度予算書」などより作成。

第三は、独自性、健全性、透明性を確保したうえで総合的な政策機関を設置することである。市場原理と議会を通じた財政民主主義によって財政投融資の規模と民間部門の活動の阻害性の排除がチェックされることを担保に、できるだけフリーハンドで政策を実現できる総合的機関を設置する。財政制約が強まる中で国際的な競争力を確保するために、総合的な政策実施機関の機能を検討することは重要といえる。経済・社会の環境変化によって、政策金融として担う領域を柔軟かつ機動的に変更できる可変的なフレームの構築である。そうした可変的なフレームの構築は、市場原理と財政民主主義の両輪が適切に機能することではじめて可能となる。さらに、資金運用部からの資金調達だけでなく財投機関債の発行[24]など、政策金融機関の資金調達の多様化を考えることが重要である。従来、政策金融機関が行っている資金運用部からの資金調達は、期間ごとのイールド曲線を度外視した一本の金利で調達する形が基本となっていた。このため、借り手であるユーザーや地域あるいはプロジェクトごとに求められる多様な資金ニーズに対応する方策が制約される。多様なニーズへの対応には、多種多様に債券市場から資金調達する方法を導入することが必要となる。さらに、金融システム改革で資金の流動性が高まる中、平均七年の預託で調達した資金を平均一七年程度で運用する財政投融資制度は、リファイナンス・リスクを大きく抱える原因となる。最優遇金利の獲得には政府の信用力だけでなく、投資家の流動性リスクに応える必要がある。その意味からも、多様な債券発行と広範な機関投資家への供給が必要となる。EUにおける総合政策金融機関である欧州投資銀行(EIB)[25]なども、AAA債による市場からの資金調達を基本としている。企業の発行する社債と類似した債券を発行し、市場から資金調達する方法である。これにより機関としての存続意義や財務内容を市場面からチェックすることが可能となる。しかも、多額の授権資本金を明示する方法で実質的に政府保証と同様の信用力を確保している(いわゆる「キャップ制度」)。なお、地方分権と政策金融の関係を考える場合、米国の州政府で導入されている産業収入債が参考となる。米国では、連邦政府レベルの連邦融資銀行(FFB)や政府支援企業(GSE)などの政策金融機関のほか、州政府レベルで行われる産業収入債(IRB)の発行がある。この債券は、市場での資金調達が困難な企業への助成などを行うため、州政府等の公的機関が発行するものである。個別プロジェクトごとに認定した案件について企業の固定資産取得のための資金供給を行う仕組みであり、債券発行の形態としては小規模のプロジェクトをまとめて債券発行する「アンブレラ・ボンド」のほか、州・連邦両者の税が免税となる免税債券、連邦税は課税されるものの州税は免税される有税債券、州政府による保証債などが存在する。免税債券は、クリントン政権の財政再建の中で抑制的になってきているものの、全米での発行枠が定められ、その中でさらに州ごとの枠が定められる仕組みとなっている。このＩＲＢは、連邦政府による間接的な政策支援と地域の政策的自主性を確保するものといえる。地方分権を促進するにあたり、財源の不均衡を克服するひとつの手段としてＩＲＢ的な債券発行による地方主体の資金調達と政策展開も検討すべき重要な選択肢となる。

(2) 地方自治体のリスク管理

財政投融資の見直しは、政策金融や公団・事業団などを通じた中央から地方への補助金的金融資金の供給の構図に変化をもたらす。地方自治の確立には権限や財源の移転に加え、地方自治体が自ら金融市場を通じた資金調達と資金運用をすることが可能な制度の構築とＡＬＭの能力を培う必要がある。とくにＡＬＭ的な能力は、単に資金獲得や運用の面だけでなく、行政サービスの評価・改善、グローバル・リスク管理のためにも不可欠な要素となる。地方自治体のリスク管理は、国へのリスク回避型運営の中でこれまで欠落してきた。地方自治体のグローバル・リスク管理の一例を描くと次のとおりとなる。総合的なリスク・プロフィールの評価を、知事、助役、各部局の上級職員、専門家を含めたリスク委員会を設置することで実施する。同委員会は、リスク評価分析を、行政サービス・事業に影響を与える主要リスクを中心に外部要因をめぐる短期予測を行い、そのうえでリスク・プロフィールと業務に影響を与えるリスク分析を実施する。リスク評価分析の第一段階にある「外部要因」の検討については、国や地域、消費市場や産業ごとの発生可能な経済的、地勢学的事象の評価、新たに発生した重要な要素、好ましくない事態の評価などが含まれる。リスク・プロフィールの評価には、①住民の信用度と事業の回収利益のリスク限度評価、②地域的な産業集中と集中リスク度、③未決済リスクを評価するカウンターパリティー・リスク、④事業別リスク評価、⑤金利、為替など変動水準の変化に起因する行政価格リスクの把握、⑥

財源調達リスクを評価するための流動性リスクの評価、⑦財源のポートフォリオ限度を管理する投資リスクの評価、⑧監査リスク、法的リスク、技術リスク、政治リスクの評価、などが重要となる。こうしたリスク管理の導入は、民間企業だけでなく地方自治体を中心とした公的部門全体でも求められる。従来の地方自治体のリスク評価分析の対象は、「国からの財源移転」に集中していた。しかし、そうした国だけを対象としたリスク評価が公共事業や食糧管理予算(米価など)の削減などにより、リスク管理としての機能をもちえなかったことが明らかとなってきている。(26)

3　エージェンシー制度におけるリスク管理

ＩＲＢの発行、グローバル・リスク管理など地方自治体が金融システム改革に合わせた多様な財源確保と政策を実現するには、地方自治体自身が資金の流れと質の変化に合わせた組織と体質をもつことが必要となる。金融システム改革は、所得を対象とした課税方式を基本とする税制の見直しや社会資本整備事業の財源調達、執行手法の多様化など日本の行政の仕組みそのものを変える要因となる。地方自治体がリスク回避型からリスク管理型に移行できる制度的な環境整備を行うことが必要となる。政策リスクと財源リスクの管理を一体化する制度的な環境整備として、イギリスで導入されているエージェンシー制度があげられる。国の行政組織においては、二〇〇一年四月から、イギリスのエージェンシー制度を原型とした独立行政法人制度がスタートする。エージェンシー制度は、地方自治体の業務執行部門、地方公営企業の効率化などの検討においても重要な示唆を与える。

(1) 導入の経緯

サッチャー政権による行政改革は、一九七〇年代後半の「レイナー調査」から本格的にスタートしている。レイナー調査とは、経費節減を目的に日常業務に精通している中間管理職が、調査対象部局の職員等に対して実地調査を行い組織・業務の廃止も含めた調査結果と改善案を提示したものである。このレイナー調査によって八〇年代前半までに約一・七億ポンドの経費節約と一〇万人以上の公務員の削減が実現している。レイナー調査に続き実施されたFMI(Financial Management Initiative)は、管理責任体系の確立と権限移譲を基本に、①政策の意図と最終的な目的がプロジェクトごとに明示されること、②最終的な目的を達成するための数量化された「目標値」が設定されること、③さらにその目標値を達成するための手段と成果の測定が規定され、④成果の測定については尺度が特定されること、など体系的な管理・統制のプログラムを提示している。FMIは、予算が行政のどのレベルで消費されたかを行政組織のすべての局面で明確に把握することを意図し、従来の硬直化した各省各部局の職務の柔軟化を実現している。しかし、行政機構、公務員制度や権限の移譲にまで踏み込んだ制度の見直しを行わなかったため、行政全体の効率化には十分な成果を上げることができなかった。そこで、組織や予算制度も含めて抜本的な見直しを行うために定められたプログラムがTNS(The Next Step)である。TNSは、公的部門のマネイジメント手法を改革し、より質の高い行政サービスを効率的に提供することを目的に、エージェンシー制度を中核として八八年二月一八日からスタートした制度である。

サッチャー政権がTNSそしてエージェンシー制度を導入する発端となったのは、八〇年代後半、首相府効率室がまとめた「行政管理改善報告書」(「イブス報告」[27])である。この報告書には、「政府活動は、政策の立案と執行に分けられ、執行部門に対して多くの裁量を与える自立的機関と位置づけることが必要」と指摘されており、これを受けて設けられたのがエージェンシー制度である。八八年二月、サッチャー首相は、本報告の内容を政府の方針として受け入れ、同年一一月に「行政管理の改革方針(Civil Service Management Reform)」が、さらに一二月には「エージェンシー制度の財務と責任(The Financing and Accountability of Next Steps Agency)」と題する方針が示されている。TNSプログラムは、PFI(Private Financial Initiative)と呼ばれる公的資本の民間所有の導入も同時に進め、公共事業に対しても投資コストの重視、資金調達、建設・管理手法の多様化を実現し経済に占める公的資本形成比率の引き下げを可能にしたほか、エージェンシー制度を通じて、特殊法人だけでなく中央省庁の権限・組織をも一体とした見直しを実現している。

(2) エージェンシーの機能

エージェンシー制度は、省庁が担当していた執行機能ないし行政サービスの提供業務をエージェンシー機関に移管することを原則とし行政組織の再編成を行う取り組みであり、とくに政策執行をめぐるリスク管理の実現をめざす制度である。省庁は、エージェンシー機関の業績評価指標の開発やそれに基づくモニタリング機能、すなわち「政策管理機能」と「大臣支持機能」に専念する。そして、エージェンシー機関には、部門管理者に対する権限移譲を徹底して実施し、「管理の自由」、「管理の独立性」、「管理の透明性」の確保と、それに見合った「管理の責任」を明確にしリスク管理型の組織体の実現に努力する(図2)。エージェンシー機関の長は政策的な指示だけを所管大臣から受け、他の業務については作成した基本文書に掲げる目標の達成に向けて自主的に活動する。エージェンシー機関に対しては、①取り決めと責任、目標と評価を明確にすること、②コストと成果、目標の達成度を国民に明示すること、③目標達成に対するインセンティブを高めること、④仕事の過程よりも結果を重視し柔軟な業務管理を実現すること、⑤エージェンシー機関の長は、強いリーダーシップを発揮し体質改善と効率

所管大臣　エージェンシー機関の毎年の業務計画，達成目標の設定，目標達成の手法と戦略などに対して承認を与え，全体の活動を注視する。

所管官庁　政策達成に対する大臣への助言，目標設定や達成のための戦略の実施状況等をモニタリングし，大臣を補佐する。

エージェンシー機関の長（Chief Execitive）　毎年の業務計画書に従って業務が順調に行われているかについて，責任をもち，自らの責任で，目標や戦略の設定，資源配分の決定などを行う。

エージェンシー機関の長のそのほかの重要な役割

①環境の変化などによって，業務計画や戦略の変更が必要となった場合，所管大臣の承諾を得ること。

②所管官庁の政策判断など，自分の機関に対して影響を与える事項はないかどうか常に注視すること。

③所管官庁のモニタリングにいつでも応えられるようエージェンシー機関の状況について常に情報の管理を行うこと。

④自らの業務領域におけるユーザーのニーズを常に敏感にとらえること。

等

図2　エージェンシー機関の長の責任

性の向上に努力すること、などが求められる。(28)

特殊法人の民営化や行政事務の民間への委託は、これまでの日本の行政改革論議でも指摘されてきたところである。地方自治体においても外部委託を進めている。しかし、従来の外部委託制度は行政サービス提供の一部を民間に担わせ、業務管理や財務管理などは官が行う仕組みとなっている。このため、コスト削減は実現できてもリスク回避型の行政体質そのものを改善するには至っていない。エージェンシー制度は一歩進めて、業務管理や財務管理にも自主性を与え行政本体そのものの民営化も視野に入れたフレームを展開する。より正確に定義づければ、行政の「民営化に向けた市場化テスト」と表現することができる。すなわち、各省庁や部局を、人・予算・権限ともに自立した一般的企業体として位置づけ、効率的に運用させる制度である。それによって、中央省庁を企画・監視部門に限定し、業務執行部門は原則としてエージェンシー機関に位置づける。したがって、エージェンシー制度は公的機関にとどまることをはじめから前提に行政サービスの提供の方法や組織を考えることではない。サッチャー首相は、「エージェンシー制度は、民営化を放棄した結果か」との議会での質問に対して、一九八八年一〇月二四日の答弁で、「民営化の施策には依然変わりはない。民営化あるいは外部化の選択肢を含めて、まずエージェンシー制度でスタートし、一定期間経過後に民営化することも当然ありうる。エージェンシー制度がスタートする段階で、民営化を視野に入れていることを明確にしておく」という考え方を示している。各エージェンシー機関の長は、担当職務に対し大きな裁量権を有する一方、所管大臣に対しては目標の達成という厳しい責務を負うことになる。すでにイギリスでは、車両検査局、印刷局、造幣局、登記局から雇用促進庁、社会保険給付庁、統計局、気象庁、旅券局、公務員大学、特許庁まで一五〇前後の機関が、民営化に向けたエージェントプログラムに参加し市場化へのテストを受けており、そこで働く公務員の数は全体の約七〇％に達している。

エージェンシー制度の利点としては、行政改革が陥りがちな組織体単位の数合わせ的廃止論から脱却し、民営化の可否について可能な限りすべての機関を公平にチェック可能な状況にすることがあげられる。加えて、各省庁の情報や予算執行の実態が情報開示されやすくなることも指摘できる。とくに、現在の財政制度が基本としている単年度主義や現金主義、すなわち「大福帳」的処理の見直しが必要となる。エージェンシー機関に対しては、一定期間を単位として必要な財源が「事業収益基金」などの形で確保される手法も採用されている。このことから、毎年度の予算要求や一年ごとに歳入と歳出の帳尻を合わせる単年度主義から脱却する途が開かれる。すでに、イギリスでは登記局、印刷局、特許庁、気象庁、車検局などの機関が独立した基金をもっており、民間企業なみの財務管理と剰余金の内部留保などが実施されている。そのほか、資本投資についても限度額範囲内での自由な投資を認めたり、ランニングコストについて機動的に配分したりする財政管理面での柔軟な措置がみられる。もちろん、エージェンシー制度にも課題が存在する。第一は、各機関の評価基準を明確に提示しておくこと、第二に行政の担うべき領域についての方向性をあらかじめ提示しておくこと、第三に公平性等が業務執行において損なわれないようにチェック機能を設けることなどである。こうした課題を克服するためにも、財政面に管理会計の要素を組み込み、オフバランスにも視野を広げた管理を実現することが必要となる。(29)

(3) 導入への問題点

エージェンシー制度は、国の行政だけでなく地方公営企業や地方自治体の業務部門の組織のあり方を検討する場合にも重要な課題となる。エージェンシー制度は、単に行政のスリム化やコスト削減を実現するだけでなく、政策評価の蓄積により政策の失敗に対するリスク管理の充実を図り、地方自治体としての信用力を高める機能を果たす。ただし、国、地方自治体を通じて日本の行政組織にエージェンシー制度を導入するにあたっては、前述した課題に加え、次の点に留意すべきである。

第一に、エージェンシー制度の導入には「カネ・ヒト・権限」、すなわち、現在の予算制度や官僚、縦割りの構図を変える必要がある。それがなければ、今以上に行政の外延部を肥大化させ、既得権や利権の鉱脈を深層部に埋め込む糊塗策となりかねない。エージェンシー制度を模索する場合、現在の特殊法人との質的違いを十分に検討する必要がある。

第二に、「公的サービス提供」の主体と手法の論議が中心となることである。したがって、官と民の役割分担の論議にとどまらず行政サービスの提供を民間でできる工夫はないかをまず検討することが重要となる。サービスの公共性等の有無で官と民の役割を区分するのではなく、「公共的サービスでも民間で供給できるシステムの模索にまず注力する行財政制度」とすべきである。公益性のあるサービスであっても、「民間を主体としたサービス提供の仕組みを模索できないか[30]」、その検討の努力を限界まで進める必要がある。

第三に、公的サービスの提供をめぐるコストと成果の関係は、常に厳格にチェックされ、組織のインセンティブに結びつく評価を受けなければならない。その評価に基づき、柔軟に制度・機能が見直せる仕組みが必要となる。イギリスの国家公務員制度は、日本と同様の身分保障制度がない。民間企業の労働者と同じ労働三権を有する一方で、失業も発生する構造となっている。エージェンシー制度の機能を発揮させるには、採用形態なども含めた公務員制度の見直しも必要となる。

第四は、ディスクロージャーの徹底を実現することである。エージェンシー制度自身、行政部門のディスクロージャーを徹底させることも重要な目的としている。行政部門の実態を明確にしたうえで市場化チェックを受ける構図である。したがって、公的部門においても世界標準化を視野に入れた公的な会計基準の構築を必要とする。また、エージェンシー制度では中期計画を組織の基本文書として規定し、各年度ごとに大臣への報告・承認を必要としている。さらに、エージェンシー機関が設定した目標達成の進捗状況については、政府から年度報告書のほか四半期ごとの報告書などが作成・公開されている[31]。

ニュージーランドの改革では、エージェンシー制度によって行政機関の市場化チェックといった中間段階のステップをとる方法を採用しなかった。その最大の理由は、中間ステップを設ければ必ずそこで改革が頓挫すると考えたからである。日本でも独立行政法人というエージェンシー類似制度の導入が、従来の特殊法人型の組織を拡大させ行財政をこれまで以上に不透明にする危険性があることを常に念頭に置く必要がある。そうした懸念を現実のものとしないためには、制度の導入とともにその制度の機能を発揮させるヒトと予算などの制度と運営の見直しそして評価システムの検討を同時に進めることが不可欠となる。

4　ＰＦＩ(Private Financial Initiative)

エージェンシー制度とならんで、金融システム改革が進む中で検討すべき課題としてＰＦＩがある。ＰＦＩとは、「公的資本の民間所有(Private Financial Initiative)」の取り組みである。民間主体での社会資本整備を進めることで、官は評価・企画などの舵取り役に特化すると同時に、財政負担を軽減することを目的としている。具体的には、民間企業が社会資本を建設し運営する、あるいは公的セクターが建設した社会資本を譲り受け運営するなど、さまざまな形態が選択される。外部委託は、現場的な作業を民間に発注し事業の実施主体、管理などは公的部門が行うものであり、事業そのものの官的体質には変化が生じづらい。これに対し、ＰＦＩは、実施主体そのものを民間が担うものであり、効率性の実現、リスク管理、責任の明確化を進め、従来の官主体の事業体質を変えることが可能となる。また、社会資本整備のための資金調達も、国債・地方債・財投資金に依存する日本の現在の手法から、地域の判断で社会資本整備を決定し地域で資金調達するコミュニティー・ボンドの導入など多様化する。こうした社会資本整備の手法の多様化は、地方の資金を活用し地域主体の社会資本整備の必要性が高まることを意味する。公共事業方式による社会資本整備では、官が政策効果のリスクを負ってきた。しかし、これからの社会資本整備においては、官と民がリスクを分けあいともに管理する仕組みが必要となる。

とくに、既存の公共事業に関しては規模の削減と実施事業の配分比率の見直しが指摘されている。しかし、そのことだけでなく、公共事業と社会資本整備概念の再整理、社会資本整備の資金面からの事業実施の見直し議論を高める必要がある。公共事業と社会資本整備概念の再整理とは、社会資本整備は国や地方自治体の財政だけで行うものではなく、民間資金の直接的な活用により公共事業予算が削減される局面でも実施できることを認識すること、社会資本整備の資金面からの事業実施の見直しとは、財政で整備する社会資本と民間主体で整備する社会資本の住み分けを検討することである。

(1) ＰＦＩの基本形態

イギリスのＰＦＩは、一九九二年から本格的にスタートしており、行財政改革の一環として、公的部門の効率化と行政サービスの質的向上を実現し行政サービスの需要者である国民の利益を拡大することを目的としている。翌九三年には、ＰＦＩ全体を管理するＰＦＰ(Private Financial Panel)の設立が行われている。ＰＦＩは、施設建設や交通、通信インフラなど幅広い分野で活用されている。資金調達や投資手段など複雑なプロセスをとりながら、民間部門の経営管理や効率性追求、あるいは創造性向上に向けた取り組みのノウハウを官の領域に活用するものである。ＰＦＩの基本理念は、第一に規制緩和などの措置を進める中で徹底した民間へのリスク移転を行うこと、第二に、サービス購入の視点に徹することの二点である。第一の民間への徹底したリスク移転とは、官が社会資本整備を通じて負担してきた経済・社会システムに対するリスクを、民間側に可能な限り移転する発想である。もちろん、この点は民間に過度にリスク負担を迫るものではなく、民間にリスクを移転すると同時に、規制緩和等を徹底し、民間側が自らリスク管理できる環境を整える手法である。第二の、サービス購入の発想に徹することとは、民間の創意・工夫で生み出されたサービス提供の仕組みに重点を置くことで、行政サービスの質の向上と効率性を高める発想である。一定の作業を民間に委ね管理や企画は官が担う外部委託とは異なり、サービスの企画や改善にも民間が責任を負う仕組みでもある。したがって、ＰＦＩは施設建設等ハード面に限定されず、国や地方自治体のサービス全般に適用できる発想である。イギリス版ＰＦＩは、公共事業に対する制度ではなく、行政サービスの供給方法全体に関わる制度改革となっている。このＰＦＩの導入によってイギリスでは社会資本整備を公的需要から民間需要に引き出すことで、経済に占める公的固定資本形成の比率を引き下げ、民間企業による設備投資の比率を拡大させている。ブレア政権においては、官民のパートナーシップ的な発想を重視する姿勢から、PFI事業をめぐる官民の関わり方について見直しが進められているものの、PFI制度自体は引き続き推進する姿勢が示されている。

PFIには、具体的な事案に合わせてさまざまな形態が存在するが、次の三種類に分けることができる。第一は、民間のもとで有料の橋や道路などを建設する場合で、建設費用は利用者の負担で最終的に回収することを基本とするものである(financially free-standing projects)。この場合、官は直接事業は行わず、社会資本整備に関する計画策定、サービスの供給面での監督、基本計画の策定などを通じて公益性を確保する役割を果たす。第二は、官の所有する施設など社会資本を通じて、民間が行政サービスを提供する形態である(services sold to the public sector)。具体的には、刑務所の運営管理(Prisons at Bridgend in South Wales and Fazakerley in Liverpool)や鉄道経営(Northern Line Trains)、社会保険給付システムの構築・運用などがみられる。PFIによって民間が行政サービスを提供する場合、従来の外部委託とは異なり、施設の管理・運営から資産運用などトータルとして経営するところに重点がある。この形態は、単体の事業では主に採算性が困難な分野に導入する方式である。第三は、行政サービス供給のコストについては、財政資金とサービス供給から得られる収益を組み合わせることで維持し社会資本全体の経営管理は民間が行う形態である(joint ventures)。例外的に、公益性を維持するため官が、経営管理に関与する場合などもある。この形態の例としては、英仏海峡のChannel Tunnel Rail Link、Tramlink and various urban regeneration schemes、Croydon Tramlink(地下鉄事業)などがある。投資コストが大きく、採算性の一部に困難性が伴う場合や固定資産評価と組み合わせた一般道路建設などに採用される方式である。(32)

以上の三種類の基本形態は、いずれもが公的部門の硬直的な体質を改革し公的部門と民間部門の効率的な一体化を図るものである。そして、支払価値による評価を導入し、とくにアウトプット型(達成率や普及率による評価)ではなく、アウトカム型(利用度や国民の満足度などによる評価)の評価を基本に、競争原理を公的部門へ導入することが進められている。また、費用便益分析(cost benefit analysis)を、選択肢としてとりうるプロジェクトの手法すべてについて行い、比較考慮する方法やオフバランス型の会計処理も採用されている。さらに、効率化や有用性の効果を高めるため民間部門の活動を前提とした政策立案、公的部門の責任の明確化なども図られている。日本の第三セクター方式の失敗原因のひとつに、関与する公的部門の責任体制の不明確性があげられる。責任体制の不明確性の存在は、非効率な事業を延命させ財政負担を拡大させる原因ともなる。ＰＦＩなど、官民が共同して事業を展開する場合、責任の明確化はとくに重要な点となる。ＰＦＩの仕組みを具体的に運用する際には、次のような手法がある。①ＤＢＦＯ：Design, Build, Finance, Operate、②ＤＣＭＦ：Design, Construct, Manage, Finance、③ＢＯＯ：Build, Own, Operate、④ＢＯＯＴ：Build, Own, Operate, Transfer、いずれも、民間部門が社会資本整備に対して、いかなる側面で関与するかを示したものである。ＢＯＯとＢＯＯＴの違いは、形成された社会資本の所有権を民間のままとするか、公的部門に最終的に移転するかの違いである。また、ＤＣＭＦは、社会資本整備のための資金調達や資金運用も民間部門が担う点で特色的となっている。

(2)　ＰＦＩのメリット

ＰＦＩを導入するメリットは、公的部門、民間部門両者に生じる。公的部門においては、社会資本やそこで提供される行政サービスの質の向上を図ると同時にコストの削減が実現する。一方、民間部門では活動領域の拡大が可能となる。さらに基本的なＰＦＩのメリットを掘り下げると、表5で示すとおりとなる。リスク配分の適正

表5　PFI 導入のメリット

①リスク配分の適正化	PFI の中心的機能として，公的部門と民間部門のリスク配分の適正化が図られることがあげられる。公的部門では，従来リスク管理の分野が脆弱であり，リスクが顕在化してから対応策を検討する状況にあった。しかし，民間部門のリスク管理手法を導入することで，社会資本整備がもたらすさまざまなリスクをあらかじめ明らかにし管理することが可能となる。
②業務遂行意識の向上	公的部門が独占して社会資本整備を行う場合，計画・立案から資産の取得，運営に至るまで広範な業務を官僚が担当する。このため，業務量とリスクの拡大を生じさせる。PFI では，公的部門は民間との契約をめぐる諸事項の決定と業務評価に注力することが可能となる。
③責任の明確化	社会資本整備に関する公的部門と民間部門の分担が行われ，責任の明確化が実現する。従来の公的部門の独占による社会資本整備では，国と地方，国の中の省庁など責任の所在が不明確な状況にあった。
④政策分析の向上	ライフサイクルコスト等従来の財政情報では含まれなかったコスト情報を提供し，中止等も含めた政策優先順位の見直し，政策策定の質的向上に資する。

は、ＰＦＩが果たす大きな役割といえる。行財政改革を進めるにあたっては、官の効率性などと同時に、民の官依存体質からの脱却を実現するため、官民のリスク配分を再構築する必要がある。このことは、個別のプロジェクトにおいても求められる。官のリスク管理機能を育てる一方で、需要リスク、運用リスク、情報リスクなどさまざまなリスクを民間のリスク管理手法でできるだけ克服し、社会資本の建設・運用コストを全体として膨張させない工夫がなされている。英仏海峡トンネルのプロジェクトは、投資採算の一部に困難性があるときに主に採用される joint venture 方式が採用されている。このため、当初より事業収入だけでなく財政資金の導入が前提となるプロジェクトとなっている。したがって、ＰＦＩは事業の黒字化を目的とするのではなく、事業のリスク配分の明確化を目的としている。財政資金投入の規模が当初予想を上回る状況が生じた場合、民間も含めたリスク管理の機能の見直しと責任の明確化が求められる。

ＰＦＩの評価において中心となるリスクは、企画・設計リスク、管理・維持リスク、需要リスク、価値リスク、技術リスク、税金や許認可をめぐる規制リスク、資金調達リスクなどである。[33] こうしたさまざまなリスクを最適に組み合わせることで、事業のリスク管理を展開する。具体的には、民間のもとで有料の橋や道路などを建設する場合で、建設費用は利用者の負担で最終的に回収することを基本とするもの(financially free-standing projects)の場合、すべてのリスクは原則として民間が負う。官の所有する施設など社会資本を通じて、民間が行政サービスを提供する services sold to the public sector では、リスクは両者が負い、リスク配分は個別ケースで具体的かつ明確に決定される。第三の財政資金とサービス供給から得られる収益を組み合わせることで経営を維持し、社会資本全体の経営管理は民間が行う形態である joint ventures では最大限民間がリスク負担を行うが、限界的な部分についてのみ官もリスク負担を行う。

ＰＦＩは金融システム改革でもみたように、総合的なリスク管理と責任分担の明確化を図り、社会資本整備における民間主体性を実現しようとする仕組みである。日本の地域開発などでもＰＦＩ的な発想や取り組みが少しずつ展開されはじめている。地方自治体や政府系金融機関が繋ぎ手となって、民間企業の出資を集め商業センターなどの地域経済の核となる事業を立ち上げる取り組み、さらには産業廃棄物処理施設や下水道の機能多様化による民間参入の模索などである。従来の第三セクター方式と異なり、官と民の責任分担を明らかにしたうえで、民間主体の町づくりを実現するものである。行財政改革は、官の領域を見直す一方で民間の公益的な活動領域を拡大させる環境整備を行う取り組みである。ＰＦＩは、社会資本整備事業を収益化するのではなく官と民がリスクを分担しあいながら、民間の公益的活動を活発化させるひとつの選択肢である。ＰＦＩを機能させるには、ＰＦＰの役割が重要となる。ＰＦＩによる社会資本整備のリスク評価とその官民分担の繋ぎ手の役割を果たすのがＰＦＰの組織である。日本においては、こうした評価と繋ぎ手の役割を果たす機関が現在存在しない。[34] このため、行財政改革においては、ＰＦＰ的組織体の育成が組織再編・財政規模の削減と同時に求められる課題となる。

社会資本の質・量の改善、行財政改革の推進に向けて、ＰＦＩは、大きな役割を果たしうる機能をもっている。財源調達、設計・施工のプロセス、施設の管理運営等ソフト面をより重視した視点から社会資本整備のあり方を問い直すことが可能になる。つくるだけでなく、「社会資本のライフサイクルコスト」を視野にもった社会資本整備の始動である。問題点はあるもののイギリス版をめざしたＰＦＩ制度の導入は、社会資本整備の質と効率性を高めるだけでなく、地方分権、行財政そして金融システム改革を推進する大きな原動力となる。

日本のＰＦＩ制度を市場原理と民主主義に支えられたイギリス型にできるだけ進化させるためには、積極的な制度設計の見直しと、財政法、地方自治法などの関連法規、公的会計制度の改革等ＰＦＩ制度を取り囲む環境整備への努力が不可欠となる。地方自治体がＰＦＩを実施した場合、従来獲得してきた補助金の削減に結びつくのか、ＰＦＩによる整備率上昇が地方交付税交付金の減額に結びつくのか、債券発行市場の寡占化の脱却等資金調達のための市場整備は進むのかなど、ＰＦＩ事業の担い手の中心となることが予想される地方自治体にとっては大きな注目点が散在する。加えて、従来から導入されているＮＴＴ株無利子融資による社会資本整備、第三セクター方式等既存制度との違いを実質的に精査することも重要である。とくに、公有地の土地信託制度を拡充させる方法(信託業法の改正等による受託者範囲の拡大等)との比較は重要である。これまでも地方自治体を中心に、公設民営方式(東北芸術工科大学、幕張メッセ等)、官民共同建設方式(アクロス福岡等)、施設利用権方式(横浜アリーナ等)、上下分離方式(山形新幹線等)など、さまざまな社会資本整備の手法が工夫され、実践されてきた。こうした努力を発展させるために、日本版ＰＦＩがいかなる点で社会資本整備に新たな手法を付加しうるのかの明確化が必要である。

以上の基本的問題点を踏まえ、日本版ＰＦＩを制度的に定着させるための条件を整理すると以下のとおりとなる。

第一は、ソフト重視の仕組みの構築である。施設建設以上に施設を通じて提供される行政サービスの質の改善に結びつく設計・発注・契約形態の整備である。

第二は、説明能力・説明責任の確立である。PFI事業の効率性・収益性等が明確化できるような公的会計制度の整備と評価システムの拡充に努め、社会資本整備に関する国民と市場に対する説明責任を十分果たしうる体質と能力をまず国や地方自治体側がもたなければならない。

第三は、税制の見直しである。例えば、これまで官が所有してきた施設を民間所有として行政サービスを提供する場合、所有する民間に対して法人税負担が求められることになりコストが上昇する要因となる。もちろん、地方税負担も発生するが、減免措置を地方自治体自体では選択できない法人税の問題は大きい。PFI導入にあたり、地方自治体側が検討しやすい仕組みとしてリース方式が存在する。このリース方式の場合、本来は施設の管理・運営等についても一体化して民間に委ねることで、メリットを引き出すことが可能となる。しかし、現実には法人税等の負担を回避するため、施設の完成とともに官に所有権を移転、建設費等をリース代金として官が支払う方式が主体となる。このため、PFI導入によるソフト面でのメリットを十分引き出せない。アメリカで採用されているような地方自治体が一定の枠内で、国の税金を自らの判断で免税・減税できる制度等の導入を検討する必要もある。

第四は、補助金、交付税制度の見直しである。PFI制度の活用によってこれまで受けてきた補助金等へいかなる影響が及ぶのか、補助比率が高い事業へのPFI制度活用のインセンティブが高まらないなど、PFI制度と補助金は密接な関係を有している。PFI制度を積極的に推進することが、補助金等の削減・合理化に結びつき、結果として実施主体である地方自治体に対する自主財源の拡大をもたらす仕組みが必要となる。

イギリスにおいても補助金改革として、SRBCF (Single Regeneration Budget Challenge Fund) 制度が導

入されている。同制度は、地域振興を目的として複数の中央省庁所管として設けられた補助金を、自由財源としてプールする形態に改め、地域における公民協調型プロジェクトに活用する公的支援制度としたものである。さらに、ＰＦＩ制度の実施等によって整備率が向上した場合、交付税額算定にはいかなる影響を与えるのか、また、前述した交付税を通じた誘導策の見直しも重要となる。

第五は、公有財産の活用問題である。イギリスでＰＦＩ導入の経緯のひとつとして、「官に資産を保有させても十分に活用することが困難な場合が多い」とする評価が存在する。日本においても行政財産と普通財産の区分等公的財産関係の柔軟性に乏しいことから、遊休地の活用が制約される等の問題点が存在する。公的財産の管理委託等の問題も含め、その活用の柔軟化に努める必要がある。そのほか、地方自治法等による長期契約等の制約の見直し、官民両者のデフォルト問題に対する処理スキームの検討、予算の単年度主義による機動性の欠如に対する見直しなども求められる。

イギリスの社会資本整備に対して市場を通じ、世界の資金が投資されている。世界の市場から信頼され、投資先としてリスク管理が可能な社会資本整備をイギリスはつくりあげつつある。外為法改正、ビッグバンが実施される中で、これまで日本の国内にとどまり社会資本整備の財源となってきた貯蓄が、日本ではなくイギリスの社会資本整備に活用される流れを生み出す可能性も高い。そうした環境の中で、日本の社会資本整備を進めるためには、世界から信頼される仕組みづくりが必要である。その大きなツールがＰＦＩである。したがって、世界的な視野に立って説明責任を果たしうる制度と行財政・金融システムの環境整備が重要となる。

最後に重要な点は、ＰＦＩは、行財政改革の手段であり、政策策定プロセスに新しい財政情報を提供し、政策優先順位を見直すツールであることにある。これまでの公共事業では提示されることのなかったライフサイクルコスト等財政情報が提示され政策分析に反映される。そのことは、政策の見直しを進める重要な要因となる。Ｐ

FIは、既存の公共事業の中止も含めた見直しを進めるツールでもある。このため、PFIの発想や思考を政策評価のプロセスに導入することも有用となる。PFIは単なる財源調達の手段ではなく、また、民間の収益を追求する制度でもないことに留意すべきである。

5　公共投資の生産誘発効果

一般財政による公共事業、PFIの導入による社会資本整備を検討するにあたり、地域別の社会資本の効果を測定することは重要である。それによって、地域的な社会資本整備の手法と財源の住み分けが可能となる。地域別生産誘発効果[35]をみると、北海道・東北・九州では〇・五にとどまる地域が多いのに対し、都市部では東京の一・八を最高に誘発効果が高い。このことは、地方の公共投資が政策の帰着として地域経済の生産力拡大に結びつきづらく、懐妊期間の長期化も加わり所得移転的公共投資となっていることを示している。こうした所得移転的公共投資は、政策の失敗による逆機能のロックイン効果を強めるほか、形成された社会資本についても疲弊化とメンテナンス費用を通じた逆機能のロックイン効果をもたらす[36]。したがって、現状の公共投資を経由した所得移転は、単に乗数効果を低下させているだけでなく、将来に向けた逆機能を堆積させ負担を増加させている点に注意を要する。地域別に、一九八五年度の生産誘発効果を一〇〇として九五年度の同効果を測定した結果、および北海道を一〇〇とした場合の九五年度における地域別同効果の水準は表6のとおりとなる。八五年度に比べ九五年度は、生産誘発効果が平均八五％程度に低下しているほか、九五年度の地域別水準比較では東京への投資効果が著しく大きく、次いで近畿、北陸・東海、関東の都市部が効果が大きいことがわかる。経済の成熟化とともに、産業関連の社会資本がもたらす生産誘発効果が低下することはやむをえない面がある。しかし、福祉・介護など生活関連の社会資本の充実が求められる中で財政負担を拡大させないためには、産業関連の社会資本にはこれまで以上に生産を誘発する効果を上げる工夫が求められること、ナショナル・ミニマムを追求した結果が逆に東京への経済集中を生み出し産業関連社会資本の生産誘発効果に著しい地域間格差をもたらしたことなどの問題点が指摘できる。中央集権的な画一型の社会資本整備を進めることは、以上の問題点を一段と深刻化させる危険性がある。とくに、北海道地域の生産誘発効果の低下は深刻化している。社会資本整備による経済の付加価値の拡大の指標として、製造業の設備投資の動向をあげることができる。北海道内の製造業の設備投資額は表7に示すように、バブル期を除いて過去二〇年間ほぼ一三〇〇から一五〇〇億円前後で一定であり、経済成長とインフレを勘案すると実質減少していることがわかる。しかも、その規模は九六年度で四国とほぼ同額、九七年度では四国の規模を大きく下回る調査結果となっている。道内の社会資本整備が、長期にわたる懐妊期間を経ても経済の高付加価値化には結びついていない結果を示している。公共事業の予算規模を確保するだけでは、こうした問題点を克服することはできない。企画・実施権限・財源も含めた地域主体の社会資本整備を実現すること、ソフトとハードを一体化し、完成した後の活用に重点を置いた社会資本整備を行うことなどが必要となる。その具体的手法のひとつとしてすでにみたPFIの導入があげられる。なお、全国ベースでみると、東京と地方の格差の問題としてとらえられるものの、各地方内においても同様の問題が内在している。例えば、北海道地域における札幌への投資と他の地域への投資の格差問題である。投資効率としては、札幌地域への効率

表6　地域別産業関連社会資本生産誘発効果の推移

地　域	1985年度＝100	北海道＝100
北海道	83	100
東北	93	153
東京	80	1,270
関東	89	367
北陸・東海	89	388
近畿	85	391
中国	89	144
四国	79	100
九州	93	182

資料）宮脇淳「2000年の社会資本のあり方」『Japan Research Review』(日本総合研究所, 1993年10月)。

表7　北海道の設備投資動向

（単位：億円）

年度	製造業	非製造業
1979	1,328	2,856
80	1,295	3,157
81	1,870	2,969
82	1,718	3,073
83	1,553	2,909
84	1,305	2,872
85	1,694	2,684
86	1,275	2,949
87	1,425	3,812
88	1,250	4,131
89	1,603	4,326
90	1,371	4,975
91	1,710	4,840
92	2,483	4,886
93	2,322	4,417
94	2,121	4,693
95	1,762	5,411
96	1,496	6,128
97	1,514	5,174

資料）「北海道地方設備投資動向」日本開発銀行札幌支店。

が最も高く、地域間の格差是正の面からは全道的な均衡化した投資が求められることになる。

社会資本をめぐっては、次の五つの基本的問題点が指摘できる。第一に、どのような社会資本をつくるべきなのか、第二にその実現に向けた財源をどう確保するのか、第三は、完成した施設を活用するため将来の維持・補修費、運営費などランニングコストの負担をどうするのか、第四は、公共事業が所得の再配分的機能を高めていることをどう考えるか、第五は公共事業の主要財源である建設国債が抱える問題の再検討である。

第一の「公共事業予算によってつくる社会資本とは、具体的に何か」の問題をみることにする。戦後わずか五〇年で、日本は世界有数の経済大国に成長した。この経済大国の実現に、道路・港湾等産業関連の社会資本の整備が果たした役割は大きいものがあった。しかし、経済が成熟期を迎えた今、社会資本に求められる「質」も大きく変化しようとしている。すなわち、新たな施設をつくることに力点を置いた公共事業から目に見えづらい人づくりや技術開発、さらには自然をありのまま保存する環境保全にも目を向けた厚みのある社会資本づくりが求められる（社会共通資本概念の導入）。このため、これからの公共事業は、行政の縦割りによる個別の施設を建設することではなく、社会的なプロジェクトごとに横断的にハード、ソフト両面からのシステムを構築することを実現する必要がある。

第二は、財源の考え方にも大きな影響を与えることである。まず、縦割りの構図を脱却し横断的な社会資本をつくるためには、公共事業予算を事業ごとの「プロジェクト予算」とし、プロジェクトごとのコストである投資額とその成果をできるだけ明確にする必要がある。それにより、はじめて公共事業を行ったことに対する個別の評価が可能となる。また、将来的には官民共同さらには民間で社会資本を整備するため、プロジェクトごとに債券発行することで資金調達する方法の導入も考えられる。道路や港湾、空港等はたしかに多くの国民が利用する施設であり高い公共性を有している。しかし、そのすべてを国や地方公共団体が主体となった公共事業として行う必要性は薄い。効率的にインフラ整備を行うため、民間が資金を調達し、民間主体で有料道路や空港の整備、さらには一般道路の建設を工夫するＰＦＩの検討に結びつく。

第三は、新規投資だけを重視した公共事業予算の見直しである。たしかに、新しい道路や施設をつくることは、外見的に目に見える成果であり、政治的にも行政の選択においても魅力的なものとなる。しかし、そうした新規投資だけに目を奪われていると、陥ってしまう大きな落とし穴がある。それは、維持・更新費や運営費といったランニングコストの思わぬ増加を生み出す。かつて八〇年代、アメリカのニューヨーク市が事実上破産状態となった原因のひとつもここにある。新しい施設の建設だけに目を奪われ公共事業を続けてきたことが、大きなランニングコストを発生させ、建設した施設の老朽化や稼働しない状況などを生じさせてしまう。財政危機が深刻化すると、こうした状況はさらに加速される。なぜならば、施設に係る経常的な維持・補修、運営費といった経費を削減し施設を使わないことが、新規投資を維持しつつ予算を削減できる最良の選択となるからである。新たな施設をつくることに重点を置きその規模を拡大する発想から脱却し、将来のランニングコストも勘案したうえで公共工事の優先順位を決定していく必要がある。平均すると社会資本の建設費用に対し、少なくとも二割以上の維持・運営費が将来必要となることを建設段階から認識しなければならない。また、社会資本の種類ごとの経済的・社会的耐用年数は当然異なる。この耐用年数による維持・更新コストを公共事業予算に勘案すれば、地域別・事業別の配分比率は大きく変動することになる。(37)

第四は、建設業の体力である。業況の改善度を示す基本指標のひとつである「固定資産に対する経常利益の比率」がバブル経済崩壊後と現在でどれだけ変動しているかをみる。改善度が高いのは、通信業、加工組立業、事業所サービスなどで、逆にほとんど改善していないかさらに悪化しているのが建設業、不動産業、電気ガス水道業などとなっている。改善度の高い通信業では、九三年度を一〇〇とする指数でみると九六年度は二八〇となっている。ＰＨＳやインターネットなど、通信手段の高度化・多角化が通信業全体に成長力を与えていることになる。こうした通信業全体の改善傾向は、設備投資などを通じて加工組立業の業況を改善する要因となっているほか、オフィスビジネスの高度化・多角化など事業所サービスの拡大にも結びついている。逆に、悪化の一途をたどっているのが、建設業である。九三年と比べ九六年はマイナス二九〇となっている。この背景には、バブル崩壊に伴い発生した不良債権や建設受注に伴う債務保証が依然として高水準のまま抱えられており財務体質が弱まっていることに加え、民間需要の低迷と公共事業の削減で需要環境が悪化していることがあげられる。建設業を取り巻く環境は、民間部門のバブル崩壊に次いで公的部門のバブル崩壊と、二度のバブル崩壊に直面している。既存の公共事業の削減は、行財政改革、そして経済の効率化に向けて必要不可欠な課題である。しかし、単なる絞り込みだけを行えば、建設業さらには関連設備機器などその業況に与える影響は大きい。そのため、ビルの改修や機能転換・高度化などの民間部門の新たな需要の掘り起こしと同時にＰＦＩをはじめとした社会資本整備の新たな姿を模索する必要がある。とくに、公共事業依存を強めている北海道経済においては、後者の点がより重要となる。

国と地方の財政関係は、これまで交付税や補助金問題を中心に論じられてきた。しかし、その根底には財政投融資による資金配分、そして閉鎖的な金融市場を前提としたリスク回避型地方自治の問題が横たわる。金融システム改革とともに地方分権を推進するためには、地方自治体自らリスクを受け止めリスクを管理できる体力を形成する必要がある。リスク管理型の地方自治の確立によって、財源調達や業務執行において、新たな選択肢を模索することが可能となるからである。

(1) 経済取引きにおけるリスクとは、「将来の損益が不確定であること、つまり損益が一定でなく変動すること」を意味する。効率的な市場を前提とした場合、リスクなしの状況から利益や損失は発生しないことから、リターンを上げるためには必ず何らかのリスクを負う必要がある。リスクなしの状況から利益が発生する場合は、政策的な所得移転であり、損失が発生する場合は政策の失敗に属する。三和銀行金融商品開発室編著『デリバティブズ取引と統合リスク管理』(金融財政事情研究会、一九九五年)六二～六八頁。規制緩和をはじめとする経済構造改革により形成される効率的な市場を前提とする政策の展開も、その効果を期待するには政策リスクの発生を前提とした意思決定と政策執行の体制が必要となる。

(2) 信用リスクのほかに、(経済・社会)環境変動リスク、政策選択リスク、リーガル・リスク、行政事務執行リスク、財源調達リスクなどがあげられる。

(3) 政策信用リスクを測定する場合、不履行リスクを「0」とするのではなく「1」として常に不履行が生じることを念頭に置き、そのうえで政策信用リスクを測定することが基本となる。不履行リスクを「0」と想定することは、予算変動リスクの認識を困難にしリスクを無限に近い形で拡大させる危険性がある。

(4) ソ連邦崩壊後の世界経済は、資本主義に同質化されたことが指摘される。そのことは資本主義間のブロック化をもたらし、資本主義間における競争関係を激化させ経済・社会の制度や技術の世界標準の獲得が国際競争力の確保のため重要な要素となっている。例えば、ミシェル・アルベール、小池はるひ訳、久水宏之監『資本主義対資本主義』(竹内書店新社、一九九二年)は、アメリカ、イギリスの「ネオアメリカ型資本主義」と、日本、ドイツ、スイスの「ライン型資本主義」の相克が始まったことを指摘し、金融と技術開発の関係などに検討を加えている。

(5) フィランソロピーは、企業の慈善的寄付行為や社会的貢献を中心とする社会問題解決に向けた公益的活動を意味する。メセナは、公益的活動のうちとくに企業の文化的支援活動を意味する。山内直人『ノンプロフィットエコノミー』(日本評論社、一九九七年)四一～八四頁。

(6) 市場原理の埋め込みは、行政活動だけでなく社会的変化やそれに伴う政治の側面に大きな影響を与える。その代表的現象として「ライフスタイル・エンクレーブ」の問題が指摘できる。現在進められている規制緩和や地方分権などの取り組みでは、選択性に富んだ機会均等の社会をつくりあげることがひとつの目的とされている。この選択性に富んだ機会均等の社会が誕生した場合、政治的な政策決定に対しいかなる影響を与えるかを考えることは、財政民主主義のあり方を検討するに際して重要な課題となる。選択性の拡大と機会均等の両輪が実現した場合、社会生活において生じる現象として指摘されるのが「ライフスタイル・エンクレーブ」である。個人の多様な選択が可能となった場合、ある特定のライフスタイルを選択した人々からなる閉鎖的なコミュニティーが形成される傾向が強まる。このコミュニティーを構成する人々は、コミュニティー内部の改善や維持に対する負担や規制には賛同するものの、コミュニティー外の社会に対する積極的な負担や参加は好まず、孤立した体質を形成する。この体質を「ライフスタイル・エンクレーブ」という。この「ライフスタイル・エンクレーブ」の体質は、政治的無関心の拡大によりさらに助長される。選挙投票率の低下は、立候補者に特定のエンクレーブ・コミュニティーに対する利益誘導を有利とする選挙マネイジメントを選択させる。その結果、エンクレーブ・コミュニティーは、さらに実質的な孤立度を強めることになる。エンクレーブ・コミュニティーを基礎にしたいわゆる族議員を中心とする政策決定や予算編成が展開された場合、国民全体からの政府全体に対する信頼度は低下する一方で、政府活動が増大し財政危機が深刻化する構図を形成する。とくに、リスク転嫁や所得再配分型の利益誘導が経済・社会体質として色濃く残る場合、所得再配分を受けるエンクレーブと、そのための財源を負担してきたエンクレーブの間で軋轢を強め、財政も全体として悪化する。そして、財政悪化の深刻化は、所得再配分を受けてきたエンクレーブ相互間の軋轢をも強める。そうした問題を深刻化させるスパイラルを脱却するには、受益と負担を接近させる地方分権の推進と、国会が利益誘導ではなく民主主義の基本である公開された議論を展開する場に脱却することが重要となる。中央省庁の統廃合などの取り組みが、エンクレーブ・コミュニティー的な体質を中に埋め込んだ状況となれば、行財政の効率は一段と悪化せざるをえない。市場原理を基本とし、機会均等・選択性に富んだ社会になるほどエンクレーブごとに形成される利害が先鋭化し、地域社会全体が各エンクレーブの孤立と対立を深める可能性がある。その際、エンクレーブごとの利害や意思を横断的に結びつけることが今まで以上に必要となる。その役割を果たすのが、フィランソロピー、非営利団体の機能として位置づけられなければならない。とくに、政治が利益誘導体質を深めている現状では、非営利団体のそうした機能はいっそう重要となってきている。

（7）　NPOについては、山内・前掲注(5)八七～一〇〇頁。

（8）　行政改革会議は、総理府本府組織令の改正ならびに行政改革会議令で設置された機関であり、設置期間は一九九八年六月三〇日まで、内閣総理大臣を会長とするほか、会長代理一人、委員一三人以内で、国の行政機関の再編・統合の推進に関する基本的かつ総合的な事項を調査審議することを役割として設けられた。行政改革会議は、九六年一二月一六日「行政関与の在り方に関する基準」を示し、「民間でできるものは民間に委ねる」、「国民本位の効率的な行政を実現する」、「行政の各機関は国民に対する説明責任を果たす」の三つを基本原則として掲げている。そして、行政のあり方を判断する基準として、①基本原則を具体化した全般的な基準、②行政が関与する必要があるか否かを判断する「行政の関与の可否に関する基準」、③その関与の手段・形態が適切かどうかを判断する「行政の関与の仕方に関する基準」を示している。

(9) 企業のリスク管理では、業務リスク(Business Risk)と財務リスク(Financial Risk)に区分されることが多く、業務リスクは企業の投資行動によって生み出され、財務リスクは資金調達活動などを通じて企業の資本構成に変動を与えることによって生じる。三和銀行金融商品開発室編著・前掲注(1)一一四頁。この基本構造は、行政組織にも当てはまることであり、政策実施によるリスクとその政策を実施するための財源のリスクで構成される。

(10) ポートフォリオ管理は、リスクヘッジを適切に実現するため、投資対象の安全性、流動性、収益性などのバランスに配慮し、最適解としての分散投資の組み合わせを追求する手法である。

(11) 主要国の企業・個人の海外預金残高(一九九六年)をみると、アメリカ三二〇〇億ドル(外貨建て七八〇億ドル)、ドイツ一八八〇億ドル(同三六〇億ドル)、イギリス一〇〇〇億ドル(同八六〇億ドル)に対し、日本は三六〇億ドル(同九〇億ドル)にとどまっている。外為法改正によって、大口のプライベートバンキングなどがまず拡大し、海外への資金運用が厚みを増すことになる。外為法改正は、資金の流出入両面の可能性をもたらす。しかし、資金の流入のためには日本の国内市場が投資対象としてコスト、信頼性、流動性確保の面で、海外市場より優位性を有することが必要となる。

(12) 米国金融機関である「シティコープ」の財務諸表に開示されたグローバル・リスク管理の要旨は、以下のとおり。①社内の総合的なリスク・プロフィールの評価を行うための委員会(リスク・ウィンドー委員会)を設置し、②同委員会が、リスク評価分析に際して、事業に影響を与える主要リスクを中心に世界規模の外部要因に関する短期予測を行い、そのうえでリスク・プロフィールと業務に影響を与えるリスク分析を実施、その結果を受けて、環境変化とポートフォリオへのリスク対応としてのリスク・プロフィールの強化を行う。③リスク評価分析の第一段階にある「外部要因」の検討については、国や地域、消費市場や産業ごとの発生可能な経済的、地勢学的事象の評価、新たに発生した重要な要素、好ましくない事態の評価などが含まれる。④リスク・プロフィールの評価には、次の諸点が含まれる。(a)顧客の信用度と回収利益のリスク限度評価。

(b)世界的、地域的な産業集中。(c)プログラム取引の集中リスク度。(d)管理授権債券における商品集中。(e)政治リスクなどを含むカントリーリスクの評価。(f)未決済リスクを評価するカウンターパリティー・リスク。(g)事業別リスク評価。(h)金利、為替など変動水準の変化に起因する価格リスクの把握。(i)資金調達リスクを評価するための流動性リスクの評価。(j)ポートフォリオ限度を管理する証券投資リスクの評価。(k)監査リスク、法的リスク、技術リスクの評価。

(13) インベストメント・バンク(investment bank)は、長期性資金の需要者と資金の供給者の仲介を行う証券引受業者(underwriting house)。民間企業だけでなく国や公的機関の債券発行の条件を設定し、シンジケート型共同引受によるリスク分散などを図りつつ、債券の全部または一部を引き受けて機関投資家などに分売する機能を担う。

(14) 財政赤字の削減、財政の健全化など財政再建が、日本、欧米をはじめとした先進国で最優先の課題となっている。こうした状況の中、国または、国が保証する形で発行した債券(国債や政府保証債など)が、どの程度の確率でデフォルト(債券の元利払いが期日または、猶予期間内に行われない場合など)されるかを測定することは、国際市場での資金運用を考える場合、きわめて重要な課題となる。国の信用を背景として発行する債券についても、経済・社会情勢や気候、政治情勢など多面的にリスクを測定することが行われている。ムーディーズやスタンダード&プアーズ社などで、債券を発行する主体である国あるいは公的組織の信用格付けも行われている。ちなみに、一九九七年現在、イギリス、日本、アメリカ、ドイツなどはAAA、ロシアBBマイナス、中国BBBプラスなどとなっている。しかし、こうした格付けの対象となる国は限られており、エマージング・マーケットに属する国々については、まだ十分な評価格付けが実現していない面が多分にある。また、同じ国が発行する債券でも、外貨建てで発行する債券は、自国通貨建ての債券に比べて格付けが低く、実質的にデフォルトに陥っている件数が多い。これは、最終的に国の債務の担保となる税金が、自国通貨で徴収されることに深い関係がある。

(15) 郵便貯金、年金、簡易生命保険など四〇〇兆円規模に達する財政投融資資金のあり方は、金融システム改革、さらには行財政改革に大きな影響を与える。財政投融資制度の見直し、郵政三事業の民営化などにおいて重要な論点として、四〇〇兆円の資金を国内の金融市場、民間金融機関がポートフォリオ管理として受け止めることができるかという問題を指摘することができる。金融システム改革によって、これまでのシェア主義から一転し金融機関にとって保有する資金量が拡大するほどリスクが高まる危険性があることに留意する必要がある。

(16) 日本の行財政において評価システムがこれまで確立しなかった点については、山谷清志『政策評価の理論とその展開』(晃洋書房、一九九七年)が、道路建設に関する政策評価については、中村英夫編、道路投資評価研究会著『道路投資の社会経済評価』(東洋経済新報社、一九九七年)が詳しい。

(17) 北海道内の民間金融機関預金残高の内訳は、九六年三月末現在で、地方銀行三兆五七二九億円、都市銀行五兆一六一七億円、第二地方銀行二兆二〇一一億円、信託銀行(銀行勘定)一二五〇億円、長期信用銀行一三三二億円、信用金庫四兆四一八四億円、信用組合八六二三億円、農業協同組合二兆二三九〇億円、労働金庫四一一四億円となっている。

(18) 財政投融資に関する公信用問題については、龍昇吉『現代日本の財政投融資』(東洋経済新報社、一九八八年)が詳しい。

(19) 行政が目的とする公益性の評価と、公益性の目的を達成するための行政活動の効率性の評価とは、分けて問題点を整理する必要がある。既存の行政活動の評価においては、第一に行政活動の公益性の評価、第二に行政活動そのものの効率性の評価、第三に行政活動の代替性の評価が必要と考える。

(20) 「セーフティーネット」の議論は、生活保護や失業保険の給付額、課税最低限など、所得保障的政策の水準をどの程度に設定するかが焦点となる。

(21) 「時のアセスメント」は、①計画策定から一〇年前後、停滞したまま事業が進んでいない、②時の経過とともに、経済・社会的な状況が変化し、実施した場合の効果が低下している、③今後も長期にわたって進まない可能性がある、の三要件のいずれかに該当する公共事業について、事業の中止も視野に入れた再検討を行うプログラムをいう(実施要綱九七年一月策定)。九七年七月一五日、堀北海道知事は、このプログラムに基づき、士幌高原道路、トマムダムや白老ダムの建設、苫小牧東部地区の工業用水道事業など六事業を見直しの対象として指定している。

(22) 公共事業にはふたつの逆機能のロックイン効果がある。そのひとつは、新規投資をめぐって生じる逆機能のロックイン効果であり、ふたつ目のロックイン効果は、完成した社会資本を有効に活用できない失敗が導く逆機能である。新規投資による逆機能堆積のロックイン効果として第一に、新規投資をめぐるメンテナンス費用、運営費用の不十分な計上があげられる。完成した社会資本の機能を十分に発揮させ、できるだけ長期にわたって活用するには、新規投資の段階で将来必要となるこうした経費を勘案し政策決定することが求められる。しかし、現実には新規の投資額の規模は重視するものの、メンテナンス費用等への事前配慮はほとんどされていないのが実態である。このため、施設等を建設しても、財政難から運営や維持のための費用が確保できず、施設を荒廃化させてしまう現象が生じている。こうした現象は、施設建設のための借金と機能しない社会資本の存在という二つの面から将来の逆機能を堆積させる。新規投資によるロックイン効果の第二は、補助金行政、縦割り行政による逆機能の堆積である。補助金による公共事業の場合、建設する施設等社会資本に対し省庁ごとの縦割りで多くの物面・質面規格が定められている。このため、地元のニーズに合わせることを主体とした施設の建設ではなく、中央の規格に合わせ補助金の獲得に注力した公共投資が行われやすい体質を有している。

完成した社会資本によるロックイン効果が、「政策の失敗」による補填政策の繰り返しである。苫小牧東部の工業団地に象徴されるように、企業誘致による産業振興を目的とした地域開発が企業の進出が進まないことから公的施設の建設あるいは中央・他地域からの誘致で穴埋めされるケースである。これにより、公的施設の建設・誘致に新たな財政資金が投入されるほか、第一のロックイン効果を誘発・助長させる。さらに、地域開発で期待した地域経済の振興も、民間経済主導ではなく、公的部門中心の補助金依存体質を強める結果をもたらす。この政策の失敗を通じた逆機能のロックイン効果は、「勇気ある撤退」を政策的に決定できないことによってさらに加速される。

(23) 北海道東北地域経済総合研究所『わが国における金融の地域構造』報告書(一九九七年)。

(24) 財投機関債は、資金運用部が発行する財投債(いわゆる「資金運用部債」)と異なり、財政投融資の出口に位置する各機関、あるいはグループ分けされた数機関が直接債券を発行し、市場から必要な資金を調達する方法である。企業の発行する社債と類似した債券を発行し、市場から資金調達する方法である。これに対し財投債は、資金運用部が財政投融資対象機関のために一括して発行する債券であり、「第二国債」的性格を有する。

(25) EUの政策的金融機関の代表としては、EIB(European Investment Bank)があげられる。EIBは、EU共同市場の均衡ある発展を目的に、中・長期の融資・保証を実施する機関として設置されている。その融資残高(一九九六年)は、一〇六四億ecu(約一五兆五〇〇〇億円：一ecu＝一四六円で換算、以下同じ)、年間融資額も、二二四億ecu(約三兆二〇〇〇億円)となっている(EIB Press Releases filing, 1997. 2)。その仕組みを簡単にみると、次のとおりとなる。原資は、日本の政策金融機関のように、郵便貯金・年金資金等の公的資金に基本的に依存する形ではなく、資本市場における債券発行(AAAの格付け)によって調達する仕組みとなっている。融資対象は、公共部門、民間部門の両者にわたっており、個別案件としては地域開発から社会資本整備、エネルギーに至るまで広範な領域をカバーしている。政策コストは、EUで負担し、プロジェクトごとに加盟国が保証等を行うことで、債権保全が行われている。さらに、EIBでは、TENs(European infrastructure networks)と呼ばれる、鉄道、道路、送電線等EU全体のネットワーク的インフラ整備に向けた資金供給が実施されている。九六年ベースでは、具体的には、電信網整備に六・五億ecu(約九五〇億円)、エネルギーの生産と輸送施設に四億ecu(約五八四億円)等となっている。このほか、EU域内には、国別に、政策的金融機関が存在する。ドイツでは、投資金融や輸出金融を行うｋｆｗ（ドイツ復興金融公庫）、フランスでは、貯蓄金庫や地方金融公庫等の特殊金融会社などである。こうしたＥＵの政策的金融機関の特色としては、第一に原資面では債券発行による金融市場からの資金調達を主体としており、オープンな市場原理のチェックを受けていること、第二に、その規模が日本の政策金融全体と比較すると小さいこと、第三に、財政的な政策コストは、個別案件ごとに評価する仕組みを基本としていること、などが指摘できる。また、融資項目をみると、最も大きい構成比を占めているのが、地域開発四割程度、その次に運輸・通信などの共同インフラ整備となっている。

(26) 三重県では、行政評価、予算評価システムの積極的な導入が試みられている。三重県の行政改革運動は、地方分権の時代的潮流をとらえ、サービス・わかりやすさ・やる気・改革を基本に置き、①目標・成果志向での事務事業の見直し体制の確立、②政策に反映される事務事業の評価システムの確立、③先進県としての行政目標挑戦体制の確立に取り組むことを明らかにしている。また、さわやか運動の推進体系は、①生活者の視点に立った行政サービスの向上、②地方分権の時代にふさわしい行政システムの構築、③開かれた信頼される行政の確立、④さわやかな職場・環境づくりの四点を柱としている。事務事業評価システムは、行政使命・政策・施策の設定、成果指標の設定、事務事業目的評価の三段階のステップに分け、設定されている。北川正泰「もう県なんかいらない」『This is 読売』一九九七年六月号。三重県行政改革推進本部「三重県さわやか運動推進大綱」（一九九六年一〇月）。

(27) 八〇年代後半、行財政改革を推進するにあたりイギリスの首相府効率室がまとめた「イブス報告（行政管理改善報告書）」では、①中央省庁は、独自にそれぞれの目的を追求する。このため、相反するあるいは重複する方針が示され現場が混乱する、②中央省庁は、行政サービスの質の向上を追求するより、組織経営の細部にわたる管理を重視する、③中央省庁による一元的管理は、広範な職務領域に対しては適切ではない、④中央省庁の管理志向が、さらに地方の出先機関で強化され硬直化する、などの問題点が指摘されている。

(28) Alan Lawton and David McKevitt, *Case Studies in Public Services Management*, Blackwell, 1996.

(29) 財政におけるオフバランス管理とは、債務契約や偶発債務のほか、予想される費用の計上、機会費用の測定などを含む。

(30) 民間による公益性の発揮のための官の役割として、企画・監視機能への特化、信用保証制度の導入、免税・減税など租税政策の実施などがあげられる。

(31) 主な報告書類として、*Next Steps Review*, HMSO, 1992-96. Cabinet Office, *Next Steps—some questions answered, The*

Financing and Accountability of Next Steps, HMSO, 1989. *The Next Steps. Report to the Prime Minister*, HMSO, 1988 などがある。

(32) 料金徴収の困難な一般道路を民間が建設し、その投資コストを回収するため地方自治体と締結する契約の内容の一例として次のようなものがある。道路の完成によって上昇した地価評価を基礎に、増収となる固定資産税などの税目の増収部分を道路建設費用として優先充当する。さらに通過する自動車一台あたりの単価を決定し通過台数に応じて地方公共団体が道路建設を行った民間企業に建設コストを負担する(この場合、通過台数に上限を設ける場合が多い)。

(33) 年次報告としては、Private Financial Panel, *Private Opportunity Public Benefit*, H. M. Treasury.

(34) 北海道開発局や北海道東北開発公庫などの組織体が、ＰＦＰ的な役割を果たすことも考えられる。

(35) 公共投資の生産誘発効果の測定には、コブ・ダグラス型生産関数を使用し、生産要素として「労働投入」、「民間資本装備量」、「社会資本ストック量」、「技術革新」の四要素を組み込んだ。基本的な推計の手法等については、宮脇淳『財政投融資の改革』(東洋経済新報社、一九九五年)第三章参照。

(36) 注(22)を参照。

(37) 社会資本の維持・更新費の推計方法などについては、経済企画庁総合計画局編『日本の社会資本』(ぎょうせい、一九八六年)が詳しい。

新地方自治法の課題
——法制度設計とその前提条件

木佐茂男

はじめに

新世紀の地方自治制度の根幹を形成する改革の骨格が姿を現し、「第三の改革」と称される地方分権改革が実施の段階に入った。もともと、「第三の改革」なるキーワードは、地方分権推進委員会（以下、分権委）が、その中間報告において用いて以降、一般化したと思われる。しかし、この言葉は、現在では、日本のあらゆる領域にわたり、すなわち立法改革、行政改革、司法改革、そして規制緩和などにも及んで広く唱えられるようになってきた。そのことは、時代の節目にあたって、第三の改革の対象があらゆる政治課題に及ぶということを意味し、地方分権問題が、中央政府から普通地方公共団体（以下、特別区も含めて自治体という）への権限移譲（以下では分権委が使う「委譲」を用いる）とそれに関連する問題群に限定されず、これらの新旧の諸課題と密接な関連の中にあることをも示している。

本稿では、大きく二つのテーマを扱ってみたい。

まず、いわゆる新地方自治法の構造的な特徴についてである。「地方分権の推進を図るための関係法律の整備等に関する法律」（一九九九年法律八七号）（以下、地方分権一括法または一括法と略す）の中心部分をなす改正された地方自治法（以下、新地方自治法または新法という）は、その複雑・難解さのゆえに、自治体職員の一％も関与法制の大枠を理解できないであろうと筆者は指摘してきたが、(1) この間、第一線の地方自治法・地方財政法を専門とする研究者の間に、新法の解釈に関して相次いで誤解が生じている。(2) このことは、決して個々の研究者の責任ではないと思われる。玄人中の玄人が、法文から「自治省の解釈」と異なった内容を読み取ること自体が決して不思議ではなく、問題はこのような法律をつくらざるをえない政治過程に入ったことにある。(3)

第二は、その背後なり深部にある問題である。上記の地方自治法改革を中心とする制度改革で対処しようとする地方分権化が、はたして期待通りに進むための条件を備えているかどうかを、一貫して問うとともに、そのうえで、できてしまった制度の運用のあり方について言及してみたい。

地方自治の確立を妨げるものとして、例えば国の官僚の自治体への出向が、「人事交流」「天下り」「巡回公務員」といった表現で問題にされることがある(例、第二次勧告第六章Ⅱ3(1))。しかし、日本の地方自治には、それ以外にもっと深い一般にはみえない問題が山積している。筆者は、日本の地方自治の課題に関して、多少ともヒアリング等を通じて実証的に検討すると、ある種の事柄にぶつかる。地方自治の周辺世界には、関係者にとって、知る人ぞ知る領域があり、そこでは一般国民・市民にはほぼ完全に情報非公開の組織、団体、金銭の流れがある。電話でインタヴューを開始するだけで、質問者の身辺調査を行いかねない組織もある。問い合わせの目的から、利用の方法まで逆に問われ、結果として何も情報を得られない団体もある。また、運良くヒアリングできても、事務室・事務局に入ったとたん、利用もされない時機遅れの資料の山しか目につかないといってもいいような団体もある。ともかく実態調査自体が難しく、また怖いものであり、その結果の報告も、自制や秘匿が要請されることも多く、ストレートにはできない。結局のところ、事実上の若年退職制を前提とした上級職公務員制度の弊害、あるいは右翼や天皇制にぶつかるからである。この点は司法研究にあってもそう大きな違いはない。関係者のきわめて多くが知っているが、公の場ではほとんど誰も口にしない、あるいは、活字にはできない事柄が多いのである。率直なところ、地方自治問題においても正直に発言すれば、身辺に影響がありそうなこともある。(4) 本稿でも、筆者が知りえたすべてのことをなおも論述することはできない。そうした意味では、今日の分権議論は、国と地方の権限配分・関与関係を中心にしてみても、身体の表面に現れ出てきた出来物の処置をしているにとどまるような感じがある。なお中心に残っている問題は、今日もタブー視されて、誰もあえて論じない不透明なカネとヒトをめぐるものである。この点を、せめて先進国といわれる諸国なみに清潔にすれば、おそらく今回、機関委任事務制度を中心に論じられた改革論などは本質的にはそう難しい問題ではないと思う。しかし、その本質的に難しい問題に誰も根本的に手をつけることができないと判断し、現に行おうとはしないがゆえに、筆者は、今回の分権改革が機関委任事務問題に焦点を当てられることになってしまったと強く思う。

分権委の作業自体は、「筋の通らない横車や陰湿な圧力」の中で「殺人的なスケジュール」[5]によって行われた。これがわが国の政治過程に伴う困難な条件の中で行われたものであることは、改革を進めた当事者の整理[6]によっても明らかであり、「現在の政治状況下で期待可能な最大限の成果を上げ得たと確信している」[7]ことについても同意できる。筆者は、分権委が想像を絶する奮闘をしたことに対しては、これまでも敬意を払ってきたつもりである。[8]ただ、今後の引き続く改革のためには、言いにくいことも誰かが述べておく必要があるであろう。

分権委は、立法も司法もほとんど機能しないことを前提として、改革案をデッサンしなければならなかった。不幸の源はそこにあり、また、このような不幸があったために、分権委は荒療治に取り組まざるをえなかった。悪循環の中で取り組まざるをえないこの問題も、さかのぼってみれば、地方自治や司法制度を流血までして戦い取ってこなかった歴史的民度に由来するものであり、九〇年代後半の時点で、分権委にすべてにわたって理想を求めるのは酷である。それゆえに、ここではできあがってしまった仕組みについて少し離れた視点から考え、次の改革の課題につなげたいと思う。

そこで、新法制の法解釈論を微に入り細を穿って展開することは避け、それよりも、いっそう深刻で重要であると考える問題にもあえて少々触れ、新制度に対する住民や自治体、そして裁判所の接し方について言及したい。法解釈論の展開は別の機会に譲り、長期的に考えておくべき地方自治の確立や国民自治の実現のための論点と方向を指摘することが重要であろう。次節において、今少し課題を整理しておくことにする。

一　課題の枠組み

1　「第三の改革」の意味

先に触れたように、「第三の改革」の範囲は拡大し、利害対立の構造も変化してきた。分権問題に限らず、このところ大きな政治課題は、例えば保守革新の対立、財界・官界の利益と地域住民の利益の対立、あるいは支配層と被支配層の利益対立といった単純な図式ではとらえることができなくなった。その結果、今回の分権作業の中心となった分権委の思いと離れたところで、「地方分権」なるテーマが種々の問題と結びつくことがあるし、逆に切り離されることもある。外国資本の自由な国内進出を可能にする側面における規制緩和策は、表面的にみると地方分権化と対立する。また、今回の分権改革の範囲は広いものではあったが、分権委が触れなかったテーマ(例、都道府県警察の国・市町村との関係)、あるいは時間的な要素、問題の軽重、あるいは手順のあり方から十分に取り上げることができなかったテーマ(例、地方議会、住民参加など)もある。今回の「分権改革は漸くそのベースキャンプを設営する段階にまで到達した」(9)のであれば、そこでいう「ベースキャンプ」の中身、そして今後の分権改革のあるべき姿、ひいては地方自治の充実のために残された課題など、問うべきことは多い。それは、今次の改革がいわゆる国家関与の縮小に最初から焦点を当て、また、実行可能性を考慮して中央省庁＝官僚集団から同意を取り付けうる事項についてのみ改革案を提出するという手法をとった、あるいはとらざるをえなかったという事情から説明できる。

たしかに、後述するように、このたびの分権改革は、国民世論や地方自治関係者の支えがきわめて乏しいところで平和時の分権委に期待できた最大限度のものであった可能性が高い。その意味において、新制度は活用されなければならない、さもなくば何も残せないのも事実である。

この分権改革、ことに地方自治法改正に関する論評、論稿も相次いで出されつつあるが、来るべき実定制度についての国際的観点からする評価はいまだ少ないと思われる。本稿は、地方自治法の深く立ち入った内在的検討はやや控えめにして、多少外在的な側面からも、新しい地方分権体制の点検を試み、次代の改革の課題と若干の考慮事項を提出してみたいと考える。

2　できあがった法システムの基本的評価

(1)　評価の甘い辛いと評価者のねらいのズレ

新地方自治法の規定の中には、画期的[10]と称される立法原則や法令の解釈基準の規定(例、地方自治重視の観点に立った立法原則を示す二条一一項、法令の解釈基準に関する同条一二項、立法原則とも読める同条一三項)や前近代的法制度が「近代的」なものになったという意味において高く評価される部分[11]など、注目に値する条文や制度もある。

一般的にいえば、今回の分権一括法については、高く評価する声と消極的な評価とがある。もとより、中間的な立場もある。ただ、積極・消極の種々の意見は、必ずしも施行以後の活用法についての姿勢とは直結していない。極端にいえば、①期待値には遠いことを認識しつつ「良い仕組みができた」と肯定的に受け止め積極活用を促そうとする見解もあれば、②原則として消極的・批判的に評価しつつ、実現の具体的可能性をあまり考慮せずに次期の地方自治改革を考えようとする立場もあろう。逆に、③分権委の活動や新地方自治法体系を高く評価し、分権体制が整ったとして、今後の改革をサボタージュする理由にするという立場もあるかもしれない。これらの見解は、当然のことながら、分権委(委員)の努力そのものに対する評価とも合致しない。④例えば常に分権委の活動を批判的に評することによって、後退しがちなバトルラインを前に進めようとする意図をもつ者もありうる。あえていえば、筆者は④の立場に近いといえよう。このように、表面的な批判の有無だけでは、真意を見抜けない論稿・評論もあるために、分権委の作業の評価、改革結果の評価、運用期待・予測の内容は必ずしも一致しない。本稿でも、そのことを強く意識しておきたい。

(2) 全般的特徴としての「極端から極端へ」

わが国では特定テーマに関する法理が純化してしまい、それが、訴訟実務などと直結して、行政実務ないし社会現実と合わない事態を生む傾向がある。行政法学においては、公定力理論や行政事件訴訟要件論などがその最たるものであろう。かつては特別権力関係論もそうであった。機関委任事務に関する包括的な観念論もその例にもれない。(12) このところ、行政手続法や新地方自治法でより頻繁に登場するようになった「固有の資格」なども、常識に照らすと難解な概念である。いったん争訟の場に至ると、精密な区分を前提とするために、強者が「門前払い」で勝訴する結論を導きやすい。公定力理論、訴訟要件論、特別権力関係論は、ドイツにあっては判例法理により、その一部分は残っているにせよ、漸次、特有の法理論体系としての意味を失ってきた。これらに対して、機関委任事務に当たる仕事、とりわけ国家事務的性格の強い事務はどの国にもある。ドイツでは、これらがいわゆる機能改革(事務再配分)の過程で次第に、郡、大都市、小規模基礎自治体などに法律によって委ねられてきた。その概念や定義をどのように定義し直そうと、ある程度の国家的事務を、基礎自治体で行うことは不可避である。それゆえに、基礎自治体で行う国家事務(的なもの)に国の側からする一定の統制が残るのは不可避である。ところが、わが国では、機関委任事務制度の全廃という荒療治によって強力な国家関与をなくすことにした。実務的な改革においても、わが国では「極端から極端へ」と振り子が動くことが多い。それは、いわゆる戦後改革をはじめとして、あらゆる制度や実務に及んでいる。いわれるところの行政国家から司法国家へ、行政裁判制度の全面的廃止、法務省からの裁判官人事権の剝奪、「天皇の官吏」制度の反省の上に立った公務員制度の職種を問わない一元化など、すでに古典的な事例をはじめとして、最近の各種の事例においても枚挙に暇がない。(13) ある問題に対して、揺れが極端なところまで走るために、反対の極で対応ができないことも多数生まれてくる。それゆえに、対極まで動いた後の揺り戻しもよくあることであるし、極端に振るために、新たなルールに従った実務が暗礁に乗り上げることも少なくない。地方分権に関してはどうであろうか。

分権体制・分権時代になると、「自治体行政のことはすべて自治体が定める条例で」、という発想や提言も、ひとつの極端に走った見解であるように思える。自己責任の時代であるから、自治体がさまざまなリスクを負いつつ、原則として自前で条例制定・行政執行をせよというのも、いささか極端と思える。自治自己責任論者で大都市圏・首都圏以外に居住する人がどれほどいるだろうか。本当に小規模自治体に住んだ経験があれば、このような主張は簡単にはできないのではなかろうか。

あるべき姿、ないし建前としての国と自治体の「対等性」が、現実には存在しないにもかかわらず与件と解されて、自治体側に過剰な無理難題を押しつけるようなものになってはならないであろう。

今回の分権大改革は、いわば制度の自生的発展を信用・信頼・期待できないという発想に立つという特色がある。これまで本当に自治を行う仕組みが十分にはなかったのか。極限まで自治法を利用しつくした結果として、法改正が必要であったのか。どこまで内在的需要に対応したものであったのか。制度を変えても、運用をする者

(国と自治体ともに)の精神構造いかんによっては、実態は何ら変わらないであろう。

新地方自治制度の特徴をいくつかあげてみると、次のような点がある。

極端な現象として現れた最大のものは、機関委任事務制度の廃止に伴う国家関与法制の改革と係争処理制度の新設である。(14)極端な制度が生まれて、それが円滑に運用されるのであれば、楽観視してよい。しかし、その条件があるのか、条件をどのように整えるのかが問われる。

新制度の基本的評価は、まずもって、新しい法システムを、ささやかな注意義務を履行することのできる自治体職員や少々自治に関心をもつ市民が理解できるのか、という点のチェックから始めるべきであろうと考える。言い換えれば、「日常の道具」として地方自治法を使えるのかである。何パーセントの自治体職員が理解できる地方自治法システムになったのか。答えは、ほとんど否、としかいいようがない。正直なところ、今なお筆者の頭の中に、関与法制を中心とする新制度の骨格的部分は、正確にはほとんど入っていない。今回の改革において法的な面できわめて重要な役割を果たした研究者も、法施行を間近に控えた段階であるにもかかわらず、国地方係争処理委員会と自治紛争処理委員の法律用語上の正確な区別が記憶になく、後者を自治紛争処理委員会と称していた。たしかに、三人からなる委員というのは語感としてもなじまないから、その誤解にも一理ある。「係争」と「紛争」の区別を正確にし、「紛争」処理委員の職務内容を正しく諳んじている研究者や実務家はどれほどいるのであろうか。また、後述のように、分権委の中間報告が正面から言いきった最も本質的な問題である国・自治体間の司法統制のように、肝心かなめの問題が、施行直前の段階において、文献の世界でも実務の世界でもほとんど気づかれていないという、常識的には信じられない現象が起きている。新法の内容をクイズ形式で問うても、正解率はきわめて低いと思われる。(15)それは、おそらく、試される者の能力ではなく、法律自体の複雑さに由来すると考えるべきであろう。

繰り返すが、まず何よりも、問題は、新しい仕組みの複雑さである。筆者自身、新法を何度読んでも、とりわけ事務の種類に即した関与の種類と効果、係争処理・紛争処理の対象性いかんについては、制度の子細な部分をも含む全体像が容易には頭に入ってこない。この新しい仕組みを外国に紹介しようとしても、簡明で適切な訳語をみつけることも理解してもらうこともほぼ不可能であった。とりわけ法定受託事務は、その概念の説明には相当の行数を要する。「自治事務」を単に外国語の「自治」と「事務」という単語をつなげて置き換えても、また、「法定受託事務」を法律により委託された自治体の事務と訳しても、意味が通じないし、現に法定受託事務の実例を自治体の事務だと称しても理解をしてもらうことは著しく困難である。旅券発行や国籍に関する事務が法定受託事務として自治体の事務に属し、「地域における事務」に含まれるといっても、外国の実務家や法律家には理解できない。

新法は、全部で四四二条にもなった。新設条文には長いものが多い。改正された地方自治法は、新しい世紀のスタートにふさわしい地方自治の基本法とはいいがたいほど、枝番号の多い見栄えの悪い法律となった(16)。この際に、一条からすっきりと整理することは、法制技術上不可能であったであろうか。少なくとも、先進諸国家に例のないゴチャゴチャした基本法になったことは否めない。そのうえ、国・都道府県の普通地方公共団体に対する関与に関わる規定と係争処理に関する規定が、比率的にみて改正部分の四〇％程度を占め、地方自治法全体の中でも際だった特徴のある部分となった。分権を実現し、自治体の法的可能性を拡大するための基本的な法律が、このような難解なものである点に根本的な問題がある。

ファジーな部分がますます多くなっている時代に、新法はきわめてデジタル的な思考を持ち込んだ点も特徴である。例えば、①自治事務と法定受託事務の区分、②国の事務、本来都道府県が行うべき事務といった区分、③自治体の「固有の資格」と「私人」と同種の資格という二区分、④一般の抗告訴訟とは別類型として係争処理手続を機関訴訟化したこと、などがそうであるが、しかし、見た目の明確さに比べて現実には判断の困難なケースが非常に多く生ずることになると思われる。

こうなっては、第二次分権改革、ないし、第二次地方自治改革に向けての積極的な議論の展開が必要となろう。今回のいわば第一次改革は、地方自治のアクターたちがなお期待される本来の役割を果たさないところで行われた。第二次改革のためには、自治の実現に登場すべきさまざまのアクターについての分析が必要であり、いずれかの時期に、本格的なアクター改革が必要となろう。本稿では、「法制度設計」という観点からは異質であるが、そうした点にも触れざるをえない。

3　過大な自治と過小な自治

わが国では機関委任事務体制があるために地方自治が確立しなかったという。だが、「戦後改革」(第二次大戦後の改革)の過程で過去を反省して設けられた憲法による地方自治の明示の保障は、八〇年代末まで世界最高の水準にあったし、地方自治法における、とりわけ一九五二年における一一章の「監督」というタイトルの廃止は、国と自治体の対等・協力関係を特徴づけるものとして、世界的にも稀な発想に立つものであった[17]。それにもかかわらず、法律上ないし法制度上は地方自治が確立していないというのが定説である。

しかし、わが国の現実においては、諸外国に例がないほど「過剰に」自治が存在している。日本では定年まで同一自治体に勤務することが通常であり、他の自治体と内部管理業務の共通性を要求されないことから、自治体ごとに種々の内部的自治が確立している。議会慣行、人事、職員の勤務条件、行政組織体制、首長と職員の関係、文書の書式・管理、予算執行など[18]、ありとあらゆる場面において自治体間の差異は極端なまでに大きい。これは、自治体に出向する一部の国家公務員を除いて、数百万人の自治体職員が、原則として流動性のない封鎖環境にあるからこそ成り立つ「過剰な自治」性である。筆者の知る限り先進諸国の基礎自治体や広域自治体に、このような意味の内部自治はきわめて乏しい。今日のいわゆる分権問題の焦点は、本当に、機関委任事務論を中心とする国・自治体間の法制度にあったのだろうか。制度論のようにみえるのは、単なる表面上のことで、より本質的には、官僚制の問題ではないのか。そして、それは、国にも自治体にもあるが、より本質的で深刻であるのは、国の官僚制であり、自治体での問題はそれのミニチュア版にすぎないのではないか。

そこで、制度的解決を試みようとしても本質の解決には至らない可能性があることについて考えてみたい。わが国の官僚制自体がもたらしている弊害に国・地方間の自治制度の改革で対応しようとするのは、一種の問題のすり替えにはならないだろうか[19]。もとより、精神改革だけが必要といっているわけではないし、精神面での改革自体が悲観的であるゆえに制度改革が出てきたという面は否定できない。

残念ながら、わが国の現状においては、自治を担える実体が備わっているとはいえない。それは巨大自治体といえるところにおいてもである。九七年の事例でいえば市長自身の不祥事が発覚した東大阪市、和歌山市の規模でもそうである。ことの大小の違いはあれ、他の自治体でも類似のことが存在すると推測すべきである。他方、小規模自治体の不祥事体質を示す例として九八年に話題となった岐阜県藤橋村、北海道椴法華《とどほっけ》村をあげておこう。自治を認めていること自体がナンセンスとも思えるような情けない地域の実情が垣間見える。自治体における首長から一般職員までの汚職などの不祥事は当然のこととして、笑い話のような税金とエネルギーの無駄遣いの例も枚挙に暇がない[20]。そして、長年、公務員を続けていると、能力が磨かれないどころか、かえって資質が低下している傾向も顕著であるという指摘もある[21]。

少なからぬ自治体で、官僚制そのものが行き着いて疲弊・腐敗した姿をみせている。ワンマン首長、利権を求める議員や地元有力者、ときには外部業者などが登場し歪んだ行政をみせる。内にあって、分権や自治を意識した幹部職員はきわめて少ない。遺憾なことに、自らの身の安泰と出世にしか関心を示さない職員、とりわけ幹部職員が圧倒的に多い。ある大規模な県庁所在市において本庁の課長職に就くには有力な市議会議員の引きが、部・局長職になるには代議士とのコネが要るという。なまじ正義感を発揮したり科学的・専門的な行政運営を目指そうとすると不幸なコースが待っている。一般的にいって、意識ある自治体職員にとっては自治法や公務員法の初歩的知識すら活かすことのできない職場環境がある。全国で三二〇〇を超す自治体をおしなべていえば、「茶坊主自治」の世界にあるといっても過言ではない。それゆえに、ごく少数の自治体の「先進」事例が目立つのであるが、しかし、その多くはその自治体の政治・行政が「全体」として「先進的」なのではない。多くは「一品」行政が先進的なことが多い。それも、うまく補助金を獲得した、というようなケースが多く、その「先進」自治体で住民が民主的に自由にものを言える日常を送っているということは少ない。こうした「なれあい」や「なまけぐせ」のついた自治体の正常化こそが、分権の第一歩であったと強く思う。

分権委は、そうした意味において自治運営能力の乏しい自治体をしかることがなかった。あまりに自治体性善説に立った。

自治を担う意識は巨大自治体でも稀であるが、国の省庁においても地方自治や分権への意識は希薄である。一言でいって、分権改革は自治省の支えがあって、またその限りにおいて初めて進む運命にあった[22]。民意が分権を求め、民主的に選挙された国会が指名した内閣総理大臣が任命する自治大臣の強いイニシアチブのもとで分権改革が推進されたとはおよそいえないのが今次の分権改革だったとすれば、今後その主体をどこに求めるべきであろうか。

4　国際的な観点と自治体のイメージ

本稿を通じて今ひとつ留意したい事項は、どのような自治体像を法的に前提としているか、前提とすべきか、という点である。このたびの改革は、「完全標準型」自治体を想定していることから無理が生じ、その結果、合併論を招かざるをえない構造になっているが、それでよいのか、ということである。[24]今回の「改革」は道州制論を否定し、現行都道府県・市町村制度を前提としたために、分権委は新法が想定すべき基礎自治体像を十分には示さなかった。今となっては、ある意味で手遅れの議論ではあるが、自治の受け皿の現実態を踏まえた再設計論が必要となることを指摘してみたい。

こうした点を考えるにあたっては、地方自治先進国の水準についての認識が何よりも重要になる。その問題は、おそらく、新地方自治法施行後、時間が経つにつれて顕著になっていくと推測する。国際的な水準があるとすれば、それとの認識のズレが自治体の規模、議会のイメージ、自治体職員・幹部職員(その背後には住民一般)の法的思考能力・行動能力などのすべての問題について影響を及ぼしていくであろう。今回の改正の目玉である新しい事務区分、関与法制、係争(紛争)処理制度の三つについても、なにがしかの国際的フォーマットを念頭に置くべきであったろう。こうした問題を提起するのは、今回の改正が、日本の現実を前提とせざるをえないがために、問題の本質的で国際水準に立った解決よりも、改革可能性あるいは官僚集団との力関係を前面に出して考慮したものであったということを繰り返し指摘しておきたいからである。

分権委は、九〇年代初めより行われていた各種の提言のレールに乗って走りはじめたのであって、たしかにOSは決まっていた。そして、必ずしも公にならないところで、「自治省」対「他省庁」という構図の中で、とりわけ理論戦においては、自治体側の法的頭脳集団による公的で十分な支援もないところで、分権委が自治省とほぼ一体となって戦わなければならなかった。こうした戦陣が最初より存在していたときに、国際的水準などに視野を広げるゆとりは、時間的にも組織的・財政的にもなかったのであろう。ことは、「国内」で処理された。その意味で、いわゆる「第一の改革」とも「第二の改革」とも異なる「国産の地方自治制度」構築の邁進に至ったと考えられる。

分権委が前提とした自治体イメージとはどのようなものであったのか。それを確定しておくことが、「国産」制度の評価の前提となろう。そこで問われる自治体イメージは、究極的にはまず「基礎自治体における住民自治」の中身や、最広義における統治体制の中における自治体の位置づけである。

このように述べるのは、日本の分権改革後において、広域合併が強要されたり、国・自治体関係がどのように法的問題として扱われるか、ということに対する危惧があるからである。例えばスイスの地方自治に関するあるアンケート研究は、地方分権・住民参加の充実度が、住民の幸福度を左右しており、行政の効率や政策の中身も大事であるが、住民参加が政治を身近なものにするという[25]。また、自治体の行政情報について住民との共有化が進むと、かえって自治の規模は小さいことが必要であるという実務経験もある。そして、国と自治体が法の前において対等であるとは、どういうことか、といったことも国際水準から吟味されるべきである。

5　本稿の流れの概要

以上のような事情に照らせば、今日論ずべきことは相当広い範囲に及ぶものとならざるをえないであろう。

分権委の一連の勧告は、主として自治体に対する国の関与について、量の削減と新しい方向づけをしようとした。自治体の段階で現に行われている事務の総量を増やそうとしたわけではない。その枠の中で、今回の分権改革の制度設計についての最も中心的部分は、事務論、関与論および紛争処理（係争処理）となった。

その帰結として、事務処理基準の拘束性、係争処理委員会の独立性・中立性、法的効果なき勧告の意味・限界、法定受託事務に関する条例制定権なども、分権委の当初の議論とは異なって、新たな問題として浮上してきた。

筆者は、かつて新しい事務区分論を軸として国・自治体間の係争処理に関する問題を、分権委の中間報告、第一次勧告および第二次勧告が出された後の段階で論じたことがある。[26]本稿は、その後の一連の動向を中心に論ずることにしたい。

すでに示唆したように、一つの仮説として、制度改革ないし制度設計がどれほど大きな意味をもつのか、という問題がある。法制度設計の側面をハードと考えれば、それと相対的に独自に存在するものにソフト＝運用の側面がある。日本の地方自治には、他の多くの政治・社会制度の領域と同様に、精神構造の問題が横たわっている。たしかに、運用のあり方を変更することが不可能であるがゆえに、制度の改革に向かわざるをえなかったという一面があるのは事実であるが、しかし、根本的な部分についての意識改革や運用改善なくしては、かりに制度改革を行ってもそれが身につくことはないだろう。いわば、本当の意味における分権の受け皿の準備ということである。本稿では、まず、地方分権や地方自治の制度設計につき、象徴的な論点のいくつかについて言及し（第二節、第三節）、それらの仕組みの動作を左右するさまざまなアクターの思考様式・行動様式のあり方にも言及してみたい（第四節）。

今回の分権改革に関して制度的・法的側面を論じた諸論稿は、制度を運用する主体あるいは受益するさまざまの主体について、ほとんど触れるところがない。また、どちらかといえば、新制度に関する解釈論的検討が多いため、比較法的検討も全体としては少ない。

以上のような課題を前にすると、この時期において、ひとまず、わが国の「自治」の現実に内在する問題をえぐり出すことが先決となろう。地方自治「実態」調査が緊急に必要である。

二　自治体の事務と国・都道府県の関与

1　事務論の基本的転換

(1)　新しい事務論と関与類型

本質的事務概念の変更は必要だったのか

今次の分権改革の目玉は、断固として行われた機関委任事務制度の全廃であった(27)。まさしく事務論がすべての問題の出発点であるので、この点から骨格的な論点を取り上げておきたい。筆者は、いわゆる「機関委任事務体制」は、一つの政治(学)的・行政(学)的現象として存在しているのであり、法的にはたして機関委任事務体制とまでいえるものがあったかどうか疑問に思っていることだけ記しておく(28)。

ただ、機関委任事務体制があるものと広く認識されているので、分権委が、この概念と制度の廃止から出発しようとしたことは理解できる。しかし、最も国家事務的性格の強い事務は国の行政機関による直轄事務とし、それ以外の強度の国家的統制を必要とする事務を法定受託事務という概念に包摂し、しかも、それを自治体の事務ないし地域の事務としたことには相当の無理が伴うように思われる。

機関委任事務制度は、「世界にもあまり類例をみない異例な制度である」という認識から「思い切ったショック療法」[29]（傍点は原文）が試みられ、新事務論は、ドイツの制度なども十分に参考にしてまとめられたものといわれるが、はたしてそうであろうか。事務論の部分が参考にされたといえるかどうかも問題であるうえに、そのシステムは、国・自治体間の争訟観にまで及ぶひとつの体系として意味をもっているから、かりに事務論の発想だけがモデルとされたとしても、全体としてはバランスを欠くものになりうるのである（この点につき、後述）。

「現住所主義」という法定受託事務の性質

立案関係者の理解によれば、法定受託事務の定義の本質は中間報告から立法化に至るまで一貫して変わっていないとのことであるが、[30]現実には、法定受託事務概念自体が変化して、その意味内容は、法定受託事務の増加とともに、相当に変わってきた。分権委の中間報告（九六年三月）と勧告（九六年一二月）との間には、法定受託事務の観念に大きな変更がある。[31]これに伴い、事務論に関して後述する「本籍主義」から「現住所主義」へと考え方の変遷があった。[32]時間の経過とともに、とりわけ法制技術の名を借りて、さまざまな面倒な仕掛けが入った。

すなわち、法定受託事務の概念が中間報告から分権一括法にかけて、四度にわたって変遷し、合計で五つの定義といえるものがある。[33]法定受託事務の概念が変遷を重ねた結果、最終的な一括法においては、法定受託事務の定義が「国が関与できる理由を書いただけのトートロジー（類語反復）になってしまった」[34]のである。

たしかに、自治体の権利としての事務領域を明らかにする必要があるため、新事務二分論は適切なスタートであった[35]かもしれない。ただ、新設の法定受託事務が、分権委の当初の思惑とは質的に異なったものになり、他方で、自治事務が大幅な法令留保事項を置くのであれば、個別の分野で自治体に対する関与が緩和されたとしても、画期的な改革とまでいえない可能性がある。

清算の必要な機能分担論

新しい事務論の検討にあたっては、歴史的な観点からみて、「機能分担論」の反省があったのかを問う必要があろう。一九七〇年代以降、事実上は、機能分担的な発想のもとに、(36)多くの行政法令の整備が進んでいたとみられる。(37)この期に及んで機能分担論を放棄するのであれば、いったん学説レベルでは深い理論的研究が必要であったはずである。ただし、現実の機能分担が、事務権限の所在にだけではなく、むしろ国の関与という形で図られてきたとすれば、(38)たしかに関与制度の再構築を通じて、新しい事務配分とは整合性をもつかもしれない。しかし、そうだとしても、事務配分か権限配分か、言い換えれば事務の性質か、特定の執行・関与の権限の性質か、といった問題点に一定の理論的決着は必要であったろう。単に、日本では共同事務の観念を取り入れるだけの基盤が未成熟である、というだけの論拠ではすまなかったはずである。現に、ドイツにおける「機能的自治理解」は一時的ブームで終わったのであって、日本でも理論的清算が不可欠であった。

権限再配分ではなく関与縮小であったことの確認

法令上の事務そのものの見直し、すなわち自治体レベルで行っている事務の廃止や中央省庁の権限の自治体への委譲そのものはほとんどなかった。(39)とりわけ、特定分野の分権問題を、意識的にか無意識的にかわからないが、取り上げなかったことも特徴的である。その最たるものは、おそらく実現可能性への配慮からであろうが、警察行政である。現実には、交通取締、一方通行規制、歩行者天国、総合的公共交通システムにおける料金制度などに関しては、自治体総合行政の一環として自治体に任されてしかるべき領域が少なくないが、こうした点は議論の俎上にのぼらなかった。(40)さらに、中央官僚制のあり方を分権の視点から検討することもなかった。

事務概念の不整合性と解釈の食い違いの発生

新しい事務概念に関しては不整合があるように思える。新法全体を通じて、「(普通)地方公共団体の事務」と

「(普通)地方公共団体が処理する事務」とが併存しており、両概念の関係がいまひとつ不明瞭である。加えて、二条二項とそれ以外の条項で出てくる「事務」概念の相互関係が不明確である。種々の事務概念について、制度の立案過程の外にいた論者は、立案関係者とは相当に異なった理解をしつつあるようにみえる。

典型的な例をあげると、新法二条二項が定める「地域における事務」(A概念としておく)と「その他の事務で法律又はこれに基づく政令により処理することとされるもの」(B1概念としておく)の、その他の事務概念との関係である。この二つの概念は、地方自治法の同条以外では登場しないので、他の事務概念との関係がはっきりしない。[41] このB1概念に類似の概念がいくつかある。例えば、「法律又はこれに基づく政令により都道府県、市町村又は特別区が処理することとされる事務」(二条九項一号)(B2概念)、「法律又はこれに基づく政令により市町村又は特別区が処理することとされる事務」(二条九項二号)(B3概念)がある。B2概念のうち「国が本来果たすべき役割に係るものであって、国においてその適正な処理を特に必要があるものとして法律又はこれに基づく政令に特に定めるもの」(二条九項一号)(C1概念)が、いわゆる国の法定受託事務(第一号法定受託事務)である。同様に第二号法定受託事務(C2概念)がある。これらの規定を受けて、すでに次のような解釈の違いがある。

阿部泰隆は、B1とB2は共通のものと解して、C1概念が第一号法定受託事務に当たり、A概念、B1概念、B2概念は自治事務になると理解している。すなわち、B1概念とB2概念は、「地域における事務」でも法定受託事務でもない奇妙な存在であるという。[42] これに対して、芝池義一は、「地域における事務」(二条二項)を自治事務と解し、「法律又はこれに基づく政令により処理することとされるもの」(芝池は、「法律・政令事務」と称する)は、自治事務と法定受託事務の双方を含むと解し、この「地域における事務」と「法律・政令事務」は他の条文では使われることがないので、実益がない、とする。[43] 立案関係者が、[44] B1概念に当たるのは、「北方領土に本籍を有する者に係る戸籍事務を根室市が実施している」ようなものであり、大量に存在する法定受託事務はB

1概念に含まれないと考えているところから、必然的に国政選挙なども「地域における事務」となる。阿部は、右記の根室市の戸籍事務も、一般の法定受託事務とどう異なるのか理解できないから、「一貫した立法方針がないのではないか」と結論づけ、国政選挙などどうみても地方の事務ではないものは、法定受託事務とは別の国家委託事務というような名称をつけることを提案している。(45)

この点に関して、今井照は、法定受託事務を完全にB1概念の中に含めており、(46)「地域における事務」に法定受託事務が入ることはありえない。この解釈は、立案関係者の考え方とはまったく異なることになろう。

以上述べたことは、事務論の複雑さと不整合についての一例であり、新しい法定受託事務と旧・機関委任事務との違い、後述する新・代執行制度と旧・職務執行命令訴訟との相違など論ずべきことは多いが省略する。

事務配分の明白な不整合事例

都道府県が行っている同種の事務であるにもかかわらず、医療法人の認可・監督は自治事務、社会福祉法人のそれは、法定受託事務というような不整合事例もある。

いずれにせよ、国政レベルの選挙や投票、旅券の発給など典型的な国家的事務が「地域における事務」(二条二項)に属するといわれても、やはり素直には理解しがたい。(47)国の事務と自治体の事務の明確な二区分は不可能だというのが、分権委や立法者の意志と思われる。しかし、他方で、分権委は、中間報告の時点において、ドイツにおいてある時期強調された共同事務論のような見解に対して、「真の共同・協力の関係は、国と地方公共団体との行政権限と行政責任の所在が明確に区分され、かつ、両者の関係が上下・主従から対等・協力の関係に大きく変化してはじめて可能となると考えるものであり、このような見解は適当でない」としていた(第二章・II・(5))。(48)したがって、「明確な区分」路線を選んだはずであるが、しかし、事務の本質的帰属先を確定する作業は行わなかった。それにもかかわらず、現実には、事務の本籍の観念を背後にしているような分類も垣間見られる。一号法定受託事務と二号法定受託事務の区分などは、ある意味でこうした「本籍」の発想を抜きには説明できないのではなかろうか。都道府県の規模や役割には、かなり大きな違いがあるのが現実で、都道府県が実質的に果たす役割を考慮していると思えるからである。

(2) 「固有の資格」・「支出金の交付及び返還」概念の難しさ

自治体の仕事の圧倒的部分は、権力行使よりも、最終的には財政支出を伴うような事務事業である。自治体のこのような活動のほぼ全体が、国の関与の対象となり、したがって、新設の争訟(後述)で争えるようになると考えるのが常識的ではなかろうか。しかし、この点に関して、実に大きな壁が存在する。

自治体が私人と同一の資格で国の行為の相手方になる場合と、自治体が自治体なるがゆえに一般の私人とは異なった立場で受ける関与のうち、新法の一般ルールとしての関与法制は前者には適用がない。また、国庫支出金関係の行為にも適用がない。そのことを表現しているのは、二四五条一項のカッコ書きである「(普通地方公共団体がその固有の資格において当該行為の名あて人となるものに限り、国又は都道府県の普通地方公共団体に対する支出金の交付及び返還に係るものを除く)」という部分である。この「固有の資格」問題については、すでに別稿で触れたことがあるので[49]、歴史的経緯などにはここでは言及しない。右のカッコ書きの部分は、立案関係者によれば二つの別々の適用除外事項を示すようであるが、日本語としてはたしてそのように読めるのであろうか。「固有の資格」を基準とするのは民間と同じ立場で対象となる自治体の事務に関わり、「支出金」という基準は、相手が自治体か私人かに関係なく新法の関与規定の適用が排除されるという。

「固有の資格」という概念は、これまでの法律中に散見され、最近では行政手続法にもみられる(手続法四条)。しかし、「固有」という語の用法をみると、歴史的な固有事務の概念は、まさに私人と同種・同質の事務を行うようなときに、自治体の自治権を守るためにヨーロッパで一八世紀末から一九世紀前半にかけて生まれたものである。現在の日本の諸法律のように、私人と同一の立場ではないときに限って「固有の資格」を語ると、ほぼ完全に違った意味になる。このように、歴史的にも説明しにくい言葉が、関与対象を画する概念となっているのである。いずれにせよ、新地方自治法の関与規定の概括的適用除外を定めることが許されるとしても、平均的市民や職員にわかるようにもっと明確な規定を置くべきである。(50)

次に、「支出金」関係の関与行為に地方自治法の定める関与規定が及ばない理由として、ある解説書は、「①国又は都道府県の支出金の交付及び返還に係る関与のうち、補助金等については、補助金適正化法が別途一般法として定められている、②一括法の中で、適正化法も改正され、手続ルールとして、新たに標準処理期間の規定が置かれた、③係争処理制度についても同法に不服審査制度が設けられている、ということから、地方自治法の関与の一般ルールを適用する必要がない」、としている。さらに、「④同法の適用のない委託費については、従前から予算に基づき、要綱等により、その取扱いが定められている。⑤市町村に対する都道府県の支出金の取扱いについては、都道府県の予算、規則、要綱等により定められているのが通例である。そこで、これらについて関与に関する地方自治法のルールを適用するのは、その趣旨になじまない(51)」と。

「固有の資格」に当たるかどうか、「支出金」に当たるかどうかを、地方自治法の規定から読み取ることは容易ではない。具体的に一例を挙げると、この「支出金の交付及び返還に係るもの」から、ほぼ排他的に「補助金等に係る予算の執行の適正化に関する法律」を想定せよ、というのは、相当に行政法(学)に詳しい者であっても、無理であると思われる。適正化法には、その対象事項を定めた二条の「補助金等」の定義に「支出金」の概念は、まったくない。例えば、地方交付税の算定をめぐる国とのやりとりが、ここでいう支出金をめぐる係争かどうかは、ほとんどの自治体職員にも、そして筆者にもわからないし、自治省関係者の諸論稿にも該当する解説をみつけ出せなかった。

補助金を伴わない事業はないともいえるほど多様な補助事業があるが、それらに関して行われる計画過程や施設建設の許認可過程などでは補助金交付過程と渾然一体となって手続が進むであろう。しかし、補助金関係の部分のみが国の(現実には都道府県の)関与ではない、したがって、係争処理手続には親しまないなどという腑分けができるものか、かなり疑問に思う。おそらくわが国の行政実務においては、「どんぶり勘定」的手法によって、両サイドの実務担当者も「よくわからない」という状況の中で処理されて終わり、外に問題が出る形で緻密な法的議論により計画、許認可と補助金交付を分けて司法過程で決着をつけるといったことにはならないのではなかろうか。

かりに「固有の資格」に当たるかどうかが問題となるケースが係争処理委員会、自治紛争処理委員、裁判所に持ち込まれる場合の対応についての解釈原則論については後に第三節で触れる。

2　国家関与の法構造

(1)　「一般ルール法」の断念と関与規定

権限の再配分をほとんど行わなかった今回の改革においては、国の関与に歯止めを設けることが目玉であった。その根本思想は、行政手続法の制定・施行を背景にした国―自治体関係の外部化、すなわち法治主義の強化にある。

分権委は、当初、関与制度を中心とした一般ルール法を構想した。国と自治体との関係を法主体間の関係とみようとするこの発想は、一般ルール法の断念、国・自治体間の法解釈の不一致は行政内部的なものであるという中央省庁の主張、それを受け入れたことの紛争処理過程の表現である機関訴訟という訴訟形式の採用によって、大きく後退することになった。

その関与は、「法律又はこれに基づく政令」を根拠にすることができる(新法二四五条の二)。[52]政令を根拠として関与できることも、「法律」を基準に組み立てられる法治主義の原則からして大きな問題であるといえる。

ところで、新法には、一般ルール法の断念を受けて、大部で詳細な関与手続規定が設けられた。この手法に対しては、一定の法治主義化を採用したものとして肯定的な評価が一般的である。しかし、ここで詳細な関与規定の分析をする余裕はないが、「国と自治体」の関係という原則的な部分だけをみても、規定内容はあまりにも複雑であり、ほとんど記憶能力を超しているように思われる。かりに精緻な関与を限界づけるシステムができたとしても、それを日常の道具として使い、間違った関与行為に対して現実に抵抗できる自治体や自治体職員がいるかどうかが問われる。関与システムについての分析や評価はすでに多いが、結局のところ、筆者も、「機関委任事務が廃止されても、国が自治体にやりたい関与はほぼ完璧に残った」[53]という印象をもつ。

関与類型が多様であること、関与規定と称していいかどうか不明な規定もあること、法的効果の有無とその評価、係争処理手続に乗る関与とそうでない関与の区別、関与主体や関与客体の特定、関与手続、その他もろもろの論ずべき課題がある。[54]あまりにその問題群は多彩かつ複雑で、本気で法律論として自治体が争おうとするとき、後述するように、違法・不当な関与であることを立証する責任が、通説的な発想によれば基本的に審査申出者、原告に帰するであろうから、理論的には非常に多くのハードルが待ちかまえていることになろう。

ここでは、ほとんど意識されていない重要な一つのテーマについて触れておきたい。すなわち、新法が第二編一一章一款に付した「普通地方公共団体に対する国又は都道府県の関与等」というタイトルの意味の重さである。

このタイトルから、普通地方公共団体は市区町村のみをいうかのように読み取れることについては、すでに指摘した。[55] しかし、そこでは、なお、関与に関する国と都道府県の一体性を指摘するにとどまっており、現実の関与問題が都道府県—市町村間においてこそ問題になることへの自覚を欠いていた。

自治省関係者によって作成されているチャート（八四〜八五頁の図1）を見て明らかなように、緊急の必要がない限り、関与は、都道府県から市町村に対して行われる。このことが実務および理論に与える問題の大きさは、いまだ文献上はほとんど扱われていない。[56] 具体的紛争の大部分は、本来的な責任機関が圧倒的に中央省庁であるにもかかわらず、現実には都道府県—市町村間で生じ、誰もが詳しくは論じてこなかった自治紛争処理委員の手によって第一次的に扱われることになるのである。この点については、後にあらためて第三節で触れる。一九九九年三月の一括法上程時に突如出現した新システムは、ほとんど本格的論戦を経ないままに成立している。

(2)「一般法主義」の原則と例外

新しい分権法体制においては、関与は一般法である地方自治法が原則として適用される。しかし、個別法において多々例外が設けられているほか、新地方自治法の中にも、「関与」についてもっぱら規定する第一一章第一節以外のところでも関与規定が散在している。それらに基づく関与行為が、とりわけ市町村に対して、いかなる法的効果をもつかについての現場における判断は、非常に難しいと思われる。

(3) 複雑な関与の仕組み

新法における関与システムの複雑さについては、随所で触れたが、そのきわめつけとでもいうべきものが「指示」である。同じ「指示」という語であっても、①自治事務に関するものと、②法定受託事務に関するものは法的性質が異なる。①の中でも(ア)国の自治体に対する関与としてのもの(二四五条一号へ)と、(イ)是正要求の前提としての都道府県の執行機関に対するもの(二四五条の五第二項)がある。「是正」についても複数のものがあり、「是正」目的であっても、①自治事務に関する「是正の要求」(二四五条の五)と、②法定受託事務に関する「是正の指示」(二四五条の七)があって、法的性質は異なる。

国による自治事務の直接執行の限界、個別法による助言・勧告・報告徴収の係争処理手続対象性、事前協議の法的意味、是正の要求の限界と法的効果、関与行為を係争処理手続で争う場合に行政処分の相手方が行政争訟を提起したときの調整、一般的に自治事務・法定受託事務と行政不服審査の関係など、個別に論ずべき問題が山積している。(57)

(4) 関与に係る都道府県と市町村の関係

市町村に対する関与にあたって都道府県が前面に出ることについてはすでにみた。その際の、都道府県の市町村に対する法的地位はきわめて複雑である。市町村の自治事務に対して都道府県が関与する場合には、都道府県が自治事務として関与するときと、都道府県が法定受託事務の主体として行う関与がある。後者にあって、国の法定受託事務の下請けとしての(中央省庁の指示を受けて行う)立場と都道府県自体の法定受託事務としての(中央省庁からの指示などを受けないで都道府県独自の考え方に立って行う)立場の両方がある。もともと、分権委は、「都道府県を自治体らしい自治体に変える」ことを目的としていたのであるが、関与主体としての都道府県の扱いに関してきわめて難しい理論的問題を抱えることになった。(58) 今後の現場の実務においては、都道府県とその職員の意識変革がきわめて重要であり、国を向いて仕事をするのか、市町村を向いてするのか、の選択肢しかないが、法律論的にみると、容易に判断することあたわざる困難な状況に置かれているのである。

1　技術的な助言・勧告，資料の提出の要求

a　自治事務及び２号法定受託事務に係る助言・勧告，資料の提出の要求

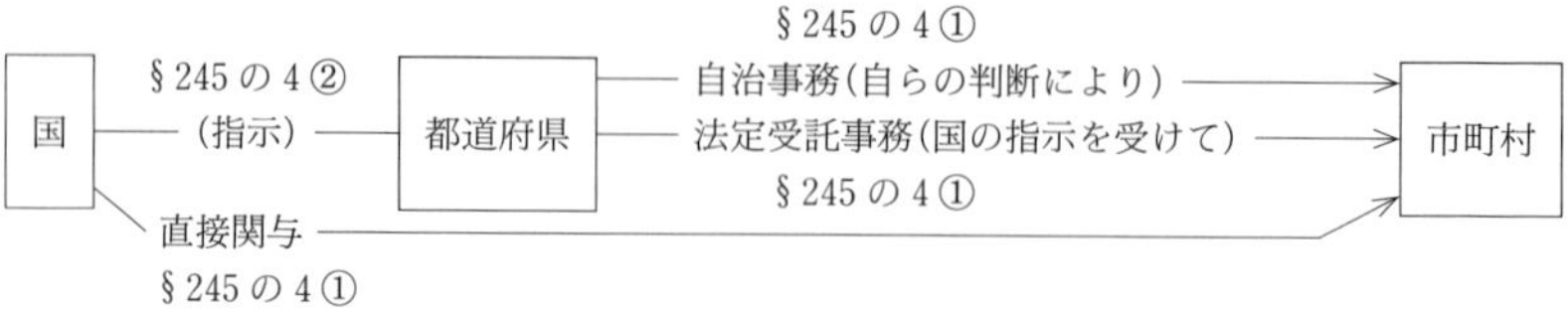

b　１号法定受託事務に係る助言・勧告，資料の提出の要求

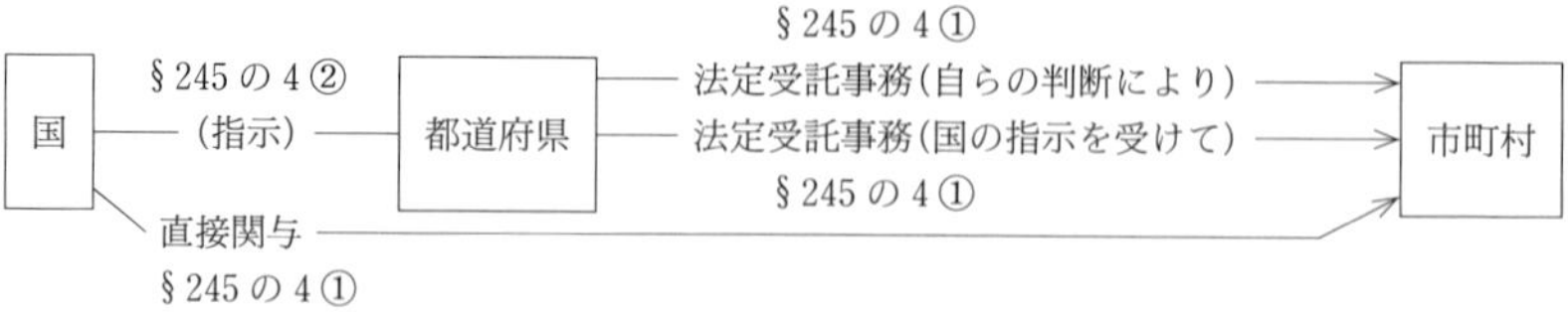

2　是正の要求等

(1)　是正の要求（自治事務及び２号法定受託事務について）

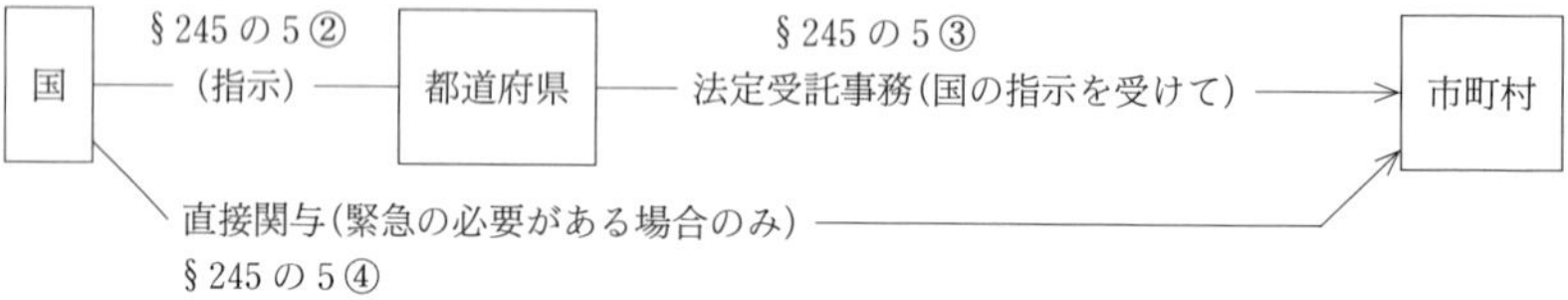

(2)　是正の勧告（自治事務について）

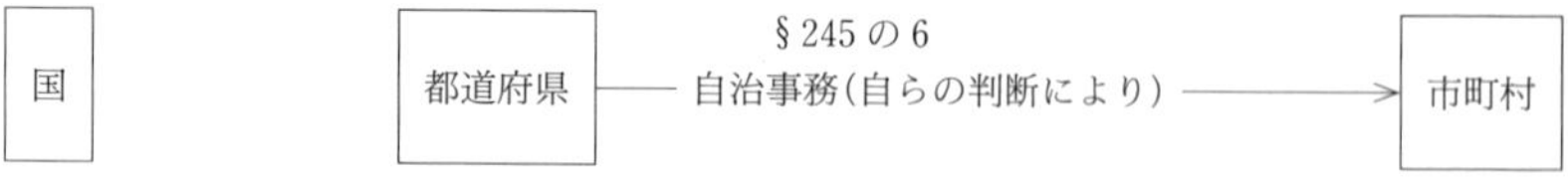

(3)　是正の指示

a　１号法定受託事務に係る是正の指示

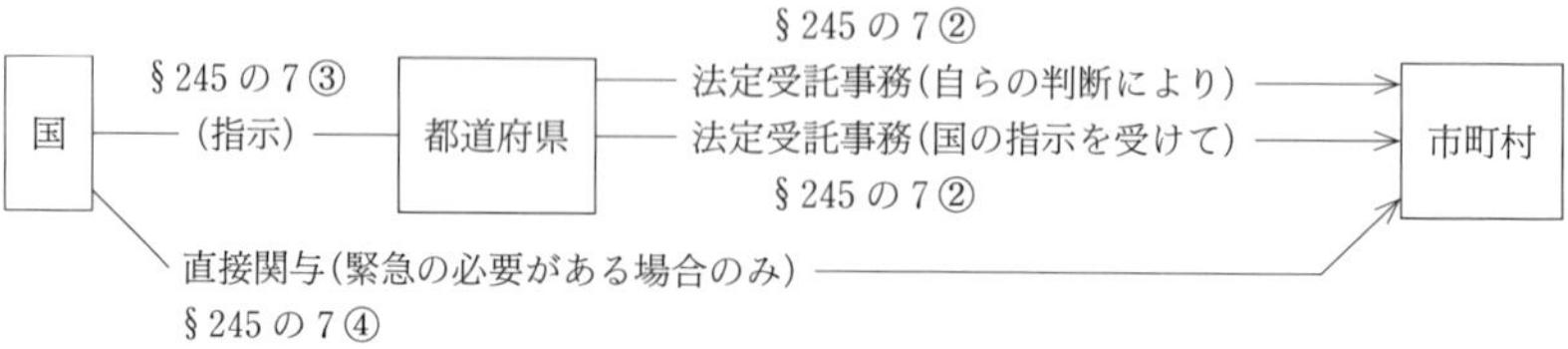

図１　市町村に対する都道府県及び国の関与等について（条文対応図）

b　2号法定受託事務に係る是正の指示

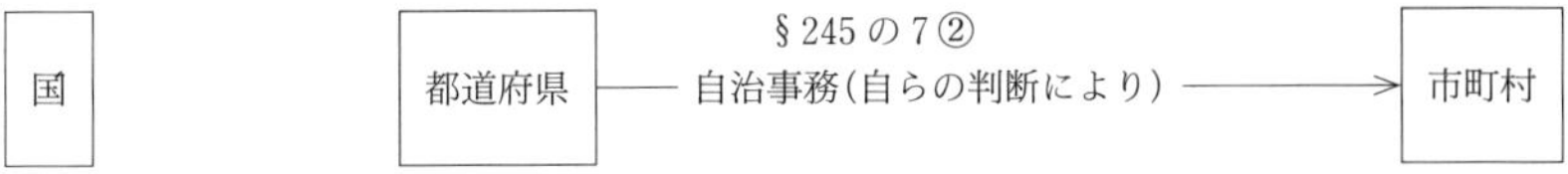

3　代執行

a　1号法定受託事務に係る代執行

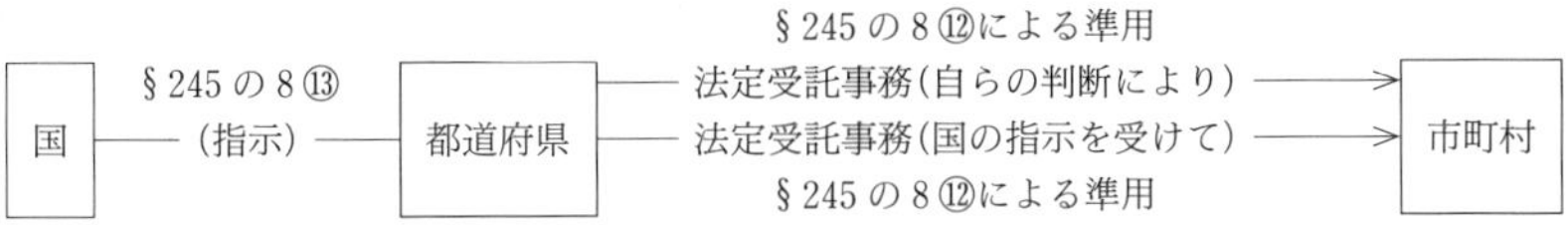

b　2号法定受託事務に係る代執行

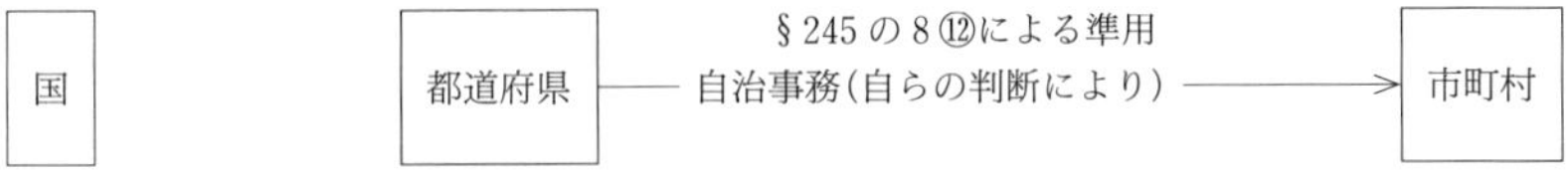

4　処理基準

a　1号法定受託事務に係る処理基準

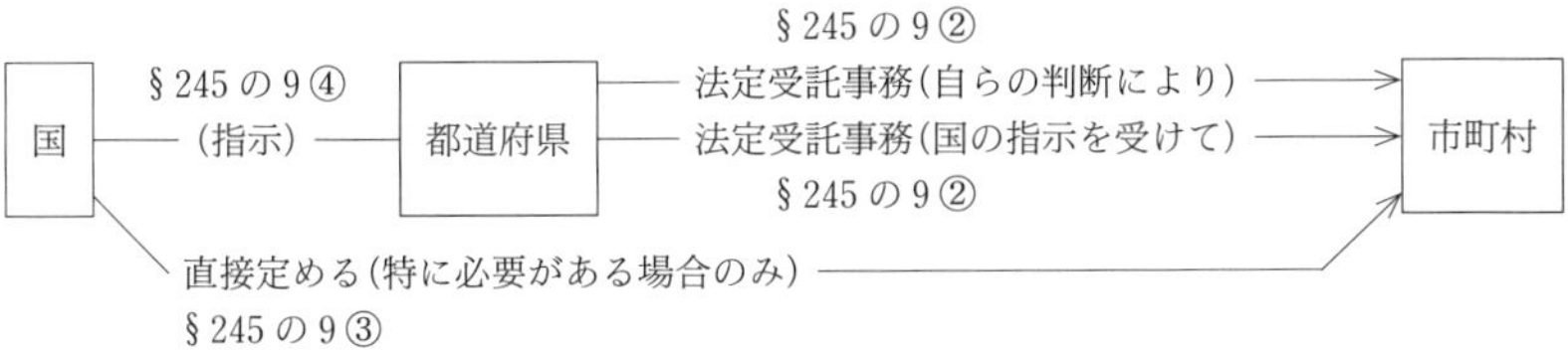

b　2号法定受託事務に係る処理基準

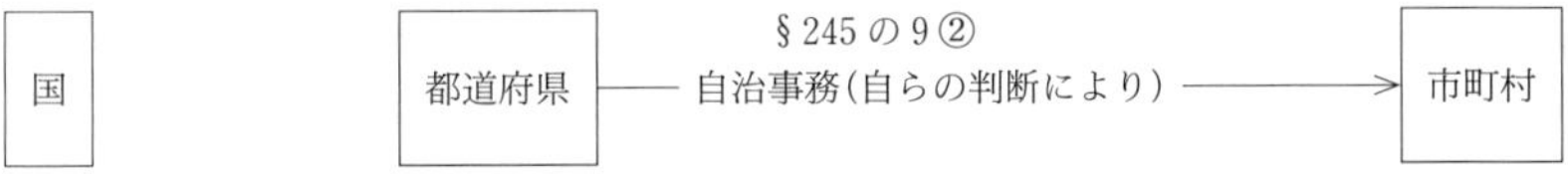

出所）地方自治制度研究会編『Q＆A改正地方自治法のポイント』(ぎょうせい，1999年)112-113頁。

(5) 小括

本来、「「中央政府のみが恒星であり、地方公共団体は惑星にすぎない」とでも言うべき法意識ないし固定観念[59]」を原理的に否定する仕組みがつくられたはずであった。国の関与の極小化と地域総合行政の可能性の強化をねらったはずであるが、実務においては、中央政府＋都道府県が恒星となり、基礎自治体が欲しい法務情報サービスについては「都道府県と市町村は対等ですから」といって、場合によっては放置するという現象も起きかねない。

法定受託事務に関する別表も、旧法時代の別表一ないし別表四よりも具体的事務イメージに乏しいものとなり、そこにあがっている条文から、あらためて大六法、あるいは一〇〇巻にも近い法令集をひもとかなければならないであろう。事務の性質の不明確性は、はたして法的紛争になるのかどうか、法的紛争としなければ既成事実になってしまうのかどうかの判断をも困難にする。わからないがゆえに、かつてと同様に、よほどの例外を除いて、「法定受託事務体質」的運用が行われるし、「疑わしきは、法定受託事務」とする事実上の実務慣行が幅を利かせる懸念も強く残る。

三　国―都道府県―市町村の法的紛争の解決ルール

1　係争処理制度の新設

(1)　現実からのスタート

分権委の委員である西尾勝によると、従来国の関与をめぐり訴訟を起こす道が、制度上開かれていなかったので、自治体がこれを争えるように仕組みを用意したが、「行政の世界の中の話ですから極力行政の中で片付けるという意味で、第三者機関を」新設し、そこで判定することとされた。[60] たしかに、従来の地方自治法の教科書類には、国・自治体間の争訟の観点はない。[61] 西尾自身は同時に、自治体が国と争うのは重要な権利とも述べている。[62] しかし、行政内部の問題であれば機関相互に権利義務関係はないはずであるから、この説明には矛盾があるが、新しい係争処理制度の説明としては、やむをえないものであろう。

従来の判例が、国の関与行為に対する自治体の出訴権を事実上認めていなかったことから、新法が自治体による争訟可能性を拡大したことには、肯定的見解が強い。この場合でも、分権の推進に伴い「理論的には一つの結論」というやや消極的とも思える見方[63]もあれば、「念のために」設ける確認的なものという見方[64]もある。しかし、機関訴訟という類型にしたことは根本的に間違っているという見解[65]もあり、筆者も、本来、新法に規定を置くのであれば、確認規定として置かれるべきで、機関訴訟にしたことは、司法が将来、市民化した後の判例法的創造の余地が大きく制約されたものと解している。「司法の現状」を目の前にして、立案関係者が善意で新システムをつくったことは間違いない。日本の統治構造全体の脳梗塞状態が、つぎつぎと裁判外紛争処理制度（ＡＤＲ）などの対症療法的制度を生み出しているが、これもまたその一つであるといったらいいすぎであろうか。

中間報告は、「国・地方公共団体間の関係調整ルール」という画期的なテーマを論じ、国の中央省庁の自治体への関与（行政統制）[66]について「司法統制」による調整を格調高く述べていた。

もっとも、分権委の中間報告が初めて立法統制や司法統制の重要性を指摘したように受け止められているが、第二次大戦直後のわが国の国と自治体の間の法的紛争に裁判所の審査を関与させようとする方向がＧＨＱの影響もあって強かったことも記憶しておくべきであろう。[67]

その後の歴史過程では、国と自治体の間における法的紛争処理のあり方を論じた審議会等はなかったようである。[68]ドイツ法になじんだ研究者は、自治体は自治事務に対する国の関与行為を当然に抗告訴訟で争えるという見解であったから、立法案を構想する必要はさほどなかったともいえる。今回の分権改革論議が始まってからは、塩野宏の条例違法確認訴訟制度案、[69]磯部力の争訟案[70]があるにとどまると思われる。

(2)　制度化にあたっての主要な論点

中間報告は、国・地方間で生ずる法的見解の差異のために、司法統制を強調しながらも、今の司法が迅速な解決を保障しないことから、すでに裁判所以外の「第三者機関」の設置に言及していた。しかし、そこでは、後述する東京での専属管轄審査制度やそれの前置主義、さらには都道府県・市町村間の紛争にまでは触れていなかった。第一次勧告以降、第三者機関の構想が具体化する。筆者は第三者機関の設置、とりわけ前置主義や東京中心主義のそれは、司法統制を弱体化するものとして批判したが、中央省庁は、中央省庁の判断自体が中立的第三者機関の判断にさらされること自体に対して強い反対論を展開したため、分権委は、ついに第四次勧告まで、具体的構想を公式に明らかにすることができなかった。すなわち、分権委の第三者機関設置案は、司法統制を強化しようとする立場から本来的な自治体救済制度としては反対する見解と、行政内部的な機関すら完全に否定しようとする見解のはさみうちにあったのである。(71)

国地方係争処理委員会の設置に至るまでの論点には、新機関の法的性質、新機関が所属する機関(内閣、総理府など)、委員の構成・選任手続、新機関の裁定などの判断の法的性質、出訴の要件としての前置主義・自由選択主義の長短といったものがあった。(72) しかし、前置主義などは、ほとんど重要な議論とならないまま既定のこととなっていった。

(3)「内部関係」と「外部関係」のねじれ

最終的にできあがった国地方係争処理委員会はねじれ現象の産物となった。国の自治体に対する関与は外部関係として、すなわち、国という法人の外に自治体を置いてとらえて構想されているのに対して、法的紛争の処理になると行政内部関係という発想の中に入っている。右に述べた西尾のいう自治体の権利の側面が半ば否定されたところでやっと中央省庁との妥協が成立したのである。(73)

(4)「落とし穴」

成立した係争処理制度の中核を占める第三者機関について、「重要な落とし穴(74)」として指摘されるのが自治紛争処理委員の制度である。

一九九五年以来の分権改革の過程で、議論の焦点、関係者の関心が国地方係争処理委員会に集中しすぎた。率直なところ、現実の紛争が、都道府県と市町村の間で発生する仕組みになっていることに、多くの関係者も研究者も十分に気づかなかったのである。このことは、分権委自身にとっても、予想外・推測外のことではなかろうか。後に、この比較的新しく出現し、今後実務においてきわめて深刻な混乱を生ずるであろうテーマに若干焦点を当てることにしたい。

2　係争処理のルール――司法的紛争における国・都道府県・市町村

(1)　係争処理の概要

権利義務関係を争うのが「紛争」であるという理由で、行政内部の見解の相違に決着をつけようとする観点から国には「係争」処理機関が設置された。

この新しい係争処理手続には非常に多くの特徴、実務上、理論上の問題点がある。最も重要ないくつかの点に限って言及しておきたい。まず、当初のアドホックな委員会構想とは異なり、国地方係争処理委員会が常設機関として設置されたことである。しかし、公害等調整委員会が裁定権限をもっているのとは異なり、省庁の反対で「裁定」権限をもたないこととなった。もともと国と自治体の法的紛争で公権力の行使に当たるものを処理する機関のはずであったが、「勧告」機関にすぎなくなったので、非権力的関与の一部も審査の対象とされることになった。そのような拘束性のない機関への審査申出が出訴前に不可避の前置手続とされることも不思議である。こうなると、係争処理委員会が事実上単なる諮問機関になっていく可能性もある。

委員会への申出事項は、自治体が「固有の資格」として行う事務に関わる関与に限られる。代執行手続の対象となる指示も同委員会の審査対象ではない。純粋に理論的には、そして、通説的には、その点に関する判断ミスの責任は、大部分の場合、自治体側に帰属すると解されるであろう。新しい機関訴訟としての関与違法確認訴訟は、より端的な結論や柔軟な解決を求める訴訟を判例法的に創造する余地を立法的にほぼ完全に封じ込めたことを意味するかもしれない。

分権委で当初から検討されていた国の行政機関の側からの審査の申出や訴訟の提起はなくなり、国が提起する条例無効確認訴訟(後述)も消滅した。新設の訴訟については管轄裁判所の問題などもあるが、ここでは深入りすることを避けたい。

(2) 手続規定運用のあり方

新法における関与または関与類似行為の訴訟対象性、適用される訴訟手続法とその規定、前置主義適用の有無など、実に多くのことが明確にはなっていない。将来に行うべき立法的解決を別として、唯一こうした混乱した法状態を解決する方策がある。係争処理委員会や裁判所の手続は、徹底して小規模自治体の法務能力・訟務能力に対して配慮したものでなければならない。一般に、ドイツの自治体監督制度にあっては、監督処分書に裁判で争える旨や裁判所所在地・連絡先の教示があるが、今後、中央省庁の発する関与行為の文書には、自治体がどのような形でそれを法的争訟に載せることができるかを教示することが憲法上の地方自治保障の趣旨理解として求められよう。

裁判所(裁判官)が柔軟な法の適用をすることにより判例法的に、例えば申出前置主義や不服審査前置主義を、訴訟(審理)の場で関与者側の反論があることをもって、審査の申出や不服審査を経たものとして扱うドイツ法的運用を実践することが重要となる。さもなければ、一般の自治体職員にも、弁護士にも、ここで論じているような複雑な法律問題に容易に対応することはできないからである。しかも、時間はわずか三〇日と限られている

(新法二五一条の五)。「悪しき法」は「良き運用」によってカバーするしかない。

既述のように、今日の時点における最大の問題は、係争(紛争)処理制度が都道府県・市町村間で主として適用されることになる点への配慮のなさではないかと思われる。既刊文献で、この点を指摘したものはごく例外的である。(75)

3 自治紛争処理委員制度

国と自治体の間の紛争を国地方係争処理委員会が扱うのに対して、都道府県と市町村の間の紛争は、議論らしい議論がまったく行われないままに成立した自治紛争処理委員が扱うことになり、旧法下の自治紛争調停委員制度は大幅に変更された。三人の委員で審査をするが、委員会とは称さない。この委員は、国―都道府県―市町村の間で発生する紛争の圧倒的部分、おそらく九〇%以上を処理することになると思われるが、自治大臣により事件ごとに任命される(新法二五一条二項)。量的にも非常に重要でありながら、委員の人選には関与した省庁の意向が反映される仕組みになっており、都道府県の関与行為の発端となる関与行為を自治省(二〇〇一年以降は総務省)が行った場合には、紛争当事者がアンパイヤーを選ぶという滑稽な仕組みになってしまった。しかも自治紛争処理審査前置主義がとられる。以上の仕組みは、迅速な解決の必要性や公平な審査を受ける自治体の権利からして奇異なものである。この処理委員の活動の枠組み設定は、省令に委任されており、調査員の任命、庶務手続の事務局、代表委員の選任などすべて新法施行直前でも明らかになっていない。三人の委員が全員一致で決めるか多数決で決定を行うかも決まっていない。

先にも述べたように、都道府県が市町村に対して行う関与はあまりに複雑・多様であって、国地方係争処理委員会と同様に、とりわけ市町村が途方に暮れる場面も多く生じよう。さらに、都道府県の出先機関と小規模自治体の間に法的見解の相違があるような場合に、県庁所在地どころか、わざわざ霞が関まで出かけてその調停を仰ぎ、さらに地元の高等裁判所に出訴する行為がどれほど期待できようか。かねてより、この処理委員に関する制度設計がすべて自治省に委ねられていることを危惧する見解[76]があったが、現実のものになったというべきであろう。

4　条例違法確認訴訟の消滅

係争処理関係でいま一つ触れておくべきは条例違法確認訴訟についてである。自治体が要綱行政に頼るのは、「裁判所による効果的な判断システムの不存在のため」であり、そうした理由から、塩野宏は、法律と条例の抵触問題を扱う訴訟のあり方を論じ、国が原告となる条例無効確認訴訟を提案していた[77]。この案には、条例制定に躊躇しがちな自治体のために提案されているという賛成意見もある。

この種の制度の創設については、賛否両論がありうる。この点につき立ち入った検討を行っている島田恵司は、多くの関係者との議論を経たうえで、国の側にのみ出訴権を認めるシステムを設けた場合に「省庁が条例抑制手段として利用する可能性が高く、自治にとってマイナスに働くと考えざるを得ない[78]」という。筆者も比較的早い時期からこの制度の採用に否定的見解を述べてきたが[79]、今も同一意見である。

以上のように、複雑怪奇な仕組みとなってしまった新法を、基礎自治体側が法律通りに運用していくのは、現実には至難のことと思われる。当分の間、法令改正の事実などを知らないまま都道府県と市町村との間でトンチンカンなやりとりが続くことが容易に想像できる。問題は、しばらく時間が経過した後に、新制度が定着するかどうかであるが、この複雑なシステムを法令通りに運用することは、今の職員体制を前提にする限り、無理であろうと思われる。仕組みを徹底して簡素でわかりやすいものに再度改正するか、職員の力量を飛躍的に高め、かつ、法的理屈・議論が通用する社会を作り出すかのいずれかが、少なくとも必要である。

四　分権法システムが真に法化するための諸条件

1　問題の所在

市町村(長)が、国の方針に疑問をもったとしよう。都道府県を通じて行われる関与をめぐって、市町村は、都道府県との間で、事実上、意見や解釈の違いを述べあった後に、さらに正式に文書で通知をしてから、自治紛争処理手続に載せる。両当事者が数度は霞が関詣をし、審査の結果や勧告を受けて、なお正式な裁判を地元高裁に提起することになる。かりに有能な自治体首長であっても、後々の補助金交付、各種のモデル事業の指定その他の国・都道府県の施策への配慮、人間関係を考慮すると、本来は国の方針が問題である事件においても都道府県を争訟の相手方とすることから、事務量、時間、人件費に関して都道府県に迷惑をかけるこの一連の手続をあえて行う可能性がどれほどあろうか。

本稿の冒頭で触れたように、深部にある問題を洗い出すことによって、次の地方自治改革の準備を行う必要がある。その際に、繰り返してきたように、制度も重要ではあるが、制度の運用いかんがもっと重要である。その運用面をみるためにも、比較研究が意味をもってこよう。以下において、簡略ではあるが、今日の時点での国際的な地方自治水準について少々の検討を加え、さらに日本国内の固有の問題点とその改善策を探ることにしたい。

2　比較法的検討

(1)　グローバルスタンダードと各国の実務

わが国の新体制が「完全標準型自治体」を想定したものとなり、それゆえに相当に大きな人口規模の自治体になることを必然化していることについてはすでに触れた。しかし、世界には超大都市もあるが、一般に基礎自治体はかなり小さい。はたして、そうした規模の自治体が存在してはいけないのか、それとも小規模でも、必要な連携体制さえあれば、自治は可能であろうか。規模や組織体制の多様性を許容しつつ、自治体の自治権を法的にも保障するような仕組みは考えられないのであろうか。国際的なスタンダードと、ヨーロッパ各国の実務を少し探って、日本への示唆を得よう。

(2)　世界地方自治憲章制定への動き

一九九八年五月二五日に公表された世界地方自治憲章第一次草案は、国連機関と地方自治体の国際的連合組織の協力によって作成されたものである[80]。同憲章は二三条からなっており、おおむね、先行するヨーロッパ評議会(Council of Europe, CE)のヨーロッパ地方自治憲章(一九八五年七月採択、八八年九月発効)や国際自治体連合

(International Union of Local Authorities, IULA)の世界地方自治宣言(一九八五年、九三年)を継承し発展させたものである。

草案三条一項の「地方自治の概念」において、「地方自治とは、地方自治体が法律の範囲内において、自らの責任で、その住民のために公的事項の基本的な部分を管理し運営する権利及び能力をいう」とされる。「地方自治の範囲」を定める第四条において、「地方自治体は、法律によりその権限から除外されていない事項又は他の団体に配分されていないすべての事項について、自らの発意に基づいて取り組む完全な自由を有する」(一項)。「地方自治体の基本的な権限及び責任は、憲法又は法律によって定められる」(二項本文)。「補完性の原則に従い、公的な義務は、一般的に、市民に最も身近な地方自治体が遂行する」(三項一文)。「地方自治体に付与される権限は、通常、包括的かつ排他的でなければならない」(四項一文)。「中央政府又は広域自治体から権限を委任される場合、地方自治体は、地方の実状に即して権限を行使する自由を有する」(五項)。「地方自治の法的保護」として、「地方自治体は、自らに影響を及ぼすすべての事項について、計画策定及び意思決定の過程において、適当な時期に適切な方法で参加する」(六項)。ここでは、過去のヨーロッパ地方自治憲章や九〇年代以降の最新の各国憲法群との比較はしないが、こうした観点と比べて、わが国の新制度は、一方で法定受託事務を自治体の事務として広げる点で異質であるとともに、参加制度などでは不十分なものがある。なお、司法的救済については次に述べる。

(3) 各国法およびその実務との比較

地方自治の現状の全体的な国際比較をする余裕はないので、特徴的な点にのみ言及しておきたい。法的紛争処理に関してのみ触れておけば、世界地方自治憲章草案は、「地方自治体は、その自治を確保するために、また、その任務を決定し利益を保護する法律の遵守を確保するために、司法的救済に訴える権利を有する」(一三条)としている。

また、ヨーロッパ地域自治憲章草案[81]は、より丁寧に二カ条を設けている。すなわち、一七条で「地域は、権利の自由な行使を守り、この憲章又は国内法において与えられた地域自治の原則を尊重するために、管轄権のある裁判所に提訴する資格を有する」とし、一八条一項は、「権限をめぐる紛争が生じた場合、司法機関によって解決される」、第二項は、「権限をめぐる紛争は、各締結国の憲法上及び法律上の原則に従って解決される。適用可能な実定法において明確な解決を得られない場合、この決定に際して補完性の原則が考慮される」とする。全世界的レベルではいまだ十分な状況にない司法的救済が、ヨーロッパレベルにおいては、すでに常識になりつつある。

これらの新しい草案に照らして、日本の新しい国—都道府県—市町村の間の法的紛争処理システムをただちに非常に遅れたものと評価することはできないかもしれない。しかし、さらに以下のような事情も考慮しておいてよいと思われる。

わが国の新制度においては、法定受託事務については、自治体が国の関与行為をいわば放任しておいた場合に、国の側から訴訟を提起しなければならないのに対して、自治事務にあっては自治体側が主体的に行動しなければ、国側の言い分が法的には通用する仕組みになっている。自治権の尊重という尺度からすると、逆転しているといわざるをえない。この点で、フランス法が筋を通した仕組みを近年用意していることが参考になる[82]。

われわれ日本人は、さまざまな旧い観念にとらわれている。ドイツの現場にいる人が現に行っている発想の転換にもう少し素直に従ってもいいのではないだろうか。ドイツの地方自治の仕組みは、自治体監督制度があり、地方自治を内務省が所管し、建前の上では、司法制度と同様にきわめて古い構造にみえる。しかし、成田頼明は、

「長期的・段階的・体系的」に分権改革を進めたドイツは全体としてみれば日本より進んでいるという印象を受けたと評価する。[83]何が、それを可能にしたかを考えることが重要であろう。

日本の新事務基準はドイツをも参考にしたというが、ドイツの紛争処理の仕組みは日本のような機関訴訟形式をとらない。通常の抗告訴訟が原則である。成田も、強力な自治体監督制度がありながら、自治体が憲法裁判所や行政裁判所に対してよく訴訟を提起することをもって、「制度がよく整備されている」という。同時に、都市会議その他の地方自治体連合組織の議会および政府に対する発言権はきわめて強く、これらの仕組みによって強力な自治体監督と均衡がとられているという見方をしている。[84]ここには、若干の誤解があると思う。現実に筆者が行った小規模な村の村長に対するインタビューにおいて、村長は、自治体監督は民主的法治主義に基づくもので、官権国家時代の自治体監督とは質を異にすると、こともなげに言った。まさに国民代表議会(連邦議会または州議会)が定めた規範と自治体が行った行為の法的齟齬について検察官的役割を果たすのが、自治体監督を担当する職員の仕事だというのである。[85]すべての自治体の違法行為が主観的訴訟として行政訴訟になって行政裁判所に登場するわけではないからである。そして、ドイツでとくに地方自治の保障を目的とする救済制度が整備されているのでもない。

ちなみに、自治体が国家関与行為を裁判所で争う前の不服申立制度については、オーストリアで類似の仕組みがあるが、申立てには原則として停止効があり、また、すべての自治体が首都ウィーンに行く必要はない。[86]

3　地方自治の担い手のあり方と自治制度周辺組織の役割

日本の自治の拡充のためには、自治の担い手の意識変革や自治の周辺にある諸組織の徹底した改革が必要である。このことを、筆者自身他の論稿等においてしばしば触れてきたが、ここでは最近の動きに照らしながら、要点のみ記しておきたい。

(1) 自治の担い手の弱さ

今回の分権改革を真に望んだ自治体や自治体職員はきわめて少ない。いわんや住民の間に、大きな関心があったとはいえない。自治体そのもの、自治体連合組織のふがいなさや国会(議員)の関心の少なさ(87)も大きな反省要因である。

省庁間のさまざまな駆け引きがあり、自治・自治体側の応援がきわめて乏しい中における分権委・自治省と他省庁との必死の攻防が印象的である。「自治省による分権一括法」とまでいえば極端に過ぎるかもしれないが、自治省の踏ん張りがなければこの法律は成立していない。決して、国民の代表たる国会議員であり内閣の一員である自治大臣が頑張ったのではなく、組織・集団としての自治省である。なぜ、そうなるのであろうか。これからの地方自治の法体系を考える場合に、この自治省中心の立法化という、なおも集権体制を色濃く背負った分権改革の実態と、その改革体制の改革方向を視野に入れることなくしては、将来の大改革に向けた事前準備はできないことになる。

(2) 研究者の対応能力

今回の改革は、解釈論中心にとどまり、自治改革、とりわけ事務・権限の再配分や関与法制、事後紛争処理制度に関する立法論や法政策論が展開されていない学界状況の中で、突如、まったく新しい地方自治法制度設計として始まった。それは突発事象とでもいうべきものであった。「備え」なきところの緊急事態で、社会的に報道される多くの事故の法律バージョンであったといってもよい。このことを教訓にするのであれば、今後より積極的な立法政策論が普段から展開されていなければならないことになろう。

こうした検討が遅れる理由の一つには、法解釈中心の体系思考があろうし、発想の飛躍が要求される大改革の準備的な研究活動を研究者の仕事から離脱したものと受け止める雰囲気もあろう。しかし、これからは法解釈的操作・対応の限界を認識したら、立法政策論を、緻密な制度設計としても果敢に展開する勇気が必要であろう。そのためには、解釈論の現実とともに、自治の現場についての鋭い問題意識をもつことが求められる。

(3) 自治制度周辺組織の課題

地方自治の問題は、すなわち国家全体の統治・行政の問題でもある。つまり統治団体としての国と自治体のみに問題があるわけではない。

すでに指摘してきたことがあるが、自治省の外郭団体(○○財団、○○協会、○○機構など)が多数存在し、天下り先となっており、その運営状況、とりわけ財政面にはヒアリングの限りでは不透明なところが多かった。自治体が主たる構成員または自治体のみを構成員とする団体にあっても理事会や事務方のトップは自治省出身者という組織がほとんどである。筆者は一九九〇年から九一年にかけて自治省の外郭団体のほとんどを正式なインタビューの形で訪問し、その活動状況を聴取し、予算・決算資料を得ようとしたが容易ではなかった。日本の自治を海外に紹介する自治省外郭団体等の英語の出版物も網羅的に収集したが、そのほとんどが日本財団(旧・日本船舶振興会)の補助金によっており、今少し形を変えた予算的手当が必要ではないかと思われる。

また、国家公務員に対する研修に地方自治や地方自治法に関するものはない。採用試験でもほとんど、これらが問われることはない。かくして、地方自治に対する認識の欠如とともに、地方自治が、品のない表現であるが

「餌食」になっているという現象がある。中央省庁によって相当に違いがあるが、自治体からの派遣職員の扱いにも、類似の現象をみることができる。自治体や住民は、もっと現実を直視し、こうした自治を根腐れさせ、あるいは「搾取」している部分を指摘し、是正させていかなければならない。もっとも、誤解のないように述べておくが、自治体に派遣された中央省庁職員の方が、長年にわたり同一の自治体で勤務している職員より、はるかに有能で広い視野をもっていることも非常に多い。

　最近になって、国レベルと都道府県レベルを問わず、自治体連合組織のシンクタンク機能、コンサルタント機能を強化する必要性が指摘されるようになった[88]。その際に考えなければならないことがある。北欧やドイツの自治体連合組織は、市民も図書館や資料館代わりとして出入りする実に市民に身近な組織であって、自治体職員も、日本風にいえばプロパー職員であるが、もとより出向や派遣ではない職歴の変更が非常に多い。つまり、本来的な自治体連合組織が存在し、そこには天下り的職員はいない。財政的にも自治体の拠出金や手数料でまかなわれている。一〇を超えるドイツの連邦レベルと州レベルの同種組織を訪問した際に、日本の自治体連合組織の実態を述べて感想を聞いたところ、内務省(自治省)職員が幹部にいたり(県レベルの組織では常に県庁ＯＢが市町村の連合組織の事務方のトップであったり)、保険の剰余金や補助金で運営したり、県の区域内にある市町村の連合組織の事務局が県庁にあったりするのは自治体連合組織の自殺行為だと言われた。日本ではいかに有能な首長でも当選回数が多くないと、連合組織の理事会メンバーになれないのが普通である。年齢的能力的に問題意識を失った頃にやっと理事になることも稀ではない。全国市長会のように予算・決算すらみせない組織もある。都道府県レベルの組織で同種資料を要求すると、全国市長会に連絡して、公開すべきかどうかを問い、全国市長会も公開していないからという理由で、開示しない。開示しない全国組織も問題であるが、何の主体性もなく「上部組織」(?)にならう県組織も問題である。自分の勤務する市町村が入っている都道府県レベルの連合組織がどこにあって、何をしているかを知らない市町村職員がほぼ九五％を超えるであろう。しかし、これが実態であって、欧米の先進事例と比較したとき、足元にどうしようもない大きな改革課題が転がっていることを実感せざるをえない。自治体連合組織をシンクタンクやコンサルタントにといっても、圧倒的に多くの現在の事務局では改革を望めない。(89) 各レベルの自治体連合組織に関する徹底した情報公開がまず必要であり、そこから議論が始まるべきであろう。

同様の問題意識から、自治大学校や市町村職員中央研修所（市町村アカデミー）にも運営形態等について改革課題がある。とくに前者は、自治省直属の機関であるが（自治大学校組織令、自治大学校組織規程参照）、筆者が調べた範囲内では、スペインやメキシコに類似形態のものがある程度で、国家政府が自治体職員の養成・研修を直接に担当しているという点において、いわゆる先進国では考えられない設置形態である。

結局のところ、地方自治改革は、国の官僚制改革と直結しているのである。したがって、官僚人事制度の抜本的な見直しと自治改革を結びつけたプログラムを具体的に提示しなければならない段階に来ているといえよう。

おわりに

痛烈な問題提起

西尾勝は、勧告がとった構成は、「日本における中央地方関係の実態を忠実に反映したものであるとともに、おおかたの地方公共団体の現時点での改善要望に的確に応答した結果であると確信している」(90) という。これは、「現時点の実態の忠実な反映」という部分と、「現時点での改善要望」という二つの点において、自治体に対しても痛烈な問題提起（別の表現をすれば、十分な実質的な応援・支援をしなかった自治体側に対するイヤミ）の表現である。この気持ちは共有できる。結局のところ、「当の主役が眠ったまま」[91]という状況をどう変えていくかが、地方自治の次の法制度設計にとり、かなめの問題である。

自治体の中の茶坊主体質を徹底して改革し、公正な能力主義制度を確立し、人事も定年まで同一組織という風土に揺らぎをもたらすことが必要である。さまざまな意味での人の新陳代謝が不可避であり、また、同様に徹底した情報公開を基礎として住民が職員より水準の高い議論を展開できるようになると、循環は良い方に働いていくであろう。容易ではないが、今のような全国一律の自治体組織、とりわけ議会と執行機関の対立形態や、身の丈に合わない執行機関の多元主義などを改め、多様かつ簡素な組織づくりが可能にならなければならない。

職員にも徹底した養成教育と研修が行われ、しかも理詰めで議論のでき(すなわち、法的思考能力があり)、かつ、柔軟な思考力のある職員集団が育っていけば、おのずと地域における総体としての自治能力は育っていくであろう。地方自治を育むのは、ナショナル規模でつくられる制度のみではない。地域や地域の連携によって行える自治の工夫の余地は多数ある。制度改革は仕上げとしてもきっかけとしても重要であるが、自治の重要性に気づかない自治体に自治が根づくはずがない。ナショナルな制度改革の突風が通り過ぎた後に求められているのは、地域における設計力にあふれた自治の実行である。

条例制定権論について注意を

新法のもとでは、法定受託事務についても条例制定が認められる。第一次勧告は、条例制定権の限界を判断する基準として徳島市公安条例事件最高裁大法廷判決(一九七五年九月一〇日刑集二九巻八号四八九頁＝判時七八七号二二頁)をあげている。しかし、この判決は、公安条例の合憲・合法性を導き出すための特殊な立論であって、現に、法律の趣旨解釈によってすぐ後に条例の違法性が指摘されたことがある。[92]今後、法令・法規的性格をもった告示などで要件・基準・手続などが詳細に定められることになると、自治事務であってすら、条例の制定が困難となることも多いと考えられる。従来の通達事項の政省令化がみられる現状では、法定受託事務も含めて、相当に根本的で新しい条例論を展開しておかなければ、条例制定権が大きく制約される可能性がある。

第二次分権改革へ？　第一次地方自治改革へ？

今次の改革は、「住民自治という大きな目標からすれば、出発点に過ぎないことかもしれない」(諸井虔)。[93]まがりなりに、地方分権の制度設計がみえてきた。そして、国と自治体の関係について「法化」が進む。しかし、ひとたび現実に帰ったとき、新しい法的システムはどれほど機能するだろうか。日本の現状において、平均的な都道府県は、知事以下三役に自治省出身者がいないところはほとんどなく、また部長クラスが八〜一〇人のところで半数程度が中央省庁出身者というケースが圧倒的に多い。加えて、中枢部局である総務部長や企画部長など、総務・財政などのかなめの組織、また最も補助金の多い部局に出向者が座っていることが多い。これも、「自治体」の「自主的人事」だと説明すれば、論理的には納得せざるをえないが、実状は、決して自治体の自主的判断のみでことが運んでいるわけではない。いわば県政の中枢部分の半分程度が中央省庁出向者であるとき、国と都道府県が対等であることを前提にして、国(主務大臣)を相手方ないし被告とする係争・紛争を公の場に持ち出すことが可能であろうか。

ことは、都道府県と市町村の間においても同様であり、自治体からの出向者が中枢スタッフとなっていることが稀ではない広域連合や一部事務組合と都道府県との関係においても妥当する。

新たな係争処理システムは、本当に機能する基盤があるのだろうか。本稿では、危惧される側面をやや強調しすぎたが、今一度、このシステム設計について触れておくべきことがある。[94]制度設計者は、今後、国地方係争処理委員会や自治紛争処理委員の活発な利用を想定したはずである。しかし、東京に一箇所の国地方係争処理委員会と東京に置かれる非常設の自治紛争処理委員で、事案の処理が可能であろうか。かりに事件数の増大予測が当たるとすれば、新制度は、一種のパンクを予定するシステムといえる。問題の多い新システムを直していく道があるとすれば、自治体が難しい手続や理論的困難を乗り越えて争訟事件を提起し、制度の改革を行わざるをえない状況を作り出すことのみである。

首長だけではそのような状況をつくりえない。自治体としての判断を左右するのは住民である。右に述べた中央省庁からの出向者が多い自治体であっても、民意が高まれば、市町村が都道府県を、都道府県などが国を相手に、係争・紛争を提起せざるをえない状況に追い込むことができる。この稿においては、現実に進行した分権改革の動向に沿った検討に終始したため、住民自治のあり方、とりわけ議会制度や住民参加・住民参画のあり方については、触れなかった。地方自治の法制度設計にあたって、最も重要なのは住民自治のあり方に関することである。自治体規模の問題は、自治体組織のあり方や合意形成のあり方など、広範囲の問題に連なっていく。

次代の改革は、分権改革にとどまらず、地方自治そのものの充実に向かうべきである。そのためには、現状と将来像に関するさまざまの情報が、住民、自治体職員、国等の職員にも共有化されていなければならない。

そのためにも、自治体職員、国家公務員、地方自治関連諸団体の職員に対する「地方自治」の存在理由に関する教育(研修)である。これらが、それなりに行われているのであれば、これほどエネルギーを費やした分権改革論議は必要でなかったと思う。それは、ヨーロッパの中の先進国と称される国々を歩いて実感したところである。

そして、同時に、筆者は、制度改革よりも、実務改革・運用改革が重要であると思う。現に、法務省などは、法を最も守るべき立場でありながら、法を変えずに実践・実験を試み、それが成功してから正式な「制度」にするということを行っている[95]。このこと自体には問題があると考えるが、しかし、違法とはいえないレベルでの実務・実践が、いかに重要であるかを示唆するものではある。

自治体の中の司法機能

日本の法常識において司法機能と地方自治とは日常的にはほぼ無関係のものであった。しかし、司法の疲弊、国民からの離反が大きな課題となって新たな動きの展開がみられる。必ずしも基礎自治体レベルのテーマではありえないが、司法人事、司法行政の一定の分権化が、現職裁判官グループで唱えられ、また、日本弁護士連合会は、司法を身近なものにするための「地域司法計画」の作成を進めている。ごく近い将来、住民も自治体職員も法曹関係者も真摯にこの問題に取り組まざるをえないであろう。(96)

(1) 木佐茂男「日本における地方分権の理念と到達点」『ジュリスト』一一六一号(一九九九年)六八頁。

(2) 後述する「固有の資格」に関してのみ国―自治体間の紛争(係争)処理手続が働くということについての見過ごしが、大きな問題になっている。その一例として、兼子仁『新 地方自治法』(岩波新書、一九九九年)初刷と第二刷のそれぞれ三〇頁、二〇七頁、碓井光明「国庫支出金・地方交付税等に関する法律関係」『自治研究』七六巻一号(二〇〇〇年)三頁以下。

(3) 西尾勝『未完の分権改革――霞が関官僚と格闘した一三〇〇日』(岩波書店、一九九九年)は、分権推進政策の中心が広い意味での関与の縮小廃止法になり、分権改革が国民、住民にとってかなりわかりにくいものにならざるをえないことを予測していた(六二頁以下)。それは、応援団たる「先進自治体はまだごく例外的な存在」でしかない(六六頁)からでもある。中央省庁による折伏《しゃくぶく》があって(九二頁)、官僚からの合意取り付けも与件であった(七六頁以下)。いいかえれば、官僚同意がなければ成り立たない改革であった(一一三頁)。

(4) 自治体警察のはずである都道府県警察について研究者による研究が進まないのも、保守系議員が公安委員会所管事項に関する議会質問を避けるのも、事件のでっちあげなどによる身辺への危害を避けようとする心理が働いている。研究対象や研究方法の選択は、いうまでもなく、すでにイデオロギー的判断行為であり、自己主張したい事項と保身事項との境界線上にある。

(5) 成田頼明『地方分権への道程』(良書普及会、一九九七年)一八〇頁、一八四頁。

(6) 西尾勝「地方分権推進の政治過程と地方分権推進委員会の調査審議方針」西尾勝編『地方分権と地方自治(新地方自治講座12)』(ぎょうせい、一九九八年)一頁以下を参照。

（7） 西尾勝「第一次分権改革の到達点と今後の道筋」自治省編『地方自治法施行五十周年記念自治論文集』（ぎょうせい、一九九八年）四五頁。

（8） 木佐茂男「地方自治を保障する司法的コントロール」『法学セミナー』五一〇号（一九九七年）一〇四頁、同『分権改革の法制度設計（自治総研ブックレット54）』（地方自治総合研究所、一九九七年）三頁、同・前掲注（1）六四頁。「戦争のさなかにあっていわば本来は背後にあって全軍を指揮すべき総司令部が防禦部隊もないまま最前線に押し出され、官との間で白兵戦を行っているような観」（五十嵐敬喜「地方分権と立法」自治体学会編『年報自治体学』一〇号（良書普及会、一九九七年）一二四頁）という描写は、筆者の記述内容とほぼ同旨である。

（9） 西尾勝・前掲注（3）はしがきv頁。同旨、西尾・前掲注（7）四六頁。

（10） 阿部泰隆「地方自治法大改正への提案」『月刊自治研』四七六号（一九九九年）四〇頁。

（11） 国・地方関係が前近代的な法的状況にあったという見方から、鈴木庸夫「分権一括法案における関与と係争処理」『月刊自治研』四七六号（一九九九年）五九頁は、「今回の改革の意義は、国自治体間の関係にまず近代的なルールシステムを持ち込んだことにある」という。

（12） 磯部力「分権新時代にふさわしい自治体のイメージ」『地方自治』六一〇号（一九九八年）五頁は、機関委任事務を「思考の鋳型」と称する。

（13） 文書管理を徹底すると、職員退庁後の役所の机には紙一枚、アクセサリー、マスコットの一つも置かないほど無理が行われ、議会やその委員会の公開原則となると、あらゆる会議の公開が当然視されたり、食糧費や旅費の使い方に問題点が指摘されると、どうしても必要な支出や旅行に職員が自腹で対応する、業者との勉強会が癒着であると指摘されると、いっさいの共同研究会までも控えて、孤高の職員集団が生ずるなど、ほどほどの妥当な地点での歯止めを考える能力や受容力が職員にも国民にもマスコミにもないかのようにみえる。そのような孤高の頂点に立つのが裁判所であるが、しかし、行きすぎた「極端」は、いずれどこかで破綻せざるをえない。

（14） 新地方自治制度の骨格を紹介する文献は枚挙に暇がない。代表的なものとして、西尾編・前掲注（6）『地方分権と地方自治』、高木健二『分権改革の到達点』（敬文堂、一九九九年）、西尾・前掲注（3）、佐藤文俊（自治省地方分権推進室長）「地方分権一括法の成立と地方自治法の改正（一）～（五・未完）」『自治研究』七五巻一一号五六頁以下（（一）は一九九九年、（二）以下は二〇〇〇年の刊行）、松本英昭（元・自治省行政局長・自治省事務次官）『新地方自治制度 詳解』（ぎょうせい、二〇〇〇年）をあげておく。

(15) 新法施行を間近に控えた段階において、ある政令市で法制担当職員たちが○×式で、新法の内容の理解度をチェックしたら、半分しか正解できなかったという冗談のような話がある。

(16) 新地方自治法の条文の難解さと立法の体裁としての著しい見栄えの悪さについては、成田頼明「改正地方自治法の争点をめぐって」『自治研究』七五巻九号(一九九九年)四頁も同旨。ちなみに、ワープロで改正条文を打ち込むと悪文である旨の指摘である「修飾語の連続」というチェックが頻繁になされる。

(17) 木佐茂男「連邦制と地方自治をめぐる法制度と実務の比較考察」『公法研究』五六号(一九九四年)三四頁以下、同「地方自治をめぐる世界の動向と日本」『法律時報』六六巻一二号(一九九四年)三四頁以下を参照。

(18) 例えば人事ひとつをとっても、縁故採用、首長間の縁故的採用人事取引、勤務評定、昇進人事、女性職員の待遇など、皮肉な表現だがすべてに「自治」が発揮されている。もとよりこれらの内部管理業務は、首長の姿勢ひとつで他の先進国以上に相当に変わりうるという点においても極端なほどの「地方自治」が存在する。

(19) 一九九九年七月に始まった司法制度改革審議会の議論が、わが国の司法を悲惨な状況に至らしめた根本である裁判官統制問題→裁判官の独立論→裁判官人事政策のあり方論に立ち入ることなく、制度的手当で対応することが推測されるのと、ことの本質は同じであるように思われる。司法改革の原点が、裁判官の独立性確保の要請にあることについて、木佐茂男・第一四五回国会・参議院法務委員会会議録第一一号(一九九九年五月一八日)に収録の参考人発言を参照。

(20) M市には、「M市民間立体駐車場整備促進事業補助金交付要綱」が二つある。一九九一年制定の要綱が一件の適用事例もないまま、九五年に同一名称の要綱が制定された。所管の環境部交通対策課では、四年経って当初要綱制定当時の職員は一人も残っていなかったことが原因という。市町村シンポジウム実行委員会編『条例づくりが地域をかえる』(公人社、一九九九年)六七頁以下参照。他方、住民運動で環境保護条例の制定請求をし正式に議会に提出したところ、同名の条例がすでに存在していたというM町の事例がある(一九九七年のシンポジウム発言。『九八年分権セミナー記録 分権型社会の基本設計(自治総研ブックレット62)』(地方自治総合研究所、一九九八年)六〇頁)。

(21) 市町村シンポジウム実行委員会編・前掲注(20)一二二頁以下では、プレゼンテーションの初歩的トレーニング、日常のコミュニケーション技術さえ受けていない自治体職員の実状が指摘されている(斉藤睦発言)。同旨、金子雅臣「一流を三流に育てる公務職場?」『晨』一八巻八号(一九九九年)一〇〇頁。筆者の見聞の範囲でも、例外のあることは当然であるが、ほぼ同様のことを指摘できる。

(22) 小林勝彦「地方分権改革の隘路と私たちの課題」『北海道自治研究』三七〇号(一九九九年)八頁は、地方分権推進委員会事務局に派遣された各省職員三〇名のうち、諸井委員長の訓辞に応えて分権改革の志士になったのは自治省出向者だけのようだったという。

(23) 成田・前掲注(5)七〇頁の表現を借りれば、「基礎的自治体に優先的に内政上の全ての権限を配分するのが地方分権だ」ということになろう。成田は、今の市町村では、とてもそのすべては処理しきれないことになると述べる。同書一八五頁には、「現行の都道府県・市町村という二段階の普通地方公共団体＝完全自治体」という表現がある。

(24) 分権が進むと今の市町村体制でいいのかという市町村合併問題になる(西尾・前掲注(3)一七〇頁)。同時に、広域連合をはじめとして、さまざまな広域行政の手法での共同処理も重要になる(一七〇頁以下)。

(25) 『朝日新聞』一九九九年六月二日夕刊「窓 論説委員室から 政治と幸福感」参照。

(26) 木佐・前掲注(8)『分権改革の法制度設計』。

(27) 成田・前掲注(5)一五五頁。

(28) とくに、木佐・前掲注(8)『分権改革の法制度設計』一一頁以下に歴代の自治省関係者による機関委任事務理解を紹介してある。少なくとも、今回、分権委が前提にしたような機関委任事務観はないことだけは認識しておきたい。一九八〇年代初頭にすでにみられていた事務配分の揺らぎについて、同「国と地方公共団体の関係」雄川一郎ほか編『現代行政法大系8』(有斐閣、一九八四年)四〇七頁以下を参照。

(29) 成田・前掲注(5)一三〇頁以下。ドイツを参考にしているという点では、一七三頁も参照。

(30) 地方自治制度研究会編『Q&A 改正地方自治法のポイント』(ぎょうせい、一九九九年)二四頁、川島正英「地方分権の世紀へ――秒読みが始まった」『地方自治』六一六号(一九九九年)四頁。「勧告内容はすべて、各省庁と一つ一つ詰めてあるわけであるから、一〇〇%実現できなければならないものと考えている」(諸井虔「地方分権推進委員会勧告のねらい」自治省編・前掲注(7)一四〇頁)ことと、それが実現したかどうかは別問題である。

(31) このことは自治省事務次官も認めるところである。松本英昭「地方分権推進の「十の論点」」『地方自治』六〇二号(一九九八年)九頁。

(32) 個々の事務が性質上国の事務かどうかを問題にするいわゆる「本籍主義」を排してとられた「現住所主義」なるものにつ

いて、松本・前掲注(31)九頁、成田頼明「改正地方自治法の争点をめぐって」『自治研究』七五巻九号(一九九九年)一一頁の解説を参照。事務の性格・帰属と関与は別のものであるという立法起案者の一貫した考え方について、高木・前掲注(14)二三六頁。

(33) その点を整理した資料は少なくないが、中でも、辻山幸宣「地方分権と新自治制度の問題点――法定受託事務概念の検討を中心に」『季刊行政管理研究』八五号(一九九九年)四一頁を参照。

(34) 定義の変遷によって、「法定受託事務に区分されればどのような事務も国は「指示」ができるのにそれが定義というのはヘンである」という指摘がある。島田恵司「「分権国会」とは何だったのか」『とうきょうの自治』三四号(一九九九年)一〇頁。

(35) 芝池義一「機関委任事務制度の廃止」『ジュリスト』一一一〇号(一九九七年)三四頁。

(36) 第九次地方制度調査会「行政事務再配分に関する答申」(一九六三年)が、「現代国家における両者〔国と地方公共団体―木佐注〕の基本的な関係は、それぞれの機能と責任を分かちつつ、一つの目的に向かって協力する協同関係でなければならない」としていた。その際に、反省材料となったのが、一つの事務を一つの主体に割り振るもので、これは「分離型」、「割り振り型」、「一元的配分」と称され、他方の新しい姿として、「融合型」、「機能分担型」、「多層的配分」などと称した。松本英昭「地方分権論議のターニング・ポイント」『地方自治』五七八号(一九九六年)八頁。

(37) 山下淳「国と地方の役割分担のあり方」『ジュリスト』一一一〇号(一九九七年)二七頁参照。機能分担論については、さしあたり、成田頼明『地方自治の法理と改革』(第一法規、一九八八年)二四七頁以下を参照。

(38) 山下・前掲注(37)二七頁。

(39) 西尾・前掲注(7)五三頁。

(40) 島田茂「自治体警察と市民」木佐茂男ほか編『地方分権の本流へ』(日本評論社、一九九九年)一四八頁以下。

(41) 高木・前掲注(14)二三三頁。

(42) 阿部泰隆「地方自治法大改正への提案」『月刊自治研』四七六号(一九九九年)四一頁。ここでは、第二号法定受託事務については省略されている。

(43) 芝池義一「地方自治法改正法案の検討」『法律時報』七一巻八号(一九九九年)七八頁。

(44) 地方自治制度研究会編・前掲注(30)一三頁。立案関係者は、いずれも根室市のケースを例にあげるにとどまる(佐藤・前掲注(14)「地方自治法の改正(二)」六三頁、松本・前掲注(14)九二頁)が、松本・九三頁は、B1概念には自治事務も法定受託事務も含まれうる、というが、事例としてあげられたものと比較しても、不可解である。
(45) 阿部・前掲注(42)四三〜四四頁。そこでは、法定受託事務の名称を国家規制型自治事務とでも称すべしとする。
(46) 今井照『図解 よくわかる地方自治のしくみ』(学陽書房、二〇〇〇年)二八頁。
(47) 日本法に通じたドイツ人法学者は、「自治事務も法定受託事務も自治体の事務というのはドイツ人には理解できない」、という。'… "Sowohl 'jichi jimu' als auch 'Houteijutaku jimu' sind Aufgaben der Kommunen …". Kein deutscher Leser kann diesen Satz verstehen!'
(48) 成田・前掲注(5)一五六頁は、かつて同教授が紹介した共同事務論がわが国でも自治体の国への意見具申権を基礎づける理論的根拠になっているが、「このような考え方は、国と地方公共団体の行政権限と責任が真の意味で対等関係になった場合にはじめて成り立つものであり、上下主従の中央集権的行政システムを温存したままでは到底成り立ちうるものではない。わが国の現段階では、地方自治の原点に立ち戻って、国と地方公共団体の行政権限と責任を明確にすることの方が、分権推進の立場からみれば、最優先課題なのである」という。同・前掲注(37)二三一頁以下。機関委任事務全廃後の自治事務・法定受託事務の二区分に対して、各省は、共同事務論を主張した。とくに建設省と農水省である。西尾・前掲注(3)九六頁参照。
(49) 木佐・前掲注(8)『分権改革の法制度設計』四五頁以下を参照。
(50) 本稿の注(2)を参照。ちなみに、地方分権問題を一貫して取材・報道してきた著名な新聞社のある編集委員も一括法制定後半年も経った一九九九年秋まで、この関与規定適用除外問題についてまったく知らなかった。すなわち、国の行政機関が自治体に対して行う種々の一方的な行為はすべて国地方係争処理手続の対象になると理解していた。
(51) 地方自治制度研究会編・前掲注(30)九七頁以下。同旨、佐藤・前掲注(14)「地方自治法の改正(三)」五四頁、松本・前掲注(14)一六五頁。
(52) 芝池義一「地方自治法改正法案の検討」『法律時報』七一巻八号(一九九九年)七九頁。
(53) 島田・前掲注(34)一三頁。
(54) 関与の仕組みが複雑なことは、小早川光郎「国地方関係の新たなルール——国の関与と係争処理」西尾編・前掲注(6)『地方分権と地方自治』一〇一頁以下から読み取れる。
(55) 木佐・前掲注(1)六八頁。
(56) 管見の限りでは、島田恵司「第三者機関誕生の経過と機能——問われる都道府県の姿勢」『自治総研』二五六号(二〇〇〇年)一一八頁以下が触れるにとどまる。

(57) 白藤博行「国と地方公共団体との係争処理の仕組み」篠原一ほか『分権型社会の基本設計(自治総研ブックレット62)』(地方自治総合研究所、一九九八年)一三六頁以下、市橋克哉「地方分権と法構造の変質——国の関与と紛争処理の仕組みをめぐって」自治体問題研究所編『地方分権の「歪み」』(自治体研究社、一九九八年)、白藤博行「地方公共団体に対する国の関与の法律問題」『地方分権の法制度改革(自治総研ブックレット63)』(地方自治総合研究所、一九九九年)、鈴木庸夫「分権一括法案における関与と係争処理」『月刊自治研』四七六号(一九九九年)五〇頁以下などに鋭い検討や批判的分析がある。

(58) 西尾・前掲注(3)一一四頁以下。

(59) 磯部力「国と自治体の新たな役割分担の原則」西尾編・前掲注(6)七八頁。

(60) 西尾・前掲注(3)一六三頁。

(61) 原田尚彦『地方自治の法と仕組み(全訂二版)』(学陽書房、一九九五年)、西村清司・佐藤和寿『地方自治法(地方公務員の法律全集④)』(ぎょうせい、一九九三年)にも自治体の出訴権などの記述はない。

(62) 西尾・前掲注(3)一六四頁。

(63) 松本・前掲注(36)一四頁。

(64) 塩野宏「国と地方公共団体との関係のあり方」『ジュリスト』一〇七四号(一九九五年)三二頁。ただし、塩野は、法律と条例の抵触にかかる訴訟(例えば、国を原告とする条例無効確認訴訟)は当然に法律事項と考えている。

(65) 白藤・前掲注(57)一四五頁。

(66) なお、従来、「行政統制」という用語は、住民・国民・企業(いわゆる行政客体)が行政活動を統制するために「行政に対する民主的コントロール」と同義で使うことが多かったと思われる。分権推進委員会は、中央省庁による自治体行政への監督・関与などを「行政統制」という語を用いて、立法統制と司法統制という語と同一のレベルで表現した。結果として、「行政統制」は二種類の意味をもつ用語となった。小早川・前掲注(54)一〇二頁以下は、「地方公共団体に対する国の関与」という表現が、広義においては「立法的関与」、「行政的関与」および「司法的関与」のすべてを含めたものと指摘する。これが、一般的な従来の用語法であり、行政的関与と行政統制を同義のものとして議論を構成した分権委のアプローチには、誤解を招きかねないものがあったように思う。

(67) 木佐・前掲注(8)『分権改革の法制度設計』一四頁。俵静夫『地方自治法(再版・改訂)』(有斐閣、一九六九年)四六四頁、自治大学校編『戦後自治史 第五巻』(自治大学校、一九六三年)一〇五頁、一二四頁、一二六頁、一三一頁。
(68) 比較的最近のものでは、山中永之佑『日本近代地方自治制と国家』(弘文堂、一九九九年)、成田・前掲注(5)一七五頁、橋本勇『地方自治のあゆみ――分権の時代にむけて』(良書普及会、一九九五年)などをみても、審議会等が議論した形跡はみられない。
(69) 塩野宏「自治体と権力」自治大学校編『自治大学校創立四〇周年記念論文集――二一世紀の地方自治の諸課題』(ぎょうせい、一九九三年)六四頁。
(70) 磯部力「自治体行政法学入門(第三〇講・第三一講)」『自治実務セミナー』三五巻九号四頁以下、三五巻一〇号四頁以下(いずれも一九九六年)。
(71) この間の事情について、木佐・前掲注(8)「司法的コントロール」一〇二頁以下を参照。
(72) 本稿の他の注記にあげた文献のほか、大橋洋一「国の関与のルール」『法学教室』二〇九号(一九九八年)一四頁以下、稲葉馨「国・地方公共団体間の係争処理」『法学教室』二〇九号(一九九八年)一六頁以下、大貫裕之「国と地方公共団体との係争処理の仕組み」『ジュリスト』一一二七号(一九九八年)八五頁以下。
(73) このねじれを指摘するものとして、白藤・前掲注(57)一三九頁、市橋克哉『地方分権の「歪み」――地方分権推進計画の検証』(自治体研究社、一九九八年)三二頁がある。
(74) 島田・前掲注(34)一三頁。
(75) この間、多数の文献が係争処理制度の問題を扱っている中で、都道府県・市町村間の問題の重要性を最初に指摘したのは、島田・前掲注(34)一四頁であり、詳細に論じているのは同・前掲注(56)であると思われる。
(76) 高木・前掲注(14)二二六頁。
(77) 塩野・前掲注(64)三〇頁。
(78) 島田・前掲注(56)一〇九頁。
(79) 木佐・前掲注(17)「地方自治をめぐる世界の動向と日本」三九頁。
(80) 同憲章の邦語訳とともに、策定経過、今後の見通しについては、廣田全男「世界地方自治憲章第一次草案の策定と今後」『経済と貿易』一七九号(横浜市立大学経済研究所、一九九九年)七三頁以下が詳しい。以下、邦訳は同論文による。
(81) 同草案は、廣田全男「(資料)ヨーロッパ地域自治憲章草案」『経済と貿易』一七七号(横浜市立大学経済研究所、一九九九年）五三頁以下による。

（82）詳しくは、村上順「フランス地方分権改革における国・地方係争処理方式（上）（下）」『自治総研』二四七号（一九九九年）九頁以下、二四八号（一九九九年）二九頁以下、クリスティアン・ドゥブイ「フランスの地方分権」『北大法学論集』四八巻六号（一九九八年）一五三頁以下を参照。

（83）成田頼明「ドイツにおける地方分権の動向」自治省編・前掲注（7）三〇頁。

（84）同右、二九頁。

（85）木佐茂男『豊かさを生む地方自治――ドイツを歩いて考える』（日本評論社、一九九六年）七六頁。

（86）ドイツのクネーマイヤー教授の指摘による。Vgl., Gerhart Wielinger, Einfuhrung in das osterreichsche Verwaltungsverfahrensrecht, 7. Aufl., 1997, S. 111 ff. また、一九九九年一〇月にシュパイヤー大学で行われたシンポジウムの際に、ドイツ人研究者はもとより、ドイツに留学中のアフリカ出身の公法研究者たちからも、日本の新システムは、とても法治国家における自治権保護制度とは言えない、との指摘を受けた。筆者による報告として、Shigeo Kisa, "Grundlegende Reform des örtlichen Selbstverwaltungsrechts in Japan," in: Rainer Pitschas/Shigeo Kisa (hrsg.), *Internationalisierung von Staats und Verfassung im Spiegel des deutschen und japanischen Staats- und Verwaltungsrechts*, Berlin, Duncker & Humblodt,（近刊）。

（87）島田・前掲注（34）八頁。

（88）例えば、西尾・前掲注（3）一七一頁、成田・前掲注（5）一〇四頁、一一八頁など。

（89）こうした問題意識から行った研究が、木佐茂男『ドイツの自治体連合組織』（財団法人北海道市町村振興協会、一九九五年）（A4判、全九七頁）である。

（90）西尾・前掲注（7）四七頁。

（91）五十嵐・前掲注（8）一二四頁。

（92）徳島市公安条例事件最高裁判決については、木佐茂男「地方自治」平場安治編『法学入門』（青林書院、一九八五年）二〇三頁以下を参照されたい。

（93）諸井・前掲注（30）一四一頁。

（94）もっとも、松本・前掲注（14）二三〇頁は、係争の頻発は当面生じないと予想されるという。

(95) 木佐茂男「訟務制度にみる公共性と法治主義(一)」『北大法学論集』四一巻五・六号(一九九一年)三七九頁以下。
(96) この点に関して、園部逸夫「地方分権と行政訴訟」自治省編・前掲注(7)一一頁以下も参照。

地方分権下における公共事業と評価手続

畠山武道

はじめに

(1) 本稿のねらい

本稿は、最近多くの議論を呼んでいる公共事業のあり方・進め方を、住民参加および評価を中心に検討しようとするものである。

公共事業をめぐっては、これまでも、税金のムダ遣い、環境の破壊、産官癒着、利権・縄張り争いなど、さまざまの問題が指摘され、改善策が議論されてきた。(1) そうした中で、最近の議論は、財政再建、行政改革などのあおりを受けて、より具体的、現実的な視点からさまざまの改革案が示されているところに特色がある。とくに最近の傾向として顕著なのが、いわゆる説明責任(アカウンタビリティ)の向上を標榜してなされている事業評価である。

公共事業に評価システムを取り入れたものとしては、北海道が一九九七年一月に導入を決定した「時のアセスメント」が有名であるが、その後、国の事業についても、当時の橋本龍太郎首相の指示を受けて公共事業の再評価および事業採択段階における費用対効果分析が試行的になされることになり、さらに中央省庁等改革基本法が、政策評価機能の強化(四条六号)、政策評価機能の充実強化を図るための措置(二九条)、公共事業の見直し(四六条)を明記したことにより、行政評価・政策評価は、一挙に行政改革の目玉となったといえる。(2)

こうした状況を前提として、本稿は、公共事業に関するさまざまの問題の中から、事業評価と住民参加手続を取り上げ、現状と課題を整理しようとするものである。ところで事業評価は、広義の行政評価の一環であるが、行政評価についても、最近さまざまの議論がされている。(3) しかし、行政評価の手法等を本格的に検討するためには、行政学、経営学、政策科学、財政学、経済学、環境科学など、多岐にわたる知見が必要であり、筆者の能力にあまる作業といわざるをえない。したがって、本稿は、行政評価一般の現状や課題を扱うものではなく、公共事業の法的な規制手段の一つとして評価制度を取り上げ、その現状、役割、問題などを検討しようとするものにすぎないことをお断りしておく(4)。

本稿の結論を要約すると、現在の公共事業手続に欠けているのは、基本計画策定段階における住民参加、情報公開、議会の関与などであり、事業評価はそれらの欠陥を是正するための手段のひとつとなりうること、現在主流となっている費用便益分析を中心とする事業評価は、手法として未完成であり、現状では事業の開始・中止を判断するための手法とはなりえないこと、したがって、事業評価制度は、当面、情報提供・情報公開の手段として機能すべきであり、そのためにも住民参加手続の整備がいっそう急がれるべきであるというものである。

(2) 地方自治体と公共事業

ところで、これまでの公共事業をめぐる議論は、ダム、河川改修、農地造成、干拓、空港建設など、国の大規模プロジェクトが中心であった。しかし、今後は地方分権の進行とともに地方自治体における公共事業のあり方が大きな争点になることが予想される。その背景を整理しておこう。

第一は、財政危機のもたらす影響である。地方自治体が実施する公共事業には、補助事業と単独事業がある。地方自治体は、これまで公共事業批判の直接の矢面に立つことなく、むしろ一部の住民と一緒になって国の直轄事業・補助事業の誘致に奔走してきた。しかし、最近の厳しい財政事情の中で、国(建設省、運輸省、農水省等)は、直轄事業はもとより、補助事業についても厳しい絞りをかけてきており、自治体はいやがうえにも、事業の選択を迫られつつある(5)。

また、財政的にも、自治体は補助金目当てに不必要な事業を次々と抱え込み、財政負担が軽視できない水準にまで達している。比較的小規模な事業が中心であった単独事業についても、その財源を地方債に求めたために、各地で地方債負担比率が高まり、多くの自治体で「危険ライン」といわれる一五％をこえている(地方債は公共事業だけのために発行されたわけではないが、公共事業が最も大きな比重を占めている)。

こうして安易に補助金や地方債に頼った公共事業費の負担は、明らかに限度に達しており、公共事業の選別は避けて通ることのできない緊急の課題といわざるをえないのである。

第二は、地方分権の推進がもたらす影響である。中央省庁等改革基本法四六条は、「国が直接行うものは、全国的な政策及び計画の企画立案並びに全国的な見地から必要とされる基礎的又は広域的事業の実施に限定し、その他の事業については、地方公共団体にゆだねていくことを基本とする」「国が個別に補助金等を交付する事業は、国の直轄事業に関連する事業、国家的な事業に関連する事業、先導的な施策に係る事業、短期間に集中的に施行する必要がある事業等特に必要があるものに限定」すると明記している。

一九九八年一一月一九日、地方分権推進委員会は第五次勧告を公表し、それを受けて地方分権推進会議は、一九九九年三月二六日、第二次地方分権推進計画を決定した。地方分権推進委員会の第五次勧告をめぐっては、建設省等が権限委譲に猛反対し、第二次地方分権推進計画も期待はずれに終わったという意見が強いが、推進計画では直轄事業は「全国的な見地から必要とされる基礎的又は広域的事業に限定し、それ以外は地方公共団体にゆだねる」ことや、統合補助金を創設し、地方公共団体が実施すべき具体の事業個所・内容等を定め補助金を申請するシステムの導入が盛られており、自治体の決定権限・裁量権限が増加することは疑いがない。

自治体は、これまで国の事業であることを口実にして、事業の必要性の点検や住民参加の実施を怠ってきたが、今後は、地方の実状を重視し、必要な事業と不必要な事業を厳しく選別する責任が自治体に課されることになる。

第三に、各地で進んでいる自治体行財政改革の影響である。今日、大部分の自治体が行財政改革に取り組んでおり、事務事業の総点検、組織改革、人員削減などの試みがなされている。公共事業は、地域振興の切り札として常に右肩上がりの膨張を続けてきたが、聖域とされてきた公共事業に対しても大ナタをふるうことが不可避となりつつある。しかも、環境破壊、事業の必要性、規模・予算などが正面から問われる国の大規模公共事業とは異なり、住民生活に密接した地方自治体の現場では、公共事業が独立して問題とされているのではなく、身近な環境の保全、アメニティの向上、住民参加、情報公開、まちづくりなど、住民の生活全般と連動した公共事業のあり方・進め方が問われているのである。

本稿では、まず、これまで地方自治体の公共事業を手続・予算の両方から拘束してきた国の公共事業の主要な手続とその問題を概観し(一、二)、さらに最近の国および自治体における公共事業見直しの成果を検討し(三、四)、最後に公共事業評価の現時点におけるあり方について検討(五)することにしよう。

一　公共事業と長期計画

(1)　長期計画の作成

公共事業の主役は国である。国の公共事業には、長期にわたり莫大な資金が投下されるが、公共事業の財政規模・予算はどのようにして決定されるのであろうか。

公共事業の将来の実施目標、事業の量などを定めるのが、個別事業ごとに作成される公共事業関係長期計画で

ある。現在、作成されているのは、道路整備五カ年計画（道路整備緊急措置法二条）、住宅建設五ヵ年計画（住宅建設計画法四条）、下水道整備五カ年計画（下水道整備緊急措置法三条、現在は七カ年計画）、廃棄物処理施設整備計画（廃棄物処理施設整備緊急措置法三条）、都市公園整備五カ年計画（都市公園整備緊急措置法三条）、港湾整備五カ年計画（港湾整備緊急措置法三条）、治山治水事業五カ年計画（治山治水整備緊急措置法三条）、漁港整備計画（漁港法一七条）、土地改良長期計画（土地改良法四条の二）、沿岸漁場整備開発計画（沿岸漁場整備開発法三条）、特定交通安全施設等整備事業七カ年計画（交通安全施設等整備事業に関する緊急措置法七条）などである。

そのほか急傾斜地崩壊対策事業五カ年計画、海岸事業五カ年計画、空港整備五カ年計画のように、根拠法令がないままに閣議決定され、それが拘束力をもっている例さえある。(6)

これらの長期計画は、事業ごとに作成され、しかも、総枠がその前の計画と比較して常に増加しているために、この長期計画に基づいて公共事業（予算）が無限に拡大していくという構造になっている。そこで、公共事業評価のためには、まず長期計画の策定のあり方を考える必要がある。ここでは、公共事業の代表例である道路建設に関する道路整備五カ年計画を考えてみよう。

(2) 道路整備五カ年計画の内容

道路整備五カ年計画は、道路整備緊急措置法二条により策定される高速自動車国道、一般国道等の新設、改築、維持・修繕に関する計画である。道路整備五カ年計画では、五カ年に行うべき道路の整備の目標、五カ年に行うべき道路の整備の事業の量が定められる。現在は、第一二次五カ年計画（一九九八年五月・閣議決定、期間は平成九年〜一四年）がスタートしており、一般道路事業、優良道路事業、地方単独事業などを合わせて七八兆円の予算が承認されている。これは、第一一次計画に比べ、〇・三パーセント増である。

この第一二次五カ年計画では、整備目標として高速自動車国道、本州四国自動車国道、首都高速自動車道、阪神高速自動車道、指定都市高速自動車道、一般国道、主要地方道などの整備延長が種類ごとに細かく定められており、各々の整備事業費の総額も定まってしまう。この五カ年計画は、長期計画とはいいながら、とくに数が限定されている自動車国道、自動車道などについては、五年間の細かな区域と予算額をほぼ確定させるものといえるだろう。

しかも、この計画が確定されると、政府は、揮発油税および石油ガス税の収入、その他の収入を、道路整備五カ年計画を実施するための財源に充てなければならない(同法三条)。したがって、道路整備五カ年計画は、五年を単位として建設省の道路事業予算を一括承認するものであり、五カ年計画に基づき予算案が作成されている限り、国会は関与の余地がないということになる。

(3) 道路整備五カ年計画の策定手続

では、この道路整備五カ年計画は、どのような手続を経て作成されるのか。この法律の特色は、建設大臣が五カ年計画の案を作成し、閣議で決定することとしていることである[7]。

この法律の前身である道路整備の財源等に関する臨時措置法は、五カ年計画を国会が承認するものとしていたが、新法制定を機会に、計画決定権限が、国会から閣議に移されたのである。建設大臣は、五カ年計画の案の作成にあたり、運輸大臣、経済企画庁長官、国土庁長官と協議するが、住民や地元自治体から意見を聴くための手続は設けられていない。法律上、計画策定に関与する唯一の第三者機関は道路審議会のみである。道路審議会の関与は、道路法七九条に基づくもので、同条によれば、道路審議会は、後にみる国土開発幹線自動車道路建設審議会(国幹審)の権限に属する事項を除き、道路整備計画、国道路線の指定、道路の構造・工法、その他道路に関

する制度を調査・審議するために設置された審議会で、現在の委員は二五名以内となっている。(8)

都道府県・市町村の意見を聴く手続は定められていないが、国道の場合は、自治体が誘致に熱心であり、都道府県は、アンケートへの回答、聴聞、意見書提出(要望)、事前協議など、さまざまの形で積極的な活動をしているのが普通である。

現在の第一二次道路整備五カ年計画は、一九九八年五月に閣議決定されたものであるが、高まる批判に配慮してか、道路審議会の答申「道路政策変革への提言――より高い社会的価値をめざして」の提言を踏まえ、さらに六三地域で一九五回に及ぶ地域懇談会を実施し、全国一三万人からの意見をもとに作成されたものであることが強調されている。(9)

(4) その他の長期計画

その他、冒頭で示したように、多数の公共事業関連の長期計画があるが、内容や策定手続は大同小異であり、主務大臣が他省庁と協議しながら計画の案を作成し、閣議決定するという方法をとっている。また、計画が決定されると予算確保が義務づけられ、国会の予算審議が素通りとなる点も同じである。(10)ただし、個別事業がどの程度確定した時点で五カ年計画にのせられるのかは、各計画によってまちまちで、大部分の公共事業は、五カ年計画確定後に、具体的な事業区域、事業個所の決定(個所付け)がなされ、大蔵省との折衝を経て予算に組み込まれ、国会の承認を得ると、実際に着手されることになる。また、国会で審議されるのは、予算書記載の「部・款・項・目」のうち、「項」以上のところであり、しかも、「項」や「目」にも特定事業の名称は登場しない。予算が成立した翌日の地方紙等をみないと、具体的な事業個所は、国会議員にもわからないのである。(11)

(5) 改革の動き

以上からわかることは、実質的に五年間の予算承認と同じ意味をもつこれらの計画が、道路審議会の答申に基づいてはいるが、実際には、建設省の政策的な裁量によって一方的に定められ、予算審議権を有する国会さえ、計画決定に関与する機会がないということである。

では、莫大な事業予算を決定する各種の長期計画を、開かれた場で議論し、多様な利害関係者の意見を反映させるようにするためには、何が必要か。

第一に、民主党が一九九七年第一四〇国会に議員立法として提出した公共事業コントロール法案が注目に値する。例えば、そのひとつである「道路整備緊急措置法」改正案では、道路審議会の審議および配布資料の公開、道路審議会による公聴会の実施、建設大臣に対する意見書の提出、道路整備五カ年計画の国会による審議・承認、建設大臣による五カ年計画の案の原案の一カ月の縦覧と公衆からの意見書提出、意見書の概要の国会提出、都道府県が市町村の意見を聴いて作成・提出した資料の斟酌、計画終了後の事後評価実施と報告書の国会提出などを定めている。(12)

第二に、これに対して建設省は、道路整備五カ年計画の策定にあたり、先にみた道路審議会の答申、地域懇談会、全国一三万通の意見書などによって公衆参加(パブリック・インボルヴメント)を図ったものとしている。しかし、地域懇談会や一三万通の意見書が、住民の意向を正確に反映しているかどうかには大いに疑問がある。繰り返しになるが、高速自動車国道、一般国道、主要地方道などの整備延長は、地元が潤う公共事業の代表例として、地元自治体、建設業者、政治家などが誘致や国道昇格に奔走してきたのであって、地域懇談会参加者や大量の意見書の多くは組織動員によるものと解するべきである。むしろ、こうした伝来的な組織動員型・癒着型の意思決定プロセスをどれだけ改革できるかが焦点となるべきなのである。

また、建設省の「公共事業の説明責任(アカウンタビリティ)向上行動指針」(一九九九年二月)[13]は、説明責任向上のための具体的措置として、①情報の共有化とコミュニケーションの推進、②社会資本に関する論点の明確化と臨機の対応、③すべてのプロセスにおける評価の明確化、④公共調達の不断の改革継続を掲げ、②については、「長期計画策定への国民参加」として、「五カ年計画等長期計画に関する情報共有を進め、策定過程への国民の意見を反映できるシステムを推進する。長期計画策定においてPI手法を活用し、「河川整備計画」決定に類する国民参加の手続を他事業においても検討する」と述べている。そこで、モデルとされた「河川整備計画」の策定手続がいかなるものかが問題となる。この点は後に検討しよう。

二　公共事業と住民参加手続

ところで、長期計画は事業の長期目標や予算の総枠を定めるものであり、これだけでは、個別の事業の内容が確定しない。実際に実施される事業の種類、規模、位置などは、個々の法律に定める要件・手続に従って定められることになる。ここでは、代表的な公共事業である道路建設、河川事業、ダム事業、土地改良事業、公有水面埋立事業を取り上げ、公共事業手続の現状と問題点を探ることにしよう。

1　高速道路の建設

(1)　高速道路建設手続の概要

道路の建設および管理に関する基本的な事項を定めた法律が道路法である。道路法によれば、道路は、(イ)高速自動車国道、(ロ)一般国道、(ハ)都道府県道、(ニ)市町村道の四つに区分される。そのうち高速自動車国道については、別に高速自動車国道法があり、大部分の事項は、実は高速自動車国道法で定められる。しかし、首都高速道路、阪神高速道路、京葉道路、箱根新道などは自動車専用道路と称して高速自動車国道とは区別されており、道路法に必要な規定が置かれている。ここでは、高速自動車国道を取り上げ、その建設手続をみることにする。[14]

まず、最も重要な高速自動車国道の路線は、政令で指定される。路線の指定方法には、①高速自動車国道法三条三項の規定により告示された予定路線のうちから政令で指定する方法、②国土開発幹線自動車道の予定路線のうちから政令で指定する方法の二つがある。

①の高速自動車国道法による予定路線は、建設・運輸大臣が立案し、国土開発幹線自動車道路建設審議会(以下、「国幹審」という)の議を経た後に、内閣の議を経て、決定する。次に、建設・運輸大臣が、予定路線のうちから路線を政令で指定するが、この場合にも、あらかじめ国幹審の議を経なければならない。

②の国土開発幹線自動車道については、別に国土開発幹線自動車道建設法が制定されており、あらかじめ法律別表に定められた予定路線の中から、内閣総理大臣が国幹審の議を経て、建設を開始すべき路線(建設線)の建設に関する基本計画を決定する。この決定された基本計画は公表され、公表された計画については「利害関係を有する者」がその意見を申し出ることができる(同法五条三項)。建設・運輸大臣は、意見の申し出があったときは、

それを斟酌し、必要な措置をとらなければならないものとされている(同法五条四項)。

こうして高速自動車国道の路線が指定されると、建設・運輸大臣は、国幹審の議を経て、道路の整備計画を定め、道路公団に対して工事実施計画書の作成を命じる(施行命令という)。道路公団は、施行命令に従い図面(工事実施計画書)を引き、出来上がると建設・運輸大臣に提出して、その認可を受ける。こうして正式に工事実施路線が決定し、地元説明、設計協議、用地買収、補償交渉などを経て工事着工という段取りになる。

(2) 国土開発幹線自動車道建設審議会の役割

こうして見ると、路線の指定にあたり、地元市町村や住民が関与する機会は、国土開発幹線自動車道建設法五条三項の利害関係者の意見表明しかなく、それもすでに決定された基本計画に対するものにすぎない。したがって、路線指定にあたり地元市町村・住民の意見を事前に聴取する機会はないに等しい(15)。

他方で大きな権限を与えられているのが、国幹審である。すなわち国幹議は、予定路線の決定、国土開発幹線自動車道路基本計画の決定、路線の指定、整備計画の決定のすべてに関与することになっている。そこで、国幹審の構成をみてみよう。

国幹審は、内閣総理大臣を議長とし、関係行政機関の長(関係省庁の大臣)一〇名、衆議院議員八名、参議院議員六名、学識経験者八名からなる。国幹審は、通常の審議会のように定期的に開催されるのではなく、二、三年ごとに一度、路線指定の必要があれば開催される。構成からわかるように、国幹審の構成は、大臣、衆参議員からなる政治家が二四名を占め、学識経験者は八名である。学識経験者は添え物にすぎず、道路建設に深く関わる議員の集まりといってよく、われわれが通常思い浮かべる審議会のイメージとはまったく異なる。国幹審は、高速自動車国道の建設に利害関係をもつ大臣や国会議員の集まりであるというのは、いいすぎであろうか。すくなくとも、これを住民参加手続と解するには、明らかな無理がある。

(3) 問題の所在

このように、高速自動車国道の建設手続では、最も重要な路線の指定に、地域における環境や生活に最も大きな利害関係を有するはずの住民が関与する余地は残されておらず、自治体の長や経済界、建設業界などの依頼を受けた国会議員が奔走し、路線が定まることになる。住民に対する説明は、道路公団に対して工事実施計画が認可され、工事着工の路線が正式決定した後であり、説明といっても、せいぜい道路公団による説明会やパンフレットの配布がなされるにすぎないのが現状であろう。[16] しかし、道路公団は、実際には建設省の命令に従って工事を実施する下部機関にすぎず、道路公団に住民の意見を取り入れて計画を変更する権限があるわけではない。また、この段階になると、土地の買収、補償、工事の受注などが本格化し、事業内容を変更することはほとんど不可能である。

2 河川の改修

(1) 河川改修手続の概要

河川改修工事に関する手続は、一九九七年の河川法の改正により若干の手直しがされた。ここではまず改正前の手続を紹介し、次いで改正河川法の内容を検討することにしよう。

一九九七年改正前の河川法では、河川改修事業に際し(東京にある)河川審議会への諮問を除くと、住民参加の手続は、まったく定められていなかった。すなわち、河川管理者は、その管理する河川について計画高水流量、基本高水、主要な地点における計画高水流量、主要な地点における計画高水位、計画横断形、主要な工事や河川管理施設の機能の概要などを、あらかじめ工事実施基本計画によって定めておかなければならないとされていた(改正前の河川法一六条、施行令一〇条)。

専門的な言葉が並ぶのでわかりにくいが、この工事実施基本計画は、予想される水害の大きさ、堤防やダムで処理する予定の水量(雨量)、個々の河川やダムが洪水のときに受け持つ水量など、流域の河川管理に必要な基本的事項を定めるもので、必要な河川工事・ダムの種類、規模、施設が処理する水量の分担などが、この基本計画によっておおよそ定まってしまう。しかも、建設大臣は、工事実施基本計画を定めるにあたり、河川審議会の意見を聴かなければならない(一六条四項)という規定があるだけで、工事実施基本計画の内容を行政的・政治的な裁量によって自由に定めることができたのである。

工事実施基本計画が決定されると、それ以後の作業は、もっぱら役所の内部で進行する。建設省地方建設局河川部河川計画課や河川工事課で事業計画、実施計画が作成され、予備調査、実施計画調査、予算折衝、個所付け、国会の予算審議などを経て事業の具体的実施が確定する。それと前後して、地元の協議、町内会等に対する説明会などがなされ、さらに環境影響調査などがなされる。

(2) 外部の者の意見を聴かずに進められる事業手続

こうして見ると、従来、河川工事の過程で、事業計画が公に検討されるのは、河川審議会のみであった。しかし東京で年に二、三回開催される河川審議会は、個々の河川(水系)の工事実施基本計画の妥当性を審議するのが目的ではなく、長期的な観点から、国土全体のバランスを考慮し、基本高水、計画高水流量配分等、抽象的な事項を科学的・客観的に定めるものとされている。したがって河川審議会では、国土全体のバランスという観点から多数の基本計画が一括審議され、個々の計画の細かな審議はなされないのが建て前である。すなわち、工事実施基本計画は、ある地域の河川の将来を実質的に左右する大きな計画であるにもかかわらず、作成過程で地元市町村、住民の意見を聴くこともなく、全国的なバランスだけで定められてしまうのである。

それ以後は、住民が作業の進捗状況、調査の内容を知ったり、事業設計図を閲覧したりすることはできない。事業着工前に地元説明会やパンフレットの配布がなされるのはまだ良い方で、工事の種類によっては工事着工後になってはじめて住民や環境団体が工事の内容を知るということになる。

(3) 千歳川放水路計画にみる従来型手法の破綻

河川改修をめぐって、長良川河口堰、吉野川第十堰をはじめとして、全国各地で紛争が生じているが、問題発生の原因は、地域社会、環境、経済に大きな影響を与える大規模な河川改修工事を、行政内部の担当官が地元自治体や地域住民の意向を十分に考慮することなしに決定し、河川審議会を通した後はもっぱら地元説得や既成事実の積み重ねによって強行するという事業の進め方にある。こうした強引な手法は最近各地で行き詰まりをみせているが、その典型例が千歳川放水路計画である。この計画は、北海道では語りつくされた話題ではあるが、全国的には十分に知られた計画ではないので、ここに簡単に紹介しておこう。

千歳川放水路計画は、現在北上し、石狩川に合流し(日本海に流入し)ている千歳川を、洪水時には、約四〇キロメートルの放水路を使って南下させ太平洋に放流しようという壮大な計画である。この計画は、一九八一(昭和五六)年八月、五六水害と呼ばれる大洪水が千歳川流域、石狩川の合流地点で発生したのを契機に浮上し、半年後の八二年三月には、放水路計画を盛り込んだ「石狩川水系工事実施基本計画」が河川審議会で了承されて決定した。その後、この計画は鳴りを潜めていたが、八四年六月、国（北海道開発庁、建設省）は、秋までにルートを決定したい旨を宣言し、関係市町、団体と非公式な接触を開始した。しかし、放水路のルートは容易に決まらず、八七年六月になって、東ルートに決定していることが明らかとなった。しかし、苫小牧《とまこまい》市、漁業団体、自然保護団体の反対が根強く、北海道も九二年六月、知事意見書を公表して、美々《びび》川流域の自然環境・景観の保護等の注文をつけることとなった。そのため、北海道開発局は膨大な経費を用いて九四年七月、工事の正当性を訴える大部の技術報告書を作成し、多数の団体や住民に配布した。しかし、漁業団体が同意せず、膠着状態が続いたことから、北海道開発局は、北海道が主催して円卓会議を開催することを提案したが、漁業団体・住民団体が反発して会議を設置できず、結局、北海道開発局は北海道知事の判断に委ねることを言明した。知事の私的諮問機関・千歳川流域治水対策検討委員会は、約二年の検討の末、九九年六月、放水路中止・新たな総合治水対策の推進を内容とする答申をまとめ、七月二七日、北海道知事は放水路計画中止の意見を国に提出した。これを受けて、九九年七月三〇日、国は放水路計画の中止を正式に表明し、一七年間続いた論争に終止符が打たれた。

　千歳川放水路計画については多数の争点があるが、ここでは、計画内容がもっぱら建設省内部で決定され、その後で地元自治体、漁業団体、住民、自然保護団体に十分な根拠を示さないままの説得や既成事実づくりを先行させるという伝統的手法の繰り返しであったことを指摘できる。国が放水路計画策定の根拠、他の治水対策との相互比較、環境保全対策などをやや詳しく明らかにしたのは、工事実施基本計画が決定されてから一二年を経過した九四年七月の技術報告書においてである。放水路計画は、地元苫小牧市、漁業団体が計画に同意せず、北海道も慎重姿勢に終始したことなどが作用して計画中止に追い込まれたが、従来の公共事業にみる強引な手法が破綻した典型的な事例といえる。

3 ダムの建設

(1) 特定多目的ダムの建設手続

河川改修と並んで世論の評判の悪いのがダムである。しかし、ダムにはいくつかの種類があり、管理主体や建設手続もそれぞれ異なる。ここでは、①建設省が自ら建設する特定多目的ダムと、②水資源開発公団が建設するダム・堰を取り上げよう。

まず、①の特定多目的ダムは、建設省の直轄ダムである。[17] 特定多目的ダムの建設にあたっては、建設大臣が基本計画を作成する。基本計画では、ダムの位置、規模、貯留量、ダムを使用する予定の者(ダム使用権者)、国、都道府県、事業者などの負担する費用の概算、水の配分などが定められる。

(2) 知事以外の者が意見をいう機会はない

基本計画の内容は、地域住民、自治体、事業関係者に大きな影響を与えることから、関係者の意見を聴くための一応の手続が置かれている。すなわち、建設大臣は、基本計画を作成し、変更し、または廃止しようとするときは、あらかじめ関係行政機関の長に協議するとともに、関係都道府県知事およびダム使用権の設定予定者の意見を聴かなければならない(特定多目的ダム法四条四項)。都道府県知事の同意の手続について、とくに法律上の規定はないが、通常は都道府県議会の議決に基づき知事が同意する。

特定多目的ダム建設について地元自治体が意見をいう機会は、これだけである。しかし、知事は事前に建設省から打診を受け、あるいは種々の事前交渉を通じて内々の意思を伝達しているのが普通であり、議会への根回しも終了しているので、意見照会の段階で、知事が計画に同意しなかったり、都道府県議会が反対決議をしたりすることはありえない。

とくに大きな問題は、水没したり移転を余儀なくされる地元市町村や住民が意見をいう機会が設けられていないことである。実際のダム建設は、構想から完成まで二〇~三〇年を要し、初期の段階から地元市町村長、議会関係者、地権者等への働きかけ、説得、根回しが頻繁に行われる。また、ダム建設同意書への調印、用地買収承諾書への調印、補償交渉、代替地造成、移転などが並行してなされるのが普通で、地元住民が知らぬ間に計画が進行するということはない。しかし、国が進め、知事が後押しするダム建設に地元市町村が反対するのは実質的には困難であり、国と都道府県・市町村の意見が対立した場合に、それを調整するための手続もない。

基本計画が作成され、公示されて後の事業計画の作成手続は、河川改修の場合と同じである。もっぱら建設省地方建設局の内部で作業が行われ、予備調査、実施計画調査、予算折衝、個所付け、国会における予算審議などを経て工事のスタートが確定する。

(3) 水資源開発公団がつくるダム・堰による河川工事

次に②の水資源開発公団がつくるダム・堰の場合には、やや手続が異なる。[18] まず、内閣総理大臣は、産業の開発、発展および都市人口の増加に伴い用水を必要とする地域について広域的な用水対策を緊急に実施する必要があるときは、その用水の需要を満たすため、水資源の総合的な開発および利用の合理化を促進する必要がある河川の水系を指定する(水資源開発促進法(以下、「促進法」という)一条・三条)。

水資源開発水系は、内閣総理大臣が、関係行政機関の長に協議し、関係都道府県知事および水資源開発審議会(促進法六条)の意見を聴き、さらに閣議の決定を経たうえで指定する(促進法三条)。[19]

次に内閣総理大臣は、水資源開発水系の指定をしたときは、水資源開発基本計画を決定する(促進法四条一項)。基本計画を決定するにあたり、水資源開発水系の指定のときと同じように、関係行政機関との協議、関係都道府県知事および水資源開発審議会の意見、閣議決定の手続を経なければならない(促進法四条二項)。基本計画では、水の用途別の需要の見通し、水供給の目標、建設される施設に関する基本的事項、その他の重要事項が定められる。

それ以後の手続は、道路公団の場合と同じである。主務大臣は、ダム・堰などの施設を新築しようとするときには、水資源開発基本計画に基づき事業実施方針を定め、これを水資源開発公団に指示する(施行命令という)。この事業実施方針を定めるときにも、主務大臣は、関係行政機関との協議、関係都道府県知事の意見聴取の手続を経るとともに、公団にこれを指示したときは、その概要を公表しなければならない(公団法一九条一項)。

施行命令が出されると、水資源開発公団は、事業実施方針に基づき詳細な事業実施計画を作成し、大臣からの認可を得ると、工事に着手する。水資源開発公団は、水資源開発基本計画に定められたダム、河口堰、湖沼水位調節施設、多目的用水路、専用水路などを建設するために一九六二年に設立された一〇〇パーセント政府出資の特殊法人であるが、右記よりわかるように、もっぱら建設省の指示に従い作業を分担するにすぎず、建設省の下部機関と実態は変わらない。

(4) 知事には意見をいう機会があるが

特定多目的ダム(直轄ダム)と公団施行ダムを比較すると、公団施行によるダム・堰等の場合には、計画が何度か水面に顔を出し、その都度、知事は意見を述べることができる。すなわち、知事は、内閣総理大臣が、水資源開発水系を指定するとき、水資源開発基本計画を決定するとき、主務大臣が事業実施方針を定めるとき、水資源開発公団が事業実施計画を作成するときに、それぞれ意見を述べることができる。しかし知事の意見に拘束力はなく、建設大臣は知事の同意がなくても事業実施計画を認可することができる。また、地元市町村や住民も、その都度、知事を通して計画や方針の内容を知り、知事に意見を述べることで知事意見に一定の影響を与えることができる。しかし、地元市町村や住民の意見聴取は法律によって義務づけられたものではなく、議会や市町村長の反対決議・反対意思表示には何の法的効果もない。

例えば、長良川河口堰の場合、一九六八年に長良川河口堰を盛り込んだ木曽川水系水資源開発基本計画が閣議決定されたが、その前後に上流側の平田町議会、海津町議会が反対決議をしている。そのため岐阜県知事も基本計画に簡単には同意できず、堰建設に関する多くの疑問・問題点を指摘している。しかし、建設省は七一年には事業実施方針を公団に示して事業実施を命じ、七三年七月、水資源開発公団と関係知事が公団法に基づく協議を開始するとただちに事業実施計画を認可している。こうした既成事実の積み重ねと強引な地元説得の前に、七八年九月、平田・海津両町議会が計画同意を決議し、同月、岐阜県知事も計画に同意した[20]。ここには、地元市町村や知事の意思とは関係なしに建設省が法的な手続を進行させ、既成事実を積み重ねていくという旧来的な手法と、知事や地元市町村の意見が何の拘束力ももちえないという実態が見事に示されている。

4　土地改良事業

(1)　土地改良事業手続の概要

土地改良事業は、かんがい排水事業、圃場整備事業、農道整備事業、農用地開発事業、防災事業などを含んだ巨大な公共土木事業であり、農水省の公共事業の大部分を占める。[21] 土地改良事業は、実施主体によって、国営事業、都道府県営事業、団体事業などに分かれる。ここでは、国営農用地開発事業を中心にみることにする。[22]

国営農用地の造成は、法定手続以前の手続と法定手続とに分かれる。すなわち、市町村長は、地元関係者、関係行政機関、農業団体などを集めて開発協議会を設立し、関係者の同意を得るなどして、農地造成事業計画の概要、営農計画の概要、資金計画の概要などを定めた農地開発基本計画の概要書を農水大臣に提出し、基本計画の樹立を申請する。権利者の同意や大まかな利害調整などは、この段階ですんでいるといってよい。基本計画の樹立が承認されると、市町村長は権利者の同意書や内諾書を農水大臣に送付し、地方農政局長(北海道の場合は北海道開発局長)による基本計画作成が開始される。これらの手続についても法律に定めはなく、もっぱら農用地開発事業実施要領という訓令に基づき、手続が進行する。その結果、基本計画の内容が要領の掲げる要件に適合すると判断されたものについて、計画の承認がされる。以上が法定手続以前の手続である。

こうして事業実施に必要な地ならしが終わると、最後の仕上げとして、市町村長の意見、概要公告、議会や改良区総会の議決、権利者の三分の二以上(農用地開発事業の場合は全員)の同意、三条資格者の同意(土地改良法八五条二項・三項、九六条の二ほか)などの手続がとられる。さらに事業計画に対する利害関係人の異議申立などの手続も整備されている。

(2) 法律上の手続は形式にすぎない

土地改良事業手続は、法定手続以前の手続と法律に定められた手続とに区分され、農地造成事業計画、営農計画、資金計画などは、市町村長による基本構想の作成や農政局長による基本計画作成の段階で終了済みである。したがって、その後の法定手続は、事業計画を法律に適合させるための形式的なものにすぎず、この段階で市町村長、議会、改良区が国の計画に同意しない(不同意)ということはありえない。また、事業申請の段階で権利者の同意が得られなければ、そもそも事業申請自体がなされないのが普通である。

しかし、こうした法定手続以前の手続や法定手続で意見を聴取されるのは、もっぱら権利者・受益者で、一般住民、消費者、環境保護団体、他地域の住民などには、正式に手続に関与する機会は与えられていない。わずかに専門技術者の意見を求める手続があるが(同法八条二項)、これは事業の当否よりは、農業土木の観点から技術的アドバイスを受けるものである。

5　公有水面の埋立

(1)　公有水面埋立手続の概要

農用地、住宅、公共用地などの造成が海岸や湖沼を埋め立てて実施される場合には、公有水面埋立法に基づく公有水面埋立免許が必要である。そこで、公有水面埋立免許の手続を、簡単に説明しておこう。

まず、埋立をしようとする者は道府県知事の免許を受ける必要がある(公有水面埋立法四条)。免許を受けるためには、氏名(名称)、埋立区域、埋立地の用途、設計の概要、工事施行期間などを記載した願書(申請書)、および資金計画書、分譲計画書、それに環境影響評価書などの図書図面を添付しなければならない。

出願は、①国土利用上適正かつ合理的なこと、②その埋立が環境保全および災害防止につき十分配慮されたものであること、③埋立地の用途が土地利用または環境保全に関する国または地方公共団体(港務局を含む)の法律に基づく計画に違反しないこと、④埋立地の用途に照らし公共施設の配置および規模が適正なことなどの要件に該当する場合に与えられるが(同法四条一項)、さらに、埋立工事区域内に公有水面に関して権利を有する者(権利者)がいるときは、①公有水面に関し権利を有する者が同意したとき、②埋立により生ずる利益の程度が損害の程度を著しく超過するとき、③埋立が法令により土地を収用または使用することができる事業上必要なとき、のどれかに該当しなければ、埋立免許は与えられない(同法四条三項一号～三号)。

願書・添付図書は、免許権者の庁舎、市町村役場などで三週間(初日を含む)縦覧される。縦覧は、内容を閲覧させるだけで、質問に応える義務やコピー請求に応える義務はないとされている[23]。利害関係人は、縦覧期間満了の日までに、知事に意見書を提出することができる。ここでいう利害関係人は、自ら利害関係人と思う者であればよく、とくに限定はない。また、地元市町村長も、利害関係人として意見を述べることができるが、市町村長は、意見を述べるときは、必ず議会の議決を経なければならない。実際問題として、ダムや河川改修の場合とは異なり、地元市町村の反対を押し切って県が埋立免許を申請者に与えるということは通常は考えられない。地元議会や市町村長はむしろ積極的に賛成するのが普通である。

(2) 国、とくに環境庁の関与

知事は、規模の大きなものや重要な地域における埋立については、建設大臣・運輸大臣・農水大臣の認可を得なければ、免許を与えることはできない(同法四七条一項)。実際には(補助金を申請するためにも)大部分の事業について大臣との協議が必要で、知事が単独で免許を与えることのできるものは、小規模な埋立に限定される。

主務大臣の認可が必要な場合に該当し、さらに、①埋立区域の面積が五〇ヘクタールをこえる場合、②鳥獣等の生息する干潟などであって、とくに重要な地域の埋立が一五ヘクタールをこえる埋立や周辺水域の水質を著しく変化させるおそれのある埋立(同法施行令三二条の二)に該当する場合には、環境庁長官が、環境保全の見地から意見を述べることができる(同法四七条二項)。

ただし、港湾地域(漁港法の適用される漁港区を除く)でなされる埋立には、別の手続が適用される。すなわち、港湾法三条の二により、重要港湾(全国に一三三ある)の港湾管理者は、「港湾計画」を定めることが義務づけられており、埋立のためには、港湾計画の改訂が当然に必要である。そして、港湾計画は、地方港湾審議会で審議された後、審査のために運輸大臣に提出され、さらに中央港湾審議会で審議される(三条の二・第三項・五項)。環境庁の事務次官は中央港湾審議会の委員となっており、審議会(計画部会)において意見を述べることができる。ただし、環境庁の意見を反映した運輸大臣の変更意見は、勧告的な効果しか有しないものとされる。

(3) 意見書提出や港湾審議会への諮問だけで十分か

こうしてみると、公有水面の埋立について住民が参加する機会は、庁舎、市町村役場などで縦覧される免許願書に対する意見書の提出と、港湾計画の改訂のときになされる地方港湾審議会における審議だけである。しかし、意見書の内容は免許権者を拘束するものではなく、意見書の内容をどのように考慮したか、疑問や問題をどう処理したのかについて応答する義務もない。いわゆる、言いっぱなし、聞きっぱなしの一方交通である。[24]

また、港湾計画の審査は実質的には地方港湾審議会で決定されるが、地方港湾審議会は、知事や市長が強大な影響力を有しており、委員も官庁関係者、港湾・流通関係者、漁業関係者、それに少数の学識経験者で占められている。知事や市長の提案に反対や異議を述べることなど不可能なのが実態である。

とくに自然保護という観点から、わずかに機能してきたのが、埋立免許の認可に対する環境庁長官の意見や中央港湾審議会における環境庁委員の意見である。例えば、かつて織田が浜埋立計画、志布志《しぶし》湾石油備蓄基地の埋立では環境庁長官の意見によって埋立規模や位置が修正され、さらに最近、名古屋市藤前干潟の埋立計画が環境庁の反対で計画中止に追い込まれたのは記憶に新しい。また、新しい環境影響評価法の制定によって、港湾計画については、「港湾環境影響評価」が実施されることになった(環境影響評価法四八条)。この港湾環境影響評価は、いわゆる計画アセスメントの一種として注目されるものであるが、適用対象が三〇〇ヘクタールという大規模なものに限定されており、対象事業は著しく少ないのが実状である。(25)

6　都市計画事業

(1)　都市計画と公共事業

ところで、以上で取り上げた高速道路、河川、埋立造成地上の公共施設などは都市施設に該当し、都市計画に位置づけ、都市計画事業として実施することも可能である。可能であるという趣旨は、これらの施設は、(市街化区域における道路、公園、下水道を除き)都市計画事業とはせずに建設することが可能であり、都市計画に定めるかどうかも、決定権者の自由とされているからである。しかし、道路の建設に伴って用途地域を見直す場合や、公有水面の埋立によって公共施設用地や工業用地を造成するような場合には、都市計画の変更が必要である。そこで、都市計画決定における住民参加のあり方が、公共事業手続においては重要な意味をもっている。

また、建設省が一九九五年一〇月に公表した『大規模公共事業に関する総合的な評価方策検討委員会報告書』が、「都市計画手続を行っていないダム・堰、大規模放水路、一部の高規格幹線道路(国土開発幹線自動車道および一般国道の自動車専用道路)については、都市計画手続きの適用の拡大や都市計画手続きを参考とした新たなシステムの設置を図る必要がある」と述べ、都市計画手続を、地域住民への「開かれた手続」のモデルとして高く評価していることにも注目(注意)すべきであろう。

しかし、ここで都市計画決定権限は、原則として知事にあることに注意する必要がある。すなわち、このことは、国や公団が実施する事業であっても、知事が都市計画策定のための各種の手続を実施する義務があることを意味する。例えば大規模放水路や高規格幹線道路の建設などの国の事業に住民が反対している場合、住民を説得して事業を都市計画に組み入れ、事業を円滑に進める義務は知事が負うことになるのである。

(2) 公聴会は機能していない

都市計画法における住民参加手続は、都市計画の案の作成前の公聴会と都市計画作成前の意見書提出とに分かれる。すなわち、知事は「都市計画の案を作成しようとする場合において必要があると認めるときは、公聴会の開催等住民の意見を反映させるために必要な措置を講ずるものとする」(都市計画法一六条一項)。また「関係市町村の住民及び利害関係人は、縦覧に供された都市計画の案について、意見書を提出することができる」(同法一七条二項)。この利害関係人から提出された意見書は、事務局によって要旨が作成され、その要旨が都市計画審議会に提出され、審議会委員の議論の参考とされる(同法一八条二項)。

まず公聴会の手続をみよう。公聴会は、条文から明らかなように、開催を義務づけられたものではなく、「必要があると認めるとき」に開催すればよく、開催するかどうかは知事の判断である。これまでの行政実例では、公聴会は、①市街化区域および市街化調整区域に関する都市計画を定める場合、②用途地域を全般的に再検討する等都市の将来をある程度決定するような地域地区の再編成をする場合、③道路網の全体的な再検討をする場合、④その他都市構造に大きな影響を及ぼす根幹的な施設を定める場合等に、開催するものとされているが、(26) ①以外には、ほとんど開催されたことがない。建設省の先の報告書は、「地方公共団体の判断で、案を作成する段階から公聴会、説明会等を開催し、住民の意見を計画に反映させるようより徹底を図る」と公聴会開催を促しているが、これまでダム・堰、大規模放水路、高規格幹線道路などに関する都市計画公聴会はほとんど開催されたことがなく、げたをあずけられた知事が、公聴会等の開催にどの程度積極的になるのかがカギである。

しかし、この場合にも、知事は「公聴会の開催等住民の意見を反映させるために必要な措置」を講じればよいのであって、各都道府県の実務をみても、これまで公聴会は、①市街化区域および市街化調整区域に関する都市計画、②広域的・根幹的な都市計画でとくに重要なものを定める場合に実施されるにすぎず、大部分は説明会等によって代替されてきたのが実状である。

また、公聴会自体にも大きな問題がある。ここでは次の二点を指摘しておこう。まず、法律によれば、公聴会は「都市計画の案を作成するとき」に開催することになっている。実務では公聴会は「案の概要」を公表して行うことになっており、一般に「案の概要」が作成された後に開催される。しかし、「案の概要」は、大部分がすでに財務等の庁内の他の部局との調整、建設省との協議、補助金交付申請手続などを終了したものであり、簡単に変更できるようなものではない。したがって、公聴会の後で原案を大きく変更することは最初から予定されておらず、実際、そうした事例は、これまで見当たらないのである。

次に、公聴会の運営にも多くの問題がある。公聴会では公述人が意見を述べるだけで、行政に対して質問できず、行政の側にそれに応える義務もない。また、公述された意見の取扱いについて規定がなく、そこでの意見が、計画案の作成にどのように反映されるのかも不明確である。(27) こうして公聴会での陳述は、結局、言いっぱなし、聞きっぱなしになっている。また公述人の選定方法、意見陳述の時間、意見交換・質疑の方法、議事録・要旨の作成方法などにも多くの問題があり、これらの問題が、公聴会は住民の意見を聞きおくだけのセレモニーにすぎないという不満を呼び起こす原因になっている。(28)

(3) 意見書の扱い、都市計画審議会にも問題がある

次に都市計画法一七条の意見書であるが、意見書は、公告・縦覧される「都市計画の案」に対するもので、この段階になると、計画案は「案の概要」以上に細部までつまっており、大幅な手直しは技術的にも難しい。法律は、そもそもこの段階で手直しすることを予想していない。さらに意見書の提出期間も二週間と極端に短い。提出された意見書の取扱いも、意見書がそのまま都市計画審議会委員の目に触れるのではなく、事務局の作成した要旨が審議会に提出されるなど、中途半端である(同法一八条二項)。要旨の作成の過程で、事務局によって都市計画の案の内容に関連がないと判断された部分が勝手に削除されてしまい、趣旨が伝わらなくなることが、しばしば生じる。

最後に都市計画の案は、技術的な細目が決定されると都市計画審議会に付議される。これまでの慣例によると、審議会への付議は技術的な事項が大部分で、開発の必要性、規模、種類、地域への効果などは最初から審議の対象外とされている。審議会のメンバーも工学部や土木関係者などの「都市計画」の専門家が大部分で、住民代表、環境団体、社会科学系研究者などは見当たらない。また、高速道路、河川、堰、放水路のような複雑な問題を都道府県に設けられた都市計画審議会で議論するのは実際には不可能であり、結局、国の事業計画を追認する結果に終わることは最初から明らかである。

こうしてみると、都市計画には、一応、公聴会、意見書提出などの手続があるが、いずれもきわめて形式的にしか運用されておらず、とても住民参加のモデル手続と呼べるようなものではない。したがって、現在の都市計画策定手続を抜本的に改善しない限り、公共事業を都市計画手続で推進することには大きな問題があり、建設省の先の提案にはとうてい賛成しかねるのである。

7　中間まとめ

以上から、現在の公共事業手続をみると、次のような特徴を指摘できる。

第一は、事業計画策定手続や事業実施手続の不明確性、不透明性である。公共事業の手続には、表の手続と裏の手続があり、基本計画策定から、立地個所の決定、都道府県・市町村長等の同意、地元住民への説明会、用地買収などに至る手続は、法定手続外の交渉、説得、根回し、懐柔、補助金の締めつけ、政治家の介入などを通して進行する。法律の定める各種の申請、認可、長や議会の同意、計画原案の縦覧や意見書の受理、説明会、公聴会などは、すべての調整が終わった後になされる形式にすぎないといっても過言ではない。

第二は、市町村の意見を聴取する手続にも問題がある。大規模な公共事業は、大部分が国または都道府県によって実施され、市町村には決定に関与する機会がない。市町村の同意手続や意見聴取手続があるのはまだ良い方であり、市町村長が公式に意見をいう機会がまったく設けられていない法律さえ、めずらしくない。

例えば、建設省が住民参加手続のモデルとしている都市計画手続においてさえ、市町村が都市計画決定できる事項はきわめて少なく、知事の都市計画決定に関与できる機会さえ、限られている。また、一度市町村の意向をくんで決定された都市計画決定が、中央省庁の都合で一方的に変更されることもめずらしくないといわれる。

第三が、住民参加の不足である。たしかに、法律上は、意見書提出、説明会、公聴会、審議会など、いくつかの住民参加手続がある。最近の改正河川法、改正海岸法、改正森林法、環境影響評価法にも同様の定めがあり、意見書提出や説明会は国の公共事業に対する住民参加方法の定番となりつつある。しかし、これらの手続も、すでに指摘したように、実際には形式に流れ、行政の側は住民の意見に耳を傾けるふりはしているが、重要な事項で譲歩する気はないのが実状であろう。[29] 最近の住民投票条例制定運動の盛り上がりは、住民参加手続の不備や欠如に対する明確な批判の表れである。

第四は、情報公開の不足である。最近は、都道府県・政令指定都市、それに一部の市町村では、情報公開条例の制定、審議会の公開、審議会資料の公開、インターネットによる議事録公開などが進んでいるが、国の公共事業に関する情報公開は、きわめて遅れている。情報公開法が一九九九年五月にようやく成立・公布されたが、法律の施行は二年後の二〇〇一年四月であり、それまで従来の状態が続く。また、すでに情報公開制度が整備されている自治体においても、基本計画・事業実施計画策定のための文書・調査報告書・資料などは、内部意思形成文書等として非公開にされる場合が多い。[30]

第五は、審議会の形骸化である。これまで審議会が、専門家、有識者、利害関係者の意見を聴く手続として利用されてきたが、一般的な政策提言や基本方針の提言に関してはともかく、審議会が実際の公共事業に関する意思決定に影響を与えた例はほとんどないといってよい。答申原案を事務局が書き、それにいろいろの意見をいうだけで、結局、事務局案が承認されるという現在の方式を大幅に修正しない限り、審議会の役割を意味あるものにするのは困難である。[31] 審議会の構成も、役所のＯＢ、関係業界の代表、議員などが多数を占め、学識経験者、市民・消費者代表の意見が反映される可能性は低い。「中央省庁等改革の推進に関する方針」（一九九九年四月）の中の「審議会等の整理合理化に関する基本的計画」は、審議会の大幅廃止統合、審議会委員の上限三〇名、専門委員の廃止、国会議員・府省出身委員等の排除、利害関係者の意見聴取、会議または議事録の公開などを定めているが、どこまで徹底できるかが問題である。アメリカでは、一九七二年の連邦諮問委員会法一〇条が、審議会の公開、利害関係者の出席、会議録の作成と公衆による閲覧・複写、非公式な会合の禁止などを明記しており、日本の今回の改革は三〇年近く遅れているということができる。[32]

8　改正河川法をアセスする

(1)　河川法改正の趣旨

こうした観点からすると、一九九七年の河川法の改正は、大いに注目すべきものであったといえるだろう。まず、今回の改正は、河川管理の目標に「河川環境の整備と保全」という新しい目標をつけ加えるとともに、河川管理計画の作成に住民の意見を反映させるようにしたこと、河畔林の環境上・治水上の効果を認め、その保護を図ったことが中心である。

すなわち、改正前の河川法は、工事実施基本計画で基本的な事項を定め、具体的な工事の内容は事業計画や実施計画に委ねていた。しかし、これらの計画は(法律上の計画ではなく)行政の内部で作成される計画にすぎず、一般には公表されなかったために、秘密主義、住民不在との批判が絶えなかったのである。今回の改正は、工事実施基本計画を河川整備基本方針と河川整備計画の二つに区分し、河川整備計画の作成について住民の意見を聴くことにしたものである。

(2)　河川整備基本方針の作成手続と内容

まず、水系に係る河川の総合的管理を確保するために、河川整備基本方針が、水系ごとに作成される(改正後の河川法一六条一項、二項)。河川整備基本方針は、一級河川については建設大臣が、二級河川については、都道府県知事が建設大臣の認可を受けて定める(同法七九条二項一号)。その際、一級河川について建設大臣が河川整備基本方針を作成しようとするときには、河川審議会の意見を聴かなければならない(同法一六条三項)。

河川整備基本方針で定めるべき事項として法律に明記されているのは、計画高水流量のみであるが、政令によって、基本高水、主要地点の計画高水流量、主要地点の計画高水位と計画横断形に係る川幅、主要地点における必要水量が、記載事項とされている。

(3)　河川整備計画の作成と内容

河川管理者は、河川整備基本方針に沿って計画的に河川を整備すべき区間について、河川整備計画を定めておかなければならない(同法一六条の二第一項)。

すでに述べたように、これまでは工事実施基本計画によって河川工事の実施に関する基本的な事項を定め、工事実施に関する具体的な計画は、もっぱら内部的に作成され、公表されないのが普通であった。今回の改正により、工事実施に関する計画についても、法律によって作成・公表が定められたのである。また、これまでの工事実施基本計画では、すべての河川工事に関する基本事項が定められるのではなく、「主要」な河川工事についてのみ、河川工事の目的、種類、施行の場所等を記載すればよいものとされ、「主要」でない河川工事は、工事実施基本計画に記載されることもなかったのである。今回の改正によって、「主要」な河川工事に限らず、河川整備(河川工事および河川の維持)のすべてについて、河川整備計画が、住民の意見を聴いたうえで作成されることになった。この点は、一歩前進といってよいだろう。

ただし、河川整備計画が作成されるのは、河川整備基本方針に沿って計画的に実施する事業に限られ、具体的な工事が計画されていない河川の区間については作成されない。また、河川整備基本方針によらずに行われる災害復旧や部分的な改良工事も、河川整備計画への記載なしに実施できるとされている点は注意を要する。

河川整備計画で定めるべき事項は、河川整備計画の目標、河川工事の目標、種類、場所、河川管理施設の機能の概要、それに河川の維持の目的、種類、場所などである。

(4) 住民参加規定の整備

「河川管理者は、河川整備計画の案を作成しようとする場合において、必要があると認めるときは、河川に関し学識経験を有する者の意見を聴かなければならない」(同法一六条の二第三項)。同じく河川管理者は、「必要があると認めるときは、公聴会の開催等関係住民の意見を反映させるために必要な措置を講じなければならない」(同法一六条の二第四項)。これが、いわゆる住民参加規定であって、今回の改正の目玉とされているものである。

ここでいう学識経験者は、建設省の解説書では、「この場合の学識経験者は、全国的な視野に立って河川整備の最終的な目標について審議するのとは異なり、当該河川の具体的な河川工事等について定める河川整備計画に関し意見をいう者であるから、当該河川に関し学識経験を有する者であることが重要である。具体的には、当該河川に関し学識経験のある河川工学のみならず、環境、都市計画、利水等の専門家等である」[33]と述べられており、「必要な措置」としては、公聴会のほか、説明会の開催、公告・縦覧・意見書の提出、説明書の配布、インターネット等のほかに、河川管理者が適宜判断すべきものとされている[34]。

最後に河川管理者は、河川整備計画の策定前に、関係都道府県・市町村の長の意見を聴かなければならない(同法一六条の二第五項)。関係自治体の長からの意見聴取は、住民からの意見聴取が「必要があると認めるとき」に限られるのに対し、すべての場合に必ず実施しなければならないものであり、この規定によって、とくに市町村の法律上の地位はかなり改善されたものといえる。

(5) 改正法の問題点

今回の改正は、①河川整備計画を法律上の計画とし、公表することとしたこと、②計画作成への住民参加を定めたこと、などの点で評価される。しかし、以下の点について疑問が残る。

第一は、河川整備基本方針の作成については、河川審議会への諮問を除くと、住民や自治体の長の意見を聴く手続がないことである。建設省は、この点を「河川整備基本方針について、地域の意見反映のための手続を義務づけていないのは、これが、長期的な観点から、国土全体のバランスを考慮し、基本高水、計画高水流量配分等、抽象的な事項を科学的・客観的に定めるものであるからである。ダムや堰など具体的な計画は、河川整備計画として、地域の意見を聴いて策定することとしている(35)」と説明している。

しかし、これまでの例からいうと、基本高水や計画高水流量配分等によって地域の治水対策の基本方向は大方定まってしまうのであって、これらの事項を地域の意見と関係なしに定めうるという論理には明らかに無理がある。むしろ、河川整備基本方針の策定段階からの住民参加を工夫すべきであり、全国的なバランスを理由に住民参加を否定するのは本末転倒の議論である。

同様に、二級河川について都道府県知事が河川整備基本方針を作成しようとするときには、都道府県河川審議会の意見を聴かなければならない(同法一六条四項)。しかし、都道府県が河川審議会を置くかどうかは任意とされており(同法八六条)、河川審議会が置かれていないときには、この手続を経る必要がない点も問題である。

第二に、どのような事項が河川整備計画として定められ、公表されるのかも明らかではない。すなわち、河川整備計画に定めるべき事項は、法律・施行令に明記されているが、建設省の見解では、「河川整備計画は、当該河川の当面の段階的な整備の計画を定めるものであり、地域の意向を反映して、治水、利水、環境の総合的な観点から定めるものであり、その内容は、河川整備計画を定める区間全体の河川整備の目標、内容がわかるものを考えており、個別事業の詳細な計画を定めることは予定していない[36]」と明言するからである。したがって、河川整備計画で定められるのは、区間全体の河川整備の目標、河川工事や河川管理施設の概要などの一般的事項であって、実際の事業の細かな位置、規模、構造、意匠、工事の方法、周囲の自然環境、野生生物、樹林帯(河畔林)の保全対策などは、依然として明らかにされないおそれがある。

そうするとこれらの詳細事項は、これまでと同じように河川整備計画ではなく、それとは別の工事実施計画で定められることになり、結局、具体的で詳細な中身は役所のブラックボックスの中で秘密裡に定まるという旧来の図式が改善されないままに残ることになる。

第三に、住民参加については、住民意見の聴取のタイミングが、「河川整備計画の案」を作成しようとする場合、すなわち河川整備計画の原案が作成され、原案から案を作成する段階で、なされることが注目される。この点について、建設省は「案の作成段階で住民の意見を反映させるために必要な措置を行うこととしているのは、住民の意向を十分に反映するには、計画策定のできるだけ早い段階からその意向を考慮していくことが必要であり、また、案が固まった段階で住民の意見を聴いて計画の案を改めて変更するというのでは時間がかかり効率的でなく、住民の意向の反映を円滑かつ効率的に進めるには計画の案の作成段階で必要な措置を講じていくことが適当であるからである[37]」と説明している。この指摘は正当であり、評価できるものである。

また、「必要な措置」として、公聴会、説明会、公告・縦覧・意見書の提出、説明書の配布、インターネット等が考えられていることはすでに指摘したが、さらに「その保有する情報をできる限り関係住民に提供し、住民から十分配慮された意見を聴取できるよう努めるべきである[38]」ともされており、今後の誠実な実行を期待したい。

他方、公聴会等が「必要があると認める場合」にのみ開催される点については批判が集中している。しかし建設省は、「必要のない場合」の例示として、①規模が小さい河川で小改修しかない場合、②計画の内容が既存の工事の延長のものであったり、堤防の部分的な拡幅等の単純なものである場合、③計画策定前より、地域の要望が出されていて、あらためて住民の意見聴取等を行う必要がない場合をあげ、「しかし、ダムなど地域に大きな影響を及ぼす内容を含む計画については、すべて関係住民の意見を反映させるための措置を講ずる予定である」(39)と述べている。③の基準に不明朗な点があるが、それ以外はおおむね評価されてよいだろう。

三　国における再評価制度の導入とその成果

1　建設省の大規模公共事業見直しシステム

(1)　ダム事業評価制度の導入

建設省は、長良川河口堰問題を契機として、全国のダム事業、河川改修事業が、世論の批判にさらされ、事業が停滞したことから、これらの大規模公共事業について、試行的に事業の再評価システムの設置に踏み切った。まず一九九五年六月、建設省は河川局長名の「ダム等事業に係る事業評価方策の試行」と題する通達で、全国のダム・堰のうち、基本計画が策定されてから長期間が経過し、社会情勢の変化によって必要性が問われている全国一二のダムについて、各地方建設局に審議委員会を設け、地域の意見などを聴き、事業の見直しを検討したうえで、答申することを指示した。

その後、これらの一二のダムについてダム等事業審議委員会が設けられた。審議委員会委員は、都道府県知事と知事が推薦する者からなり、地方建設局長（北海道は、北海道開発局長）は委員会の意見を尊重し、事業の進め方について検討するものとされている。

(2) 大規模公共事業総合評価システム

次いで、一九九五年一〇月、建設省は、『大規模公共事業に関する総合的な評価方策検討委員会報告書』を公表したが、そこでは、「建設省が所管する大規模公共事業については、一旦事業計画を決定すると、社会経済情勢が変化しても、当初計画を頑なに遂行しようとしているのではないかという意見や、「事業の見直しシステム」が必要との指摘がある。／また、当初計画を策定する際に、事業の目的や内容、それによる自然環境や生活への影響等について、地域住民等に十分知らせないまま、建設省や公団が一方的に決定しているのではないかという意見や、「計画策定・事業実施の手続き」の改善が必要との指摘がある」という認識に立って、報告書は、「これらの指摘を踏まえ、大規模公共事業の計画や事業実施の各段階において一層の透明性、客観性を確保していくため、本報告ではまず現在の大規模公共事業の計画策定・事業実施の手続きについて整理し、地域住民等への「開かれた手続き」の確保の観点から問題点を抽出し、その改善方法をとりまとめる。／また、計画策定後長年月が経過し社会経済情勢が変化した場合の事業の再評価のあり方についても方策をとりまとめる」としている。

その結果、報告書は、まず新規の事業のうち、ダム・堰、高規格幹線道路（国土開発幹線自動車道および一般国道の自動車専用道路）のうち都市計画手続を行わないものについては、都市計画手続に準じた第三者の意見を反映するシステムを定め、都市高速道路、大規模都市開発、高規格道路、大規模放水路については、都市計画手続をとることを事業者が知事に対して要請することとしている。また、事業の再評価システムについては、都市計画手続を行う事業については都市計画変更の手続を活用し、都市計画手続を行わないダム・堰、高規格幹線道路については、知事が委員会を設置し、委員会の意見を聴いた後、知事が事業者に意見を述べるとしている。ただし、ダムについては、すでに新たな評価システムが試行的に実施されていることから、それによるものとしている。

この報告書を受けて、一九九五年一一月七日に、「大規模公共事業に関する総合的な評価システム」(建設事務次官通知)が出され、具体的な再評価システムが動き出した。大規模公共事業総合評価システムの対象となるのは、ダム・堰、大規模放水路、高規格幹線道路、都市高速道路、大規模都市開発事業の五つである。ただし、実際に総合的な評価が実施されたのは、先行してなされていた一二のダムの再評価のみであって、それ以外の事業については、高規格幹線道路に関する一〇区間の計画決定に際して、知事に意見照会がされたにとどまる。また都市計画手続によって審議することとされた千歳川放水路計画は、開発局の作成した事業計画自体に対する苫小牧市、漁業団体、環境団体などの反発が強く、結局、都市計画手続に入ることのないままに計画中止に至ったことはすでに指摘した(本稿二2(3))。

(3) ダム等事業審議委員会の成果と問題点

さて、こうして実質的な審議がなされたのは、一二(後に二つ追加され一四となった)のダム等事業審議委員会に限られているが、その後の経過は、新聞等で広く報道されている。まず八月一八日に設置された沙流川総合開発事業審議委員会が翌九六年三月一三日に(中間答申で)事業に最初のゴーサインを出し、次いで六月以降、苫田ダム、川辺川ダム、吉野川第十堰などについて、つぎつぎと「計画推進」「計画妥当」「早期に完成させるべき」「継続実施が妥当」などの答申が出された。見直し答申があったのは、渡良瀬遊池II期事業(計画中断)と小川原湖総合開発(計画内容再検討)の二つのみである。細川内ダムについては、村長が審議委員会への出席を拒否しているために審議委員会が開催できない状態が現在も続いている。

その後、一九九八年八月一五日、矢作川河口堰計画の妥当性を審議していた矢作川河口堰建設事業審議委員会は、愛知県が水利権を返上したことなどから、水需要が見込めないとして、初めて建設中止を答申した。これは計画の完全中止を答申した唯一の例である。(40) このようにみると、ダム等事業審議委員会による審議は、建設省の伝統的な対応に比べると一歩踏み出した試みではあったが、結果は竜頭蛇尾に終わったといっても過言ではない。というのは、事業が休止・中止されたところは、(細川内ダムを除き)いずれも水需要の見込みがなく、国および地元都道府県・市町村ももてあましぎみの事業であり、休・中止されても当然といえるものばかりだからである。逆に、国・地元自治体が強力に推進している事業については、住民からの多くの意見・疑問にもかかわらず、すべてゴーサインが出されている。つまり、ダム等事業審議委員会は、自ら主体的に議論したというよりも、建設省や地元自治体の意向を斟酌して現状を肯定したにすぎないのである。

2　建設省の公共事業評価システム

(1)　公共事業再評価制度の導入

一九九七年一二月五日、当時の橋本龍太郎首相は、建設省、農水省、運輸省等の公共事業を所管する六省庁の大臣に対し、公共事業の再評価システムを公共事業全体にわたり導入し、合わせて事業採択段階における費用対効果分析の活用についても、基本的に全事業において実施することを指示した。

この指示を受けて、建設省は、一九九八年三月二七日に「建設省所管公共事業の再評価実施要領」および「建設省所管公共事業の新規事業採択時評価実施要領」を公表し、九八年四月から施行することとした。対象となる事業は、都市公園事業、土地区画整理事業、下水道事業、市街地再開発事業、河川事業、ダム事業、砂防・海岸事業、道路・街路事業などである。再評価は事業採択後五年を経過しても未着工のもの、または一〇年間を経過した時点で、一部供用されている事業も含め、継続中の事業について、新規事業については、事業費を予算化するとき、準備・計画に要する費用を新たに予算化しようとするときに、評価するものとされている。

再評価の実施主体は、地方建設局、公団、地方公共団体などの事業主体で、自ら意見やデータを収集・整理し、事業の継続、休止もしくは中止の対応方針(案)を作成し、本省が対応方針を最終的に決定するが、補助事業については、地方公共団体が自ら対応方針を決定し、本省はそれを尊重するとしている。

右記要領は、建設省所管事業全体を対象として基本的なルールを定めたもので、各部局は、この要領を前提に、各事業ごとにさらにそれを具体化した「要領細目」「評価手法」等を作成することになっている。

例えば、道路事業については、費用便益分析(費用便益比)を含む「客観的評価指標」に基づき、事業着手時評価および着工準備開始時評価を、それぞれ一九九七年度事業および九八年度事業より試行的に実施し、事業途中段階評価(事業採択後おおむね五年を経過しても未着工のもの、または一〇年間を経過した時点で継続中の事業)は九九年度事業より実施するとしている。

また、下水道事業については、九八年六月三〇日に「下水道事業の再評価実施要領細目」「下水道事業の新規事業採択時評価実施要領細目」および「下水道事業の再評価に当たっての評価手法」が公表され、九八年一一月二七日には、「下水道事業の新規事業採択時評価に当たっての客観的評価手法」が公表されている。

(2) 評価の客観性・透明性確保の仕組み

評価に関する技術的な指針等がいかに詳細なものであっても、評価が官庁内部で、身内の者のみによってなされるなら、評価の結果について、広く住民の信頼を得ることは不可能である。そこで、建設省の事業評価システムは、評価の客観性、透明性を高めるためのいくつかの工夫をしている。

第一が、第三者機関の設置である。すなわち、「建設省所管公共事業の再評価実施要領」は、再評価にあたって学識経験者等の第三者から構成される委員会を設置し、意見を聴き、その意見を尊重するものとし、事業評価監視委員会の設置を指示している。事業評価監視委員会は、地方建設局、都道府県、政令市、公団ごとに原則一つ置かれる。したがって地方建設局、都道府県および政令市等に設置された事業評価監視委員会は、一つの委員会で、建設省所管の公共事業のすべてについて再評価を監視し、意見を述べることになる。ただしダム・河川事業については、河川法に基づく河川整備計画審議会が設置されるときは、それによることになっている。

第二は、審議会の公開や配布資料等の公開であるが、その点について実施要領では、評価結果、対応方針、結論に至った経緯、再評価の根拠等を公表すると定めるだけで、それ以上の具体的な指示はない。むしろ、一九九八年八月一〇日付け建設大臣官房長から地方建設局長、各都道府県知事・各政令指定都市の長あての通知は、「委員会に提出された資料及び議事録等の公表について、運営要領に定めるにあたっては、以下の観点に留意する。(1)個人に関する情報等の取扱い、(2)委員会における率直な意見の交換、意思決定の中立性の確保」としており、これを率直に読む限り、会議公開、議事録公開、資料公開等については、むしろ否定的であると受け止めることができる。

建設省における公共事業の再評価および新規事業の採択時評価は、ようやくマニュアル等が整った段階であり、本格的な実施は、九九年度以降になるが、この第三者からなる事業評価監視委員会がどのような働きをするのかを、さらに注意深く見守る必要があろう。

3　農水省の事業見直し制度

(1)　事業見直し制度の導入

同様の動きは、農水省についてもみられる。すなわち、農水省は、一九九七年一二月五日の橋本首相の指示を受け、九八年三月、「公共事業の効率的な執行及び透明性の確保を図る観点から、平成一〇年度から農林水産事業について、一定期間を経過後に事業を再評価するシステムを導入する」ことを公表した。対象事業は、農業農村整備事業、森林整備事業、水産関係公共事業、海岸事業の四種類である。そのうち、①原則として事業採択後五年以上経過した後の事業、②海岸事業については、事業採択後五年を経過した時点で未着工の事業および事業採択後一〇年以上を経過して継続中の事業が、具体的な見直しの対象となる。再評価の期間は五年単位で、漁港整備事業は、漁港整備計画の変更時に合わせ六年単位で再評価するものとされている。

再評価は担当部局が自ら行うが、判断の公正性を保つために、専門的知見を有する学識経験者から構成される第三者委員会を設置し、意見を聴取するものとしている。

再評価の内容は、事業によって異なるが、ここでは、受益農家の減少、事業費増加による農家負担の増加などによって反対の声が高まっている農業農村整備事業の中の土地改良事業(国営かんがい排水事業)と、森林奥地における大規模な自然破壊が問題となっている森林整備事業の中の大規模林道事業を取り上げる。

この農水省の事業再評価システムは、建設省等の事業評価が事業採択後五年を経過しても未着工のもの等に限定されており、さらにその中から事業評価監視委員会が抽出した事業についてのみ再評価をするのに対し、五年という短期の期間を設定し、すべての事業を再評価の対象とするところに特色がある。

(2) 土地改良事業の再評価システム

農水省は、一九九八年度は、二二八の国営(直轄)事業実施地区のうち三九地区の事業を再評価の対象に選択したが、内訳は、国営かんがい排水事業二〇地区、国営農用地再編開発事業九地区などである。この中には、川辺川ダムに隣接して実施される川辺川国営かんがい排水事業も含まれる。

再評価の内容は、事業の進捗状況、受益農家、関連機関の意向、関連事業の進捗状況、事業計画の中でもとくに重要な事業実施地域・主要工事計画・事業費の変更の必要性の有無、社会情勢の変化、費用対効果分析の基礎となる要因などを検討することになっている。

再評価は、地方農政局に置かれた国営事業管理委員会が実施し、第三者委員会に諮問し、その意見を付して地方農政局長に報告される。地方農政局長は、再評価結果および第三者委員会の意見を踏まえ、翌年度以降の対象事業等の実施方針案を作成して構造改善局長に報告し、構造改善局長が最終的な事業等の実施方針を決定することになる。九八年度に関する評価実績は、二〇地区の国営かんがい排水事業のすべてが継続とされ、九九年度になってようやく二地区(南富良野、白滝)が中止となった。

(3) 大規模林道の再評価

再評価は、すべての大規模林道に対して区間ごとになされる。再評価される区間は、新規着工の翌年度から五の倍数年目にあたる区間（路線すべてではない）であって、区間ごとに着工の翌年の五年後、一〇年後、一五年後にそれぞれ、工事の継続または中止の判断がされることになる。

再評価は、森林開発公団が作成した資料に基づき林野庁が行うことになっている。ただし、再評価にあたっては、再評価の公平性を確保するために、学識経験者等の第三者による「大規模林道事業再評価委員会」を設置し、事前に意見を聴くこととしている。

再評価は、事業の進捗状況、関連公共施設等の整備状況、周辺の接続道路の整備状況、森林・林業情勢および社会経済情勢（利用区域内の森林資源の状況等）、地方自治体・受益者等の意見、事業コスト縮減の可能性、代替案の可能性を総合判断して判定するとされている。

これを受けて、一九九八年九月、林野庁に大規模林道事業再評価委員会が設けられた。九八年度は、様似・えりも区間（北海道）、穴沢・上外山区間（岩手県）、朝日・小国区間（山形県）、山都区間（福島県）、一の木区間（福島県）、上平・福光区間（富山県）、朝日・魚津区間（富山県）、布野《ふの》・作木区間（広島県）の八区間が再評価の対象とされ、朝日・小国区間が中止、様似・えりも区間および山都区間が休止と決まった。休／中止した三区間はとくに自然保護等の観点から批判の強かったもので、その点では妥当な結論であるが、この三区間は、林野庁が前年度にすでに工事の休止を決め、発表済みのものであり、再評価委員会の見直し答申は、それをいわば追認したものにすぎない。その他の区間は事業継続が妥当とされているのであって、再評価委員会の答申は、継続・中止の双方にわたり、林野庁の決定を支持することになったものといえる。(41)

4　自治体における再評価の進行

さて、以上で説明した国の事業評価の実施の指示を受け、都道府県や政令指定都市は、一九九八年度の都道府県および市町村の補助事業について、急遽、見直し作業を実施することになった。九八年度の公共事業見直しは、自治体のアイディアというよりも、国の見直しの指示を受けて、あたふたと実施されたというのが実状である。見直し事業の対象は、国の定めた基準に従い、着工後五年を経過したもの、一〇年を経過したものとし、第三者機関として公共事業評価監視委員会を設けて審議にあたるとしている点も、国の指示に従ったものである。国よりは住民により近い都道府県や市町村にあっては、国の再評価システムとは異なるものがあってしかるべきであるが、国の指示に従い、ほとんど横並びの制度となったのは物足りない。また、市町村では、政令指定都市を除き、都道府県の評価監視委員会に評価を依頼したところが大部分である。

これまで、岩手県、宮城県、千葉県、岐阜県、岡山県、広島県、愛媛県、宮崎県、鹿児島県、札幌市、川崎市などで見直し作業が終了しているが、ここでは、審議経過等が比較的詳細に公表されている広島県と宮城県[42]の例を取り上げ、その成果を検討することにしよう。

(1)　広島県の公共事業再評価制度

広島県の公共事業再評価制度は、国の指示に基づき設置されたものであるが、実施要領、対応方針(案)一覧表、議事録、議事概要や検討結果の詳細がインターネットで公表されており、議論の内容をかなり詳しく知ることができる点で有益な検討素材である。公共事業評価監視委員会は、五名の学識経験者からなり、委員の任期は四年となっている。

再評価の対象事業の選択は国の基準にならったもので、①事業採択後五年を経過した後も未着工の事業、②事業採択後一〇年が経過している事業、③事業採択前の準備・計画段階で五年が経過している事業、④社会経済情勢の急激な変化等により、知事がとくに必要があると認めた事業の四つである。県の国庫補助事業が直接の対象であるが、一九九八年度については、市町村実施の国庫補助事業についてもこの基準に該当するものについては、市町村からの要請に基づき審議することになっている。

その結果、評価対象選択基準に該当する事業について、事務局から、事業主体、事業名、路線名、市町村名、一定期間を経過した理由、対応方針案(継続、休止、中止)、対応方針案の理由を記載した「公共事業の再評価に係る県の対応方針(案)一覧表」が配布・説明され、事務局提案のとおり、基準に該当する九九事業のうち八事業を審議対象として抽出し、残りはすべて事務局案承認(継続妥当)の結論が出された。抽出審議事業の内訳は、河川事業一、ダム事業二、海岸(高潮)事業二、港湾(改修)事業一、林道事業一、農道事業一である。また「市町村事業の再評価に係る対応方針(案)一覧表」掲載の四一事業はすべて審議対象とされた。

以上の抽出事業について合計三回の審議がなされたが、八つの抽出事業については相当に白熱した審議が行われたように思われる。また、市町村事業は土地区画整理事業、都市公園事業、下水道事業など細かな事業にわたっており、一回の審議だけでは十分な議論がなされたとはとうていいえない。委員会は最終答申では、「市町村事業は、最も住民にとって身近な事業を行っており、地域の実状や地域住民の意向等を審議に反映するためには、市町村はそれぞれが独自の委員会設置を積極的に進められるよう期待する」と述べ、市町村がより積極的に見直しに取り組むことを求めている。

審議結果は、「広島県の公共事業の再評価に関する意見について」としてまとめられているが、早期着工四、一部計画変更のうえ推進一、基礎調査続行一、一時休止二となった。八つの抽出事業については、事業目的、進捗状況、事業をめぐる社会情勢等の変化、事業採択時と比較した費用対効果の変化、代替案・コスト縮減などについて詳細な記述がされており、結論に賛成するかどうかはともかく、各事業をとりまく状況、問題点などが十分に理解できる点で有益である。

例えば、議事録を読む限り、委員は相当に厳しく各事業の必要性について質問を繰り返しており、ダム、港湾、河川事業の担当課長もかなりに本音の部分で回答している。こうした議論を通して、外部にあまり知られることのなかった公共事業採択の基準、経緯、停滞している理由等を住民がある程度知ることができる。ただし、再評価の対象とされた事業が初年度であったこともあってきわめて多数にのぼり、対象事業から審議対象事業を抽出する基準、抽出されなかった事業の扱いに問題が残るが、抽出された理由については一応の説明が付記されており、透明性・公開性という問題をクリアしている。

継続・中止の結論と事業内容をリンクさせると、河川改修、道路、港湾整備などは、一部が着工している場合、残りの部分の中止はかなりの困難を伴う。しかし、並行する国道等が整備されたために農道整備の必要が著しく減少したような場合には事業中止が可能であり、市町村の一部が農道事業の継続を望んでも、隣接する市町村が賛成しないような場合にも中止の結論が出されている。ダム、林道などについても、受益者である地元市町村が賛成している場合に、中止の結論を出すのは困難であるが、地元市町村が事業の中止・返上等を申し出ている場合(戸田町の港湾改修事業)には、休止が容易に認められている。結局、地元市町村が申し出ない限り、国・都道府県といえども、一度着工した事業を中止するのはきわめて困難であるということになろう。

広島県では、同時に市町村から審議依頼のあった市町村実施の国庫補助事業が評価監視委員会の審議対象とされたが、件数が多数のうえに、都市計画事業、土地区画整理事業など、地権者の利害等のからむ事業が多く、県の委員会が短期の審議で結論を下すのは不可能といえる。より身近な公共事業については、地元の事情に精通している市町村が自ら評価監視委員会を設置し、評価をすることが必要である。

(2) 宮城県の公共事業再評価制度

宮城県でも、国からの指示を受け一九九八年度の事業について再評価を実施している。

再評価の対象となる事業は、県が実施主体となる補助事業および県単独事業であって、農政部、土木部、水産林務部の所管する事業が対象となる。見直し事業の選定基準は、①事業採択後五年を経過し、かつ用地買収または本工事のいずれにも着工していない事業、②事業採択後一〇年を経過し、かつ用地買収または本工事に着工しているが、本工事が完了していない事業(一年以内に事業の完了が見込まれる事業を除く)、③事業採択に至っておらず、準備または計画に着手した時点から五年が経過している事業、④経済社会情勢の急激な変化、住民要望の変化、事業の円滑な推進に課題を抱えている等により再評価を実施する必要があると認められる事業である。

再評価の手順は、所管する事業の中から①②③に該当するものを機械的に選定し、④については部局の裁量により上げることになる。再評価対象となったのは、農政部所管事業では、①③④がゼロ、②該当が一二地区(ただし、九八年度は三地区を審議)、土木部所管の県事業では、①が二カ所、②が五二カ所、③④がゼロの合計五四カ所であった(ほかに町村事業が二七カ所ある)。

公正な評価を行うために、農政部、土木部、水産林務部のそれぞれに公共事業評価監視委員会が設けられ、県が作成した対応方針案(原案)について審議し、意見を具申することになっている。宮城県の特徴は、すべての評価監視委員会の委員となる三名の共通委員と各部の評価監視委員会の委員となる各七名の専門委員が任命されていることで、各評価監視委員会は一〇名の委員で構成されることになる。これらの三つの各部の評価監視委員会を統括するのは県公共事業評価監視委員会であるが、公共事業以外の事務を評価する政策評価委員会の設置が予定されており、政策評価委員会が設置されて以降は、新たに設けられる宮城県行政評価委員会が三つの各部の評価監視委員会と政策評価委員会を統括することになる。

第三者委員会として評価監視委員会を設けたのは、国の指示に従ったもので、とくに独自性はない。宮城県の特色は、他の都道府県では評価監視委員会を非公開とし、委員会終了後に審議内容の概要を公表するにとどめているところが少なくないのに対し(岐阜県等)、委員会を公開し、事業名、事業主体、全体事業費、全体進捗率、対応方針(案)が記載された評価対象事業一覧がインターネット、県政情報センターを通して公開されていることである。評価の透明性・公開性という点から評価できる措置といえる。

土木部公共事業評価監視委員会の審議は、事務局が提示した六事業を抽出して詳細審議が行われたが、委員からの要請に基づき四事業が追加され、計一〇事業について審議がなされた。

なお、宮城県は、こうした国の見直し指示に対応するための再評価制度とは別に、より包括的な行政評価システムの導入を実施している。これは、一九九八年の行政改革推進計画の一環として導入されたもので、①行政活動の目標とその達成度を指標値で評価する政策評価、②指標値や県民の満足度などをもとに選定した事業を評価する執行評価、③大規模事業の計画段階や着手後に見直しを行う大規模事業評価、④事業実施個所の優先性を検討する事業個所評価、⑤すべての事務事業を見直す事務事業総点検の五つからなる。このいずれもが公共事業の評価に関連しているが、とくに③④が重要である。③は、大規模な事業の妥当性について、構想段階や事業着手後に、行政評価委員会(第三者機関)による評価を実施するもので、事業費が三〇億円以上の施設(建築物)整備事業、事業費が一〇〇億円以上の公共事業などとされている。手続は、行政評価委員会が評価シートに基づき評価および提言をまとめ、県民意見を聴取した後、知事が凍結・中止の政策判断をすることになっている。

④の事業個所評価は、県主体の公共事業および県の助成事業について、必要性、効果性、効率性、県民ニーズなどを指標化し、それぞれについて評価することで、公共事業の優先的な実施個所を判断するためのものである。

(3) 他の府県における再評価実績

他の都道府県でも公共事業再評価委員会、公共事業評価監視委員会等を設け、都道府県実施および市町村実施の国庫補助事業について再評価を実施しているが、最終的に中止、休止の結論が出た事業はそれほど多くはない。例えば、茨城県では、再評価対象事業五一の中から一八事業を審議対象として抽出し審議したが、継続四二、事業の進め方・内容を見直しのうえ継続八、継続審議一となっている。愛媛県では、再評価対象事業一二五の中から進捗率の低い事業、費用に対して効果の低い事業、予定事業費と事業内容が大きく変わった事業、他の類似事業に比べ長期間実施している事業という基準によって一四事業を抽出し審議したが、すべてについて事業継続を承認している。

新潟県では、一九九八年度再評価対象事業三一七のうち三三を選定し、議論している。その結果、一事業(奥只見レクリエーション都市公園)が見直し、一事業(林道事業)が実施方針について検討するものとされた。埼玉県では、県事業九八と市町村事業一〇五が再評価の対象となり、県事業一三、市町村事業一三を抽出し審議したが、日向沢《ひなたさわ》林道開設事業は休止、その他はすべて継続とされている。

岐阜県では、県事業八四、市町村事業五九が再評価の対象となり、県が休止を提案している二事業(林道事業)を含む二〇の事業を抽出し審議したが、事務局の提案どおり二林道事業(いずれも市町村事業)は休止、その他は事業継続が妥当と判断された。

5　中間まとめ

以上、国が指示した補助公共事業の見直しに対する地方自治体の取り組みの様子を概観した。少数の例だけから明確な断定はできないが、一応、以下のような総括が可能であろう。(43)

第一は、見直しの結果、休／中止もしくは大幅変更された例が少ないことである。これは、見直し対象事業がきわめて多く、事務局の提案どおりに詳細審議対象事業を摘出せざるをえなかったところに原因がある。しかも、会議の開催回数が二、三回に限られていたことから、一度に一〇件程度の事業を審議せざるをえず、個々の事業について十分審議することも困難であったといえる。

また、審議を依頼された市町村の補助事業については、数があまりに多く、土地区画整理事業のように地元地権者の利害がからむ事業が多いところから、県に設けられた委員会で審査するのが適切ではないともいえる。広島県評価監視委員会最終答申が指摘するように、市町村がそれぞれ独自の委員会を設置し、積極的に評価に取り組むことが今後の課題である。

第二に、評価監視委員会委員の選任については、これまでの審議会委員の人選とは異なり、学識経験者、市民代表などが、比較的バランスよく選出されていたといえる。しかし、対象事業が多岐にわたることから、適切な判断をなしうる委員を選び出すことは難問といえる。宮城県では、共通委員と専門委員を組み合わせ審議にあたる方法を用いたが、今後の参考になるだろう。また、各部の評価監視委員会を統括する上位の評価委員会を設置し、評価監視委員会相互のバランスをとることが、今後の課題であろう。

第三に、今回の見直しは、建設省と農水省所管の事業が中心であったが、それでも対象事業が多岐にわたり、共通的な尺度で評価するのが実際には困難であったといえる。その結果、個別の事業ごとに特殊事情を考慮せざるをえず、休止や大幅見直しの判定をする手がかりを失ってしまった。共通的、横断的な基準を設定し、同種の事業相互、さらには所轄の異なる事業相互を比較検討することが必要になろう。

第四に、今回の評価作業は、すでに着工済みの事業について、途中ないし事後に休/中止するのがいかに困難であるのかを示した。例えば、道路、河川、港湾、海岸、下水道、農地整備事業など、全部の工事が完了して効果を発揮する事業については、その事業によほどの問題がない限り、完成部分を犠牲にして事後の工事をストップするのは困難である。それだけに、見直しにあたっては、思い切った発想の転換と新しい判断基準の導入が求められている。また、このことは、事後の評価よりは、むしろ事業開始前の評価がきわめて慎重、念入りになされるべきことを再確認させたともいえる。

第五に、今回の再評価においては、休/中止された事業が少なかったことや、地元市町村が休止に同意している事業が休止となったために、さほどの問題は生じなかった。逆に、地元市町村の要望で開始された事業や地元市町村が事業の継続を主張している事業はほとんど休止されなかったことになる。そのため、地元が望む事業を国・県等が休止した場合に、地元市町村の説得をどうするか、地元対策をどうするのかという問題は、議論されることなく終わったといえる。(44)

最後(第六)に、今回の評価監視委員会の作業は、審議会の公開、情報公開という点でも課題を残した。広島県は、審議経過を公開し、報告書に審議結果を細かく記載しているが、そうした例はむしろ例外である。宮城県も委員会の審議を公開し、県政情報センターで事務局作成の事業対応方針(案)や関係資料を公表しているが、埼玉県では傍聴定員を五人に限定している。議事録の公表についても、岩手県のように、発言内容をほぼそのまま公表するもの、岐阜県、茨城県、新潟県のように、議事の要旨、発言内容の要旨のみを公表するものまで、大きな差異がある。なお、公共事業評価における情報公開の意義については、再度、述べる。

四　公共事業の評価手法・評価指標の検討

では、公共事業の実際の評価にあたり、どのような項目について、どのような手法による評価がされるべきか。公共事業を含む政策評価、業績評価については、最近、経済学、経営学、公共政策学、行政学、会計学等の専門家による多数の議論がなされている。(45)筆者は、これらの業績評価の手法を包括的に検討する能力をもたないので、ここでは、従来、公共事業の代表的な評価手法とされてきた費用便益分析と費用対効果分析を取り上げることにする。その理由は、これらの手法が公共事業において最も多く用いられているのみならず、中央省庁等改革基本法においても、「事業の実施の前後において、それぞれ、できる限り客観的な費用効果分析を行い、その結果を公表することにより、公共事業の決定過程の透明化及び評価の適正化を図ること」(四六条五号)が唱われており、今後も頻繁に利用されることが予想されるからである。

1　実定法上の評価手法

(1)　土地改良事業

ところで、これまでも公共事業の実施にあたり、費用便益分析を含む客観的な評価がなされなかったわけではない。そこで、まず、これまでの公共事業評価の実例を簡単にみておこう。

まず、土地改良法施行令は、土地改良事業の施行に関する基本的な要件として「当該土地改良事業のすべての効用がそのすべての費用をつぐなうこと」(土地改良法施行令二条三項)および当該土地、埋立地、干拓地につき「農業を営むこととなる者が当該土地改良事業に要する費用について負担することとなる金額が、これらの者の農業経営の状況からみて相当と認められる負担能力の限度をこえることとならないこと」(同四項)と定めており、前者は一種の費用対効果分析といえる。この費用対効果分析は、一九四九年の土地改良法施行当時から定められているもので、行政上の事業評価として最も古い歴史を有する(46)。

このうち、「土地改良事業のすべての効用」(投資効率)は、土地改良事業による作物生産効果、維持管理費節減効果、営農労力節減効果、更新効果、農道整備事業の場合には走行費用節減効果などを合計して算定される。最も重視されるのは、作物生産効果、すなわち土地改良事業によって期待される作物の量的増減および質的向上に関する効果であり、作付面積の増減による生産量の増減、干害・水害の防止による生産量の増加、用水改良やかんがいにより米や畑作物の規格・等級が向上して得られる価格などをいう。

他方、「すべての費用」としてあげられているのは、構造物等の建設に必要な工事価格(請負費)、用地取得費、用地補償費、測量試験費、機械器具費、営繕・宿舎費、工事諸費などである。簡単にいうと、土木工事費と用地買収費が事業費にあたるものと解される。そして、効用が事業費を上回るとき(基準値一・〇をこえるとき)、その事業は基本的に投資効率があるものとみなされる。

この経済効果測定は、重みや性格の異なる単位を加減乗除して効用をはじき出す一般の費用対効果分析とは異なり、すべての効用が金額に換算されることから、むしろ費用便益分析に近い。しかし、①作物生産効果、営農労力節減効果、維持管理費節減効果、農道の走行費用節減効果などの直接的な効果のみが計量評価され、農業の経済・社会・環境などに与える間接的・波及的効果が測定されていない、②直接的な効果も、営農者の経営努力・経営方針や農業をとりまくさまざまの要因に左右されるために、長期的な効果を計測しにくい、③生産増減効果、品質向上効果、営農労力節減効果、走行費用節減効果などの個々の項目の計測に多くの仮定や不確実さが伴うことなどから、費用便益分析のような厳密さに欠ける、④費用も直接事業費に限られている、などの問題を有する。

したがって、測定結果(投資効率、事業費所得指数等)のみから、その事業が社会全体にもたらす純便益がプラスとなるかどうかを判定することはできないが、この方法は、地域相互の投資効率を比較したり、特定の地域における複数の案を比較する方法としては、それなりの意義があるといえる。

(2) 河川改修における治水経済調査

河川改修については、法律に事業評価の手続や根拠規定はなく、治水経済調査要綱に基づき治水経済調査がなされてきた。その概要を、『改訂新版建設省河川砂防技術基準(案)同解説/調査編』(以下、「技術基準(案)」という)により説明する。

まず、「技術基準(案)」は、治水経済調査の概要を、「ある治水施設についてある整備水準のもとで、ある流量によってどの程度の区域がどの程度の時間、どの程度の水深で氾濫するかを推定して、この氾濫によりどの程度の被害が発生するかを算定し、これに、この流量規模の年平均生起確立〔確率?〕を乗じて、この流量規模の洪水による年平均被害額を計算する。この作業を調査の対象とする最小の流量規模の洪水から最大の流量規模の洪水まで行って累計すれば、ある治水設備水準を前提としたその氾濫区域の年平均被害額が算定できる。このようにして、現況の治水施設整備水準に対する年平均想定額と計画目標とする治水施設整備水準に対するそれとを算定し、その差を求めればそれが治水事業の被害軽減効果である。治水経済調査は、治水事業の費用と、この被害軽減効果（便益）とを比較することによって、治水事業の保全便益に係わる経済効果の度合いを計測しようとするものである」[47]と説明している。要するに、現時点で水害が生じた場合の想定被害額と事業が完成した場合の想定被害額を比較し、その差額を便益とし、その便益と治水事業費（工事費、用地費）を比較して事業効果を測定するものといえる。

なお、想定被害額は、氾濫区域内の家屋、家庭用品、事務所の償却資産、農・漁家の償却資産、農作物などの数量に単価を乗じて種類別資産額を求め、それに推定浸水率等に応ずる被害率を乗じた算出額を合計して得られる。また、便益は被害軽減便益（保全便益）に限定され、将来の得べかりし便益（高度化便益）は含まれていない。その点を、「技術基準（案）」は、「高度化便益については調査の手法が確立されていないため、本章の内容は保全便益を把握する調査の実施の基準にとどめる」[48]と述べている。

この治水経済調査については、①洪水被害額を簡易迅速に見積もる方法としては意味があるが、間接被害は考慮されておらず、便益計測のもれや二重計算のおそれがある、②事業の選択を目的としたものではなく、決定された投資案の経済効果を測定し、事業費との関連で規模の妥当性を検討するものにすぎない、したがって、測定される経済効果が総事業費に満たない（下回る）場合であっても、事業が実施される、③費用が事業費に限られている、などの問題が指摘されている。[49]

(3) 特定多目的ダムのコスト・アロケーション

特定多目的ダム法七条は、ダム使用権の設定予定者は、多目的ダムの建設費用のうち、多目的ダムによる流水の貯留を利用して流水を当該用途に供することによって得られる効用から算定される推定の投資額、その効用と同等の効用を有するものの設置に要する推定の費用などを負担しなければならないと定めている。そこで、法律にいう「多目的ダムによる流水の貯留を利用して流水を当該用途に供することによつて得られる効用」とは何かが、問題を考えるヒントになる。

この点については、同施行令六条を受けて同施行規則四条が、「多目的ダム及び多目的ダムの関連施設が有する効用を金銭に見積もったもの」の意義について、詳細な規定を置いており、多目的ダムおよび関連施設の効用(便益)とは、用途別に、①洪水調整については、(イ)堤防、護岸、水制、河道その他河川に生ずる被害の復旧に要する費用の減少、(ロ)道路、橋りょう、鉄道その他の交通施設に生ずる被害の復旧に要する費用の減少、(ハ)はん濫による農作物の減産、農地の流失または埋没、家屋その他の財産の被害の防止または減少、(ニ)河道における土砂の沈積によるしゅんせつ維持費の減少を時価に換算した金額の合計額を、②かんがいの用途にあっては、当該多目的ダムおよび多目的ダムの関連施設の設置により増産される農作物の金額に標準純益率を乗じた金額、当該用途に係る既存の施設の運転および維持に要する費用の減少する金額および営農に要する労力費用の減少する金額の合計額、③発電の用途にあっては、キロワットおよびキロワット時当たりの山元発電単価に当該多目的ダムおよび多目的ダムの関連施設の設置により発生される有効出力および有効電力量をそれぞれ乗じた金額の合計額、④水道および工業用水道の用途にあっては、単位水量当たりの水価格に当該多目的ダムおよび多目的ダムの関連施設の設置により供給される水量を乗じた額をいうものと定めている。

コスト・アロケーションは、右記の効用を金銭に換算した額を基礎に、分離費用(施行令四条)、身代わり費用(同令五条)、妥当投資額(同令六条)を算出し、施行令二条の定める計算方法によって決定される。

このコスト・アロケーションは、第一に、効用(便益)をかなり詳細に列記していることで注目される。すなわち、まず先の「技術基準(案)」と同じように、洪水によって生じるはずの被害の減少額が便益と考えられているが、②の中で、「技術基準(案)」では計算しないものとされている高度化便益が算入されている。また③では、水の利用によって生み出される電力や用水量によって利益や料金の計算が可能であることから、これらも便益に算入されている点に特徴がある。第二に、しかしこの方法は、ダムの建設に要した費用を、利水権者の間に配分することを目的としたもので、効用は、それを他の手段で得る場合の費用を計算するための項目として設定されているにすぎない。コスト・アロケーションは、ダム利水権者の得る不当な利益を吸収し、正当な建設費用を負担させるための手段といえる。第三に、したがって、このコスト・アロケーションは、ダム建設がもたらす便益の総和と費用の総和を比較し、事業開始の当否や規模の適正さを判断するためのものとはいえない[50]。

(4) 道路事業の評価

道路事業の評価は、一九九七年度から「客観的評価指標(案)」による評価が実施されており、その中で新たな基準による費用便益分析がなされている。そこで、ここではとりあえず旧制度のもとにおける評価手法を紹介し、後に新制度を取り上げることにしよう。

さて、道路整備特別措置法施行令一条の七第一項は、一般有料道路の料金の額の決定にあたって、通行・利用の距離や時間の短縮、路面の改良、屈曲・勾配の減少等の道路の構造の改良、通行・利用の方法の変更に伴い通常節約することのできる車両の運転費(燃料費、油脂費、タイヤ・チューブ費、修繕費、償却費)、輸送費、旅行費などを考慮して定めるものとしている。したがって、ここでは、これらのものが高速道路利用者が利用によって受ける便益と考えられているといってよいだろう。

ただし、実際の測定は、走行便益および時間便益の二つの直接的な便益に限定して算定されてきた。まず、走行便益とは、路面改良、カーブ、勾配などが減少したことによって利用者が節約することのできる燃料費、タイヤ・チューブ費、修繕費などである。また、時間便益とは、走行時間を短縮できる効果である。しかし、これらの便益は、競合関係にある現道(一般道路)が改良されると減少することから、あくまでも相対的なものであると解されており、また、車が有料道路を利用することにより現道利用者が得る混雑緩和などの便益を考慮していないことから、道路建設によって生じる便益を総体的に評価するための方法ではないとの批判がある。(51)

この事業評価の特徴は、第一に、利用者の得る便益を限度として利用料が算定されることから、利用者の便益が経済効果とされていることである。したがって、便益も現道利用者と高速道路利用者の便益の比較が中心である。第二に、道路建設が周囲にもたらす効果の総合的な算定はなされず、コストの算定もなされないことである。したがって、これを、計画自体の経済効果、他の代替案との比較、事業費の投資効果の測定などに用いることはできない。

(5) その他の事業評価

その他、経済効果の評価を法令で定める例としては、新幹線鉄道整備法施行令二条、沿岸漁場整備開発法七条の二第三項、下水道法二条の二第三項六号などがある。

全国新幹線鉄道事業の評価は、所要輸送時間の短縮や輸送力の増加がもたらす経済効果を予測するものであり、沿岸漁場整備事業の評価は、生産された水産動物の種苗の放流等による水産動物の増殖によって得られる経済効果を評価するものである。また、下水道事業の評価は、現状では汚染負荷量の低減効果を試行的に算定するにとどまっている。その他、関西新空港、本州四国連絡橋、東京湾横断道路などの超大型プロジェクトの場合には、計画作成にあたり事業評価がされるのが普通であるが、便益とされるのは、流通コストの削減効果などのわかりやすいものが中心である。

2　最近の公共事業評価手法

最近の事業評価制度導入の動きの中で、新たに土地改良事業の経済効果(農水省、一九九七年)、港湾施設整備等の投資決定評価マニュアル(運輸省、一九九七年)、下水道事業における費用効果分析マニュアル(建設省、一九九七年)などが相次いで作成・公表されている。そこで、最近の事業評価マニュアルの中から、いくつかを取り上げ、補足的な議論をしよう。

(1)　建設省の費用対効果分析に関する統一的運用指針

建設省「社会資本整備に係る費用対効果分析に関する統一的運用指針」[52]は、新規採択時における事業評価において重要な要素を構成する費用対効果分析の信頼性、透明性を確保する観点から、費用対効果分析の実施にあたり考慮すべき留意事項、共通化できる数値等について統一を図ることを定めたものである。分析手法の選択、費用・効果の計測、公表等の具体的実施にあたり考慮すべき事項や最低限確保すべき事項、割引率の統一などを定めている。

まず、右指針は、費用対効果分析の実施にあたり考慮すべき留意事項として、代替法、消費者余剰計測法、ヘドニック法、CVM(仮想金銭化法)、トラベル・コスト法を列記し、その長所、評価可能な事業、手続上の制約、手続適用にあたっての留意点などをそれぞれ記述し、実施にあたっては、事業の着工準備、実施、再評価の各段階で、費用対効果分析を活用すべきこと、事業を実施する場合と実施しない場合の比較、適切な代替案の考慮、費用・効果の発生する時期の明示、割引率の四%への特定などを定める。しかし、代替法等の手法の長所短所に関する指摘は、これまで多くの研究で指摘されてきたもので、建設省が実施してきた手法の問題点を自ら指摘したという以上に、目新しい指摘はない。

費用対効果分析において最も重要なのが、費用と効果の計測であるが、指針は、効果については、貨幣化が可能なものについてはすべて貨幣化し総便益を算出することとしているのに対し、費用については、建設費、維持管理費等について適切な費用の範囲を設定して現在価値化することを求めているにすぎない。これまで自然環境、地域社会の経済的社会的文化的なマイナスの影響をコストに算入しないことが費用便益分析や費用対効果分析の欠点とされてきたが、こうしたものは、今回も費用にはあげられていない。「総費用に計上されない費用が存在する場合には、その旨が明示される必要がある」とされているが、そもそも、こうしたコストが、「費用」と見なされるのかどうかさえ明らかではない。

したがって、本指針は、評価対象期間や割引率を定めた以外には、まさに「最低限留意すべき事項」について、各部局に注意をうながしたものにとどまるといえよう。

(2) 道路事業の客観的評価指標

道路については、一九九七年六月の道路審議会建議の中の「利用者のニーズの把握と的確な対応、効率的な施策展開と事業執行を可能とする評価システムを構築していくべきである」という提言を受け、一九九七年度から事業着手時に「客観的評価指標(案)」を用いた評価が試行的に実施されているが、一九九八年の第一二次道路整備五カ年計画に沿って指標の見直しが図られ、着工準備開始時、事業途中段階、事業完了後の時期に「客観的評価指標(案)」を用いた評価が順次なされることになっている。[53] この「客観的評価指標(案)」は、「事業採択の前提条件を確認するための指標」として費用便益分析を定めており、その際、割引率を四%とするなど、「費用対効果分析に関する統一的運用指針」(前述)への適合が図られている。

「客観的評価指標(案)」は、「事業採択の前提条件を確認するための指標」と「事業の効果や必要性を評価するための指標」に分かれており、前者の前提条件確認指標では、投資効果の有無、調査の完了、円滑な事業執行の環境、事業の性格(ただし、都道府県・市町村道・街路に限る)を調査し、チェックすることになっている。また、後者の効果・必要性評価指標は、新道路整備五カ年計画の掲げる目標に従い、経済構造改革の支援、活力ある地域づくり・都市づくりの支援、よりよい生活環境の確保、安心して住める国土の実現の基本目標のもとに、物流の効率化、市街地の活性化、都市圏交通の円滑化、地域・都市の基盤形成、地域づくりの支援、安全な生活環境の確保、良好な環境の保全・形成、防災対策等のチェック項目を設け、それを確認することを求めている。項目は、混雑度、混雑時旅行速度、交通量、道路密度、人身事故率のように定量的に示されるものもあるが、大部分が「電線類地中化五箇年計画に位置づけ有り」「冬期未改良区間・消火活動できない地区が存在する」などの事実確認に関するものであり、事業の必要性および効果については、「アクセスが改善される」「公共交通機関の利用の促進に資する」などの有無が確認されるにとどまる。

さて、この道路事業評価のための「客観的評価指標(案)」の特徴は、第一に、計画段階における事業の必要性や妥当性を判定するためのものではないことである。すなわち、「事業採択の前提条件を確認するための指標」についての解説が、「当然のことですが、調査段階を脱していない箇所については採択できません。そのためルートが確定していること(B路線の場合は基本計画が策定されていること)が条件となります」「事業期間を短縮し、事業効果を早期に発現させるためには、事業化後できる限りスムーズに用地取得、工事に入る必要があります。そのため、都市計画決定や環境影響評価等が完了しており、事業実施の準備が整っていることが条件とされます」[54]と述べるように、事業実施前提条件確認指標は、事業実施が当然の前提となっており、計画上確定し、ただちに工事着工できる状態の事業について、事業執行の熟度、早期完成の可能性などを内部的に確認し、事業採択の優先順位をつけようとするものにすぎない。したがって、手続的にも評価内容を公表し、住民と話し合うようなことは予定されていない。

第二に、費用便益分析については、便益として、時間短縮、走行費用縮少のほかに、交通事故縮少が追加された。また費用の測定にあたり、用地・工事費、維持管理費が費用に算入される。しかし、道路事業の費用を、用地・工事費、維持管理費に限定するのは、明らかな誤りである。騒音・大気汚染・日照による財産・身体への損害、動植物などの環境への負荷、地域分断のコスト、新たなバイパス周辺の交通増加などは、かなりに明確に認識できる費用である。この費用便益分析は、一般にいわれる費用便益分析とはかなりに異なるものといえる。建設省の言い分としては、こうした事項は、定量的評価が不確実で評価しにくいことから、「容易にある程度の精度をもって予測できるもの(55)」のみを厳選したということであろう。しかし、その場合であっても、「統一的運用指針」の定めるように、数値化できないものについて、定性的なコメントをすることは十分に可能であり、かつ、そうすべきであろう。

第三に、数値の根拠、データの公表も不十分である。解説は「なお、費用便益比については、その実施・公表を求める声が大きいことから、前提条件によりB／Cが一・五より大きいことを確認するだけではなく、B／Cの具体的な値も公表することとしています(56)」と述べているが、これだけでは数値の根拠、データが公表されるかどうかは不明である。もしB／Cの具体的な値だけが示されるにすぎないのであれば、数値が独り歩きし、逆に住民説得に使われる可能性がある。

第四に、「事業の効果や必要性を評価するための指標」は、貨幣換算を前提としたものではなく、個々の事業のチェックポイントにすぎないことはすでに述べたとおりである。また、(交通量、混雑度などはさほど問題がないが）指標の選択自体が、相当に政策誘導的であり、評価の分かれるものが含まれる。例えば、広域物流拠点との接続、低道路密度地区の解消、大規模イベントの支援などの指標は所与の前提ではなく、それ自体が政策にさかのぼって議論されるべき問題である。また、指標とされているのは道路建設に伴うプラス要素（便益）ばかりであり、騒音、大気汚染、日照、交通事故、地域分断、自然環境の悪化などのマイナス要素（費用、損失）はまったくチェックされない。こうした事項は別途に環境影響評価手続で評価するというのが建設省の意図であろうが、環境影響評価は事業自体の妥当性・必要性を議論するための手続ではなく、事業対象や評価項目も限定されている。事業計画の段階で、こうしたマイナス要因が一体的に考慮される必要がある。

(3)　下水道事業の評価手法

下水道事業については、これまで、「下水道事業の再評価実施要領細目」「下水道事業の新規事業採択時評価実施要領細目」「下水道事業の再評価に当たっての評価手法」（いずれも一九九八年六月三〇日）および「下水道事業の新規事業採択時評価に当たっての客観的評価手法」（一九九八年一一月二七日）が策定・公表されている。

再評価の対象事業は、事業採択後五年を経過しながら未着工の事業等については、関連計画および関連事業の状況、事業の進捗状況、地元情勢を考慮し再評価の必要性を判断し、事業採択後一〇年を経過した事業は、全事業が対象となる。ただし、上記のすべての項目について順調に進展していると認められる場合には、「詳細な評価手法」によらずに「チェックリスト等による評価手法」を用いた簡単な評価（事実確認）がされるにとどまる。(57)「詳細な評価手法」による再評価は、進捗率、処理場用地の取得状況、施設の供用状況、供用開始区域の接続状況、地元情勢（反対決議、反対運動等）、社会経済情勢、自然環境条件、費用効果分析の要因、コスト縮減方策など一二の指標に基づき実施されるが、進捗率は工事費・事業費の推移により判断され、地元情勢は議会の反対決議や反対運動の有無等で判断される。議会において反対決議・中止勧告が議決された場合は「見直しについて検討する」とされ、用地取得や接続率が著しく低い場合や、貴重な生態系・生物種(天然記念物、絶滅危惧種、固有種)が確認された場合は「原則として見直しについて検討する」とされている点が注目されるが[58]、地権者・周辺住民等の利害関係人から協力が得られない、あるいは反対されている場合は、必要に応じ見直しについて検討すると、トーンダウンしている[59]。

新規事業採択時評価については、別の客観的評価手法が適用される。マニュアルは、公共下水道、流域下水道、都市下水道ごとに、優先採択指標、一般指標を定めているが、大部分は、法令や他の計画との整合性を確認するためのものである[60]。

また、費用効果分析を、再評価および新規事業採択時評価のいずれについても実施することとされており、「下水道事業における費用効果分析マニュアル(案)」(一九九八年三月、㈳日本下水道協会)が別途定められている。このマニュアルは、下水道事業については「現在価値比較法」を適当としているが、ヘドニック法、CVM(仮想金銭化法)、その他の利用も認める。「現在価値比較法」とは、事業着手後一定期間(全体計画完成後五〇年間を想定)の年度別の建設・維持管理費用および年度ごとの発現効果を割引率を用いて現在価値に換算し、その総費用および総便益をもって比較するもので[61]、効果の測定は、生活環境の改善、便所の水洗化、公共用水域の水質保全、浸水の防除、その他の五つの効果項目のうち、効果が確実に測定できる項目(効果計測項目)についてなされる[62]。

最後に評価手続に触れよう。まず再評価は、事業主体である都道府県が行う。その際、評価の公正さを保つために事業評価監視委員会が置かれる。事業評価監視委員会は、直轄事業の場合には地方建設局ごとに、補助事業の場合には、都道府県、政令指定都市に原則として一つ置かれる。そのため、事業評価監視委員会は、都市公園、土地区画整理事業、下水道事業、河川事業、ダム事業、住宅整備事業など、建設省所管の主要な事業について審議するという大役を担わされている。ひとつの委員会が、公共事業全体について的確な評価をなしうるかどうかに疑問がもたれる。宮城県のように、事業ごとに委員の一部を入れ替えたり、複数の委員会を設けるなどの工夫が必要であろう。

再評価の結果は翌年度予算の実施計画策定時に、建設省都市局下水道部から公表されるが、公表されるのは、再評価を実施した事業、対応方針、事業評価監視委員会の意見の内容等結論に至った経緯のみとされ(63)、委員会議事録、配布資料等が公表されるのかどうかは明らかでない。

それに対して、新規事業採択時評価は、もっぱら下水道事業の所管部局が行い、第三者機関の関与は排除される。第三者機関として評価手法研究委員会が設けられたが、文字どおり評価手法について意見をいうだけにとどまり(64)、評価の過程を監視する役割は与えられていない。これで評価の透明性・客観性が保たれるかどうかは、大いに疑問である。評価を実施した部局は、評価結果を資料として建設省都市局下水道部に提出し、当該事業に補助金を交付するかどうかが決定される。したがって、評価の結果が公表されるのは翌年度予算の実施計画策定時(通常は三月頃。流域下水道の場合は、翌年度予算の政府案決定時である一二月末)である。しかし、これでは市民・住民の意見を聴いて計画を手直しすることなど不可能であり、公表とは単に決定の結果を知らせるものでしかない。また、他の事業計画との比較、代替案などが十分に公表されるかどうかにも疑問がある。

結局、新規事業採択時評価は、従来の意思決定プロセスを費用便益分析や指標の設定によって組み替えたにすぎず、公正・透明で開かれた評価とはほど遠いものということができる。

(4) 愛媛県の公共投資評価指標

最後に、国の評価指標と比較するために、愛媛県公共投資評価指標を紹介しておこう。(65)

この評価指標は一九九八年一〇月に決定・公表され、一九九九年度予算編成から用いられているもので、小規模な事業・災害復旧事業・維持修繕事業を除くすべての県の事業、県費負担のある市町村事業、県を通じて国に補助申請する市町村事業に適用される。実際には、農林事業八、水産事業三、土木事業一二の計二三事業が対象となり、新規および継続の事業について、原則として毎年実施される。評価は、事業実施目的の明確化、事業実施過程の客観化・透明化を目標とし、①公共事業としての妥当性、②地域と住民の状況、③事業の効果、④上位計画・他計画との関連性、⑤事業の円滑な実施の五つの評価軸のうち、①以外のものについて、地域格差是正、個人格差是正、費用便益分析、生産の向上、環境の向上、生活の向上、資源の創出、行政事務の効率化、地域経済の活性化、計画熟度など一八の共通評価項目が設けられ、さらに評価項目を具体化した評価指標が、個別の事業ごとに設けられている。また、分析シートによって、評価項目に配分する点数(満点数の配分)が定まっており、ワークシートを用いて得点を記入し、総得点を算出することにしている。なお、費用便益分析については、「最も適切な指標であるが、すべての事業に対して手法が確立しているわけではない。ここでは、様々な手法のうち、費用便益比を用いる」と記載されるにとどまる。

この愛媛県の公共投資評価指標の特徴は、以下のとおりである。第一に、すでに検討した国の道路事業評価、下水道事業評価の評価項目が技術的な項目に偏っているのに対し、社会的弱者への配慮、自然環境の改善、リサイクル効果、快適性の向上、地域文化の継承・創出など、広範囲に及んでいることである(ただし、すべての事業について、これらすべてが評価されるわけではない)。これらの指標は、技術的な項目に比べるとわかりやすいが、それだけ評価(点数記載)に裁量や恣意が混入するおそれもある。また、国の評価指標と同様に、プラス効果は評価されるがマイナス効果は評価(減点)されない点にも問題が残る。

第二に、事業ごとに評価項目や点数配分が異なるので、総得点に特別な意味はない。すなわち、同じ種類の事業については相互比較ができるが、異なる事業との比較はできない。

第三に、こうした比較的単純な指標による評価は、事業評価の内容をわかりやすくし、その過程を公開するうえで、大きな意義がある。しかし、報告書は「評価結果を公表することが望ましい」と述べるだけで、公表の具体案について触れていない点に不満が残る。

3　中間まとめ

(1)　費用便益分析の現況と問題

以上の検討から、最近、実施されつつある公共事業評価について、次のような結論を下すことができるだろう。

第一は、ある事業の目的の妥当性を評価し、事業を選択するための判断基準や手法は確立されていないことである。事業の目的・目標は、抽象的に記載されていれば足り、他の事業(とりわけ局や省庁の異なる部門の計画)との比較検討はなされていない。

第二に、事業の規模や効率性を判断するために、法律や通達に基づき費用・便益が測定されている。しかし、費用便益分析は、採択予定の事業計画についてしかなされず、代替案との比較検討もなされない。したがって、費用便益分析の結果に関わらず事業が実施されるのが普通で、評価の結果が事業の規模や効率性の判断に生かされていない。

第三に、便益の算定も、金銭に換算しやすい被害減少予想額、移動時間の短縮などの一部の便益が算定されるだけで、公共事業が地域社会にもたらす間接的便益や波及効果は分析されていない。

第四に、繰り返し指摘したように、コストとしては、事業費や用地費が算定されるにすぎない。しかし、新幹線や高速自動車道が都市部では深刻な騒音や大気汚染を引き起こし、莫大な対策費用を要することを考えると、新幹線や高速自動車道の建設に伴うコストを事業費や用地費に限定し、他のコストをゼロとするのは明らかに不合理である。

(2) 通産省政策評価研究会の報告書

右の指摘は、事業評価手法には素人である筆者の私見であるが、同様の指摘は、すでに専門家からもなされているところである。ここでは、通産省大臣官房政策評価広報課に設置された政策評価研究会『政策評価の現状と課題』から、結論部分のいくつかを引用しておこう。(66)

第一に、報告書は、事業分野ごとに用いられている費用便益分析や費用対効果分析には、共通の手法が存在しないことを指摘している。すなわち、費用は基本的に貨幣価値として把握されている場合が多いが、便益の把握は、事業の種類ごとに期待される便益が時間短縮効果や災害防止効果などさまざまであるため、着目する便益の特徴に応じた便益把握の手法が採用されている。いいかえると、便益把握の手法は、事業分野に応じて便宜的に選択されているのが実状なのである。(67)

第二に、費用便益分析においては、貨幣に換算することのできる費用や便益のみが計算式に算入される。そのため、快適性や環境に関する価値、地域格差や環境への影響等は、一般に便益や費用として貨幣価値で把握する対象から除外され、検討外事項とされる。そこで、わが国の費用便益分析においては、貨幣価値以外の数値指標によって把握され、定性的にしか記述できない費用・便益は、費用便益分析の結果以外の考慮要因として加味し、全体として判断することとされているが、この「総合的な評価の仕方」には一貫性・統一性がなく、一定の形式によりモデルに明確に組み込まれている例は少ないことが指摘されている。(68)

第三に、費用便益分析は効率性に着目した手法であり、便益や費用を誰が受け取るかという公平性(例えば地域間や年代間の格差等)は基本的に考慮されない。また、これらの手法は、効率性、有効性を測ることを目的としており、施策の評価の基準として効率性、有効性のほかに、公平性、十分性等があるにもかかわらず、従来の定量的な手法にはこれらの視点は必ずしも明示的に組み込まれていないことが指摘されている。そこで異なる分野間での比較や、公平性のように効率性では測れない要素をどのように評価に組み込むのかが今後の課題とされている。(69)

第四に、現状では費用便益分析の手法に大きな恣意性と不確定性が伴うことである。すなわち、便益や費用の中には推定・測定しやすいものとそうでないものがあり、公共事業に際して費用便益分析が使用されている場合においても、項目の選択には大きな恣意性が伴う。費用は積極的に加算されるが、快適性や環境に関する価値等が考慮外とされていることはすでに指摘した。

また数量的な評価結果は一見絶対的なものにみえかねないが、実際には前提条件の置き方、存在するデータの質的・量的限界、不確定要素の存在、評価実施者の能力により、結果の信頼性は異なったものとなりうるとしている点も重要である。すなわち、費用便益分析から出てくる結果は数値であるため精巧にみえるが、データの選択、予測モデルの組み方、費用・便益項目の選択などの要素を変えることでまったく異なる結果を引き出すこともできるのである。とくに市場取引に係る部分については高い信頼性で算定できるが、間接的に発生する波及効果については算定結果の信頼性が低いことが指摘されている[70]。

第六に、この報告書の最も重要な指摘は、費用便益分析の前提条件の選定の恣意性により結果が変動しうることなどを踏まえ、評価結果だけではなく、評価の際の仮定・前提条件、使用した原データ、分析手順、本分析に乗らない要因(定性的なものも含む)などの積極的な明記と公開を求めていることである[71]。とくに定量的手法にこだわらず、定性的な情報を重視し、場合によっては、あえて定性的に表現することで、よりわかりやすく意図を伝えることの必要性を指摘している点は重要と考えられる[72]。

五　まとめ

本稿のねらいは、「はじめに」でも述べたように、公共事業における住民参加と評価に焦点を当て、現状を把握するとともに、今後の課題を明らかにすることにあった。そこで、最後に両者について、解決すべき問題を再度提示し、若干の展望を述べることで、本稿を終えることにしたい。

(1)　公共事業と住民参加手続

行政への住民参加は、古くから議論されてきた行政法・行政学の中心問題であるが、いまだ満足すべき状態にあるとはいえない。とくに公共事業については、以下のことを指摘できる。

第一は、国の公共事業の基本方針や予算の大枠を定める長期計画に対する住民参加の手続がほとんど整備されていないことである。国会の審議の機会さえないままに、公共事業の骨格が定まっていくという現状は、早急に改められる必要がある。

　第二に、河川法改正、森林法改正にみられるように、いくつかの公共事業については、基本計画や事業計画が公示され、住民に意見書提出や説明会への参加などの機会が保障されつつある。しかし、現状では、基本計画や事業計画に住民が知りたい情報がどれだけ記載されるのかに疑問がある。意見書提出手続は、提出した意見書の取扱い、回答の有無などが明確ではなく、住民に参加したという満足感を与えるものではない。また、公聴会・説明会は、建て前論や形式的な陳述・回答に終わりがちで、議論を深めるのにはほとんど役立たない。審議会については、最近、人選、運営、会議公開などに改善や工夫が加えられつつあるが、住民が主体的に自分の意見を述べる場としては問題外である。また、建設省が住民参加モデル手続としている都市計画決定手続も、現状ではあまりに問題が多く、とうていモデルたりえないことは、本文で述べたとおりである。公共事業の推進にあたっては、こうした法定の手続にとらわれずに、多様な創意工夫を重ねることが望まれる(73)。

　第三に、行政過程の公開、説明責任の実行という点で最も効果的なのが、情報公開である。情報公開は、住民意見書の提出、公聴会等における陳述・質疑を補助する手段としても重要なものであるが、住民の多くが意見書作成や説明会参加のための時間が思うようにとれない現状では、自由な時に必要な情報が入手できる情報公開こそ、公共事業の内容を知る方法として最も重要である。

　また、現場の行政官にとっても、あらかじめ準備された説明会等よりも、組織的に用いる情報資料が常に住民の目にさらされているという緊張感のほうが、よほど行政判断を慎重ならしめる。情報公開法が二〇〇一年四月から施行されることになり、国の公共事業についてもようやく国民が情報を自由に入手できることになった。今後は、不開示情報という壁を乗り越えて、住民が必要な情報をどれだけ引き出せるかに焦点が移ることになろう(74)。

(2) 公共事業と事業評価

公共事業のコントロール手段として、最近、大きな注目を集めているのが事業評価である。しかし、これまでの事業評価の運用から、次のような問題を指摘できる。

第一は、評価の信頼性に大きな問題があることである。これまで多数の評価手法が提案されているが、公共事業の種類が多岐にわたることから、そもそもすべての公共事業に適用できるような評価手法はないと考えるのが自然である。(75) また、最も広く用いられている費用便益分析についても、費用・便益項目の設定、計算方法などを変えることで違った結論を引き出すことは、それほど難しいことではない。明確に算定できるものを除き、各種の数値や結果は、参考程度の意味にとどめるのがさしあたり妥当である。

第二は、評価の実施主体にも問題がある。一九九八年に国の指示に基づき都道府県が実施した公共事業の見直しでは、各地に公共事業評価監視委員会が設置され、評価の審査に当たった。これは、一応、外部評価の形式をとったものといってよい。しかし、部外者である委員が、二、三回の検討会で行政側の説明を聞きながら適切な判断を下すのは至難の技である。結局、大部分の事業が継続とされたことは、本文に述べたとおりである。

また、最近導入されつつある公共事業の事前評価(事業採択時評価)は、行政内部の自己評価に終わっており、外部評価・第三者評価は予定されていない。これでは、従来の予算査定方式に内部的なハードルをひとつ設けたのと大きな違いはない。

第三は、結局のところ、評価制度を用いて公共事業をコントロールするのは、きわめて難しい。また、いかに精緻な評価を実施し、その結果を住民に公表しても、住民がそこから問題を読み取るのは、簡単な作業ではない。むしろ数字が独り歩きし、評価制度が、事業の正当化や住民説得の手段に用いられる可能性のほうが高い。また、個々の公共事業にはそれなりの理由があり、地元市町村の後押しがあるのであって、そうした事業を事業評価の結論のみを根拠に中止させることは容易ではないのが実状であろう。結局、(事業の規模にもよるが)ある公共事業の継続・中止の判断は、事業評価の結果を踏まえた政治的・政策的な判断にならざるをえないのである。

このように、公共事業のコントロール手段としての事業評価には、現状では大きな問題があり、事業評価に多くを期待すべきではない。では、事業評価はまったく無意味な、行政の自己満足的な作業にすぎないのであろうか。最後に、全国各地でにわかに導入が進んでいる行政評価を念頭に置きつつ、この問題を考えよう。

第一に、行政評価・事業評価の当面の目的を明確にすることが重要である。最近の自治体に対するアンケート調査結果によると、多数の自治体が、行政評価・事務事業評価の目的として、行政改革の推進、計画・予算の適正化、職員の意識改革などをあげている[76]。しかし、これは事業評価に対する過剰な期待である。これらの目的達成のための手段はほかにもあるのであって、行政評価のみによってそれを実現することは不可能である[77]。行政評価は、当面は、各種の方法(意思決定)に有益な情報を提供する手段にすぎないと割り切ることが必要である。

第二に、右に関連して、行政評価のコスト(時間、手間、人員)を正確に予測する必要がある。包括的で精度の高い評価は、それだけコストも大きくなる。また、膨大な手間をかけて評価を実施しても、それを政策の選択や職員の行動に生かすことができなければ、捨て金になる。目標を明確に設定することにより、目標に適合した評価方法や評価手続を選択することが必要であり、行政評価の自己目的化こそ、最も戒められるべき事柄であろう[78]。

第三に、右のような問題にもかかわらず、行政評価・事業評価は行政官と住民の双方に政策判断に必要な情報を提供し、政策の質を高めるのに貢献するものと思われる。まず、評価は、行政官にコスト意識をもたせ、政策立案や実施のプロセスを論理化し、真に必要な情報を取捨選択し、結果について説明する責任を自覚させるのに役立つだろう。しかし、そうした成果は、漢方薬的に現れてくるのであり、早急な成果を期待すべきでないことは、すでに指摘したとおりである。

そこで、短期的には、事業評価が住民に有益な情報をもたらし、住民参加を促す効果に期待すべきであろう。一般的な情報公開手続によっても有益な情報を得ることは可能であるが、事業評価においては、分野ごとに事業が分類整理され、相互に比較可能な形で提示される。また、評価監視委員会の傍聴や議事録の閲覧などによって事業の必要・規模・停滞している事情などをある程度知ることができ、それを手がかりにさらに有益な情報を入手することもできる。行政評価・事業評価を、行政の外部の者が行政監視のためのツールとして利用することが重要である(79)。こうしたことから、筆者は、事業評価を、さしあたりは、住民等が情報の提供を受けることにより行政・住民・議員が情報を共有しあうための手段と割り切って利用すべきであると考えている。

第四に、そうすれば、行政評価(表)は住民にとってわかりやすいものでなければならない。過度に高度で詳細な分析は不必要であり、精度は劣っても住民にわかりやすい指標が用いられるべきである。また、数値やグラフの羅列より、事務事業の内容や改善のポイントを具体的に記述する方式が望ましい。こうした点では、一部の自治体(三重県、宮城県等)の評価表を除き改善すべき点が多いものと思われる(80)。

最後に、そうすれば、評価(表)は、公表されなければ意味がない。評価表の公開だけではなく、評価委員会の公開、配布資料の公開、議事録の閲覧と複写、さらには関連の資料の公開なども、同時に進められる必要がある。大部分の自治体は評価結果の公表に積極的であるが、議会への報告にとどめたり、あるいは非公開の姿勢をとる自治体が各々一五%前後もみられるのは、大きな問題である(81)。さらに、評価監視委員会に至っては、会議を非公開とし、議事録さえ要旨で済ませているところが多い。評価監視委員会・検討委員会はすべて公開とし、議事録には発言のすべてを記載し、それをインターネット公開すべきであろう。「公開しないものは行政評価とは呼べず、変革に向けた何の圧力も喚起しない。評価結果は、議会にそして住民に公開しないかぎり、まったく何のインパクトももたらさない[82]」という指摘を最後につけ加えておきたい。

（1）五十嵐敬喜・小川明雄『公共事業をどうする』（岩波書店、一九九七年）、加藤一郎『公共事業と地方分権』（日本経済評論社、一九九八年）、二一世紀環境委員会『巨大公共事業 何をもたらすか』（岩波書店、一九九九年）、久慈力・横田一『政治が歪める公共事業』（緑風出版、一九九六年）、週刊金曜日編集部編『環境を破壊する公共事業』（緑風出版、一九九七年）、蔦川正義・久野国夫・阿部誠『ちょっとまて公共事業――環境・福祉の視点から見直す』（大月書店、一九九九年）、特集「日本は変わるか!?」日本自然保護協会『自然保護』一九九七年一〇月号、特集「公共事業の時代は終わった」『世界』一九九八年一一月号、特集「公共事業――そのあり方と評価のシステム」『都市問題』八九巻四号（一九九八年）、やや古いが、全建設省労働組合編『問われる公共事業』（大月書店、一九八二年）など。

これに対して、公共事業に対する法律学の観点からの議論は、あまり活発になされてきたとはいいがたい。阿部泰隆「公共事業評価の法システム」『自治研究』七四巻一〇号（一九九八年）三頁が包括的に問題を論じているが、ほかに山田洋「公共事業と環境保護」『法律時報』六九巻一一号（一九九七年）一八頁など参照。また、日本弁護士連合会第四一回人権擁護大会・シンポジウム第二分科会実行委員会「公共事業を国民の手に――真の豊かさと環境保全をめざして（基調報告書）」（一九九八年九月）参照。筆者が執筆したもので、公共事業に関連するものは、畠山武道「公共事業と行政手続」『法律時報』六六巻一一号（一九九四年）六頁、同「サンセット法の成果と展望」『会計検査研究』一七号（一九九八年）二三頁、同「サンライズ・サンセット・サンシャイン――行政活動を市民の立場から評価する」北海道自然保護協会『北海道の自然』三六号（一九九六年）一一頁、同「公共事業と評価手続」北海道町村会『フロンティア一八〇』二六号（一九九八年）二一頁、二七号（一九九八年）二五頁などである。

（2）その後、中央省庁等改革推進本部は、一九九九年一月二六日決定の「中央省庁等改革に係る大綱」の中で、「政策評価機能の充実強化を図るため、各府省に政策部門を確立するとともに、総務省が府省の枠を超えて政策評価を行う機能を担うために必要な法制上の措置を検討する」ことを定め、さらに一九九九年四月二七日に決定した「中央省庁等改革の推進に関する方針」（改革推進方針）の中で、後に紹介する二段階の政策評価制度の導入を明示している。その結果、今後、政策評価に関する議論がさらに高まることになろう。

(3) ここで、用語の整理をしておこう。行政活動の評価については、行政評価、政策評価、事業評価、事務事業評価、大規模事業評価、公共事業評価、計画評価、執行評価、事前評価、中間評価、事後評価、事業再評価、事務事業総点検など、その都度さまざまの表現が用いられている。しかし最近は、行政の意思決定のプロセスを政策(ポリシー)、施策(プラン)、事業(プロジェクト)に区分し、政策評価、施策評価、事業評価の三つを総称して行政評価と呼び、さらに評価実施の時期に応じて事前評価、現状評価、事後評価に区分するのが普通である。本稿では、公共事業に関する評価を公共事業評価と呼ぶとともに、意思決定の時期と段階に応じて、政策決定段階の評価、計画段階の評価、事業段階の評価、(公共事業の)事前評価・事後評価などと呼ぶことにする。

なお、行政評価については、近時、おびただしい数の著書・論稿が公表されている。斉藤達三『総合計画の管理と評価』(勁草書房、一九九四年)、山谷清志『政策評価の理論とその展開――政府のアカウンタビリティー』(光洋書房、一九九七年)、川端大二『行政のサービス・マネジメント』(日本加除出版、一九九七年)、上山信一『行政評価の時代――経営と顧客の視点から』(NTT出版、一九九八年)、佐々木信夫編著『政策開発――調査・立案・調整の能力』(ぎょうせい、一九九八年)第四章、斉藤達三編著『実践自治体政策評価』(ぎょうせい、一九九九年)、都市行財政問題懇談会『分権化社会における中央政府、地方政府の改革方向――行政改革会議の分析と三重県の行政改革事例』(日本都市センター、一九九八年)、高寄昇正『自治体の行政評価システム』(学陽書房、一九九九年)、上山信一『行政経営の時代――評価から実践へ』(NTT出版、一九九九年)、今井照『わかりやすい自治体の政策評価』(学陽書房、一九九九年)、山本清「公共事業の評価システムに関する考察」『会計検査研究』創刊一号(一九八九年)三五頁、佐藤克広「政策評価の理論」宇都宮深志・新川達郎編『行政と執行の理論』(東海大学出版会、一九九一年)、宮本憲一「総合社会影響事前評価制度の樹立を」週刊金曜日編集部編・前掲注(1)、特集「事業評価・行政評価の可能性」『地方自治職員研修』一九九八年九月号、特集「地方自治体における政策評価」『月刊自治フォーラム』四七四号(一九九九年)、田辺国明「政策評価」森田朗編著『行政学の基礎』(岩波書店、一九九八年)二九五頁、山本清「地方自治体の行政改革戦略と政策評価(上)(下)」『地方財務』一九九八年九月号、一〇月号、山谷清志「わが国の政策評価の現状分析――誤解と限界」『行政管理研究』八四号(一九九八年)五二頁、窪田好男「NPM型政策評価と政府の失敗――地方行革との関連で」『会計検査研究』一八号(一九九八年)四七頁など。その他、最新の文献は、上山・前掲『行政経営の時代』二一七~二二一頁を参照されたい。また、インターネット上の「行政評価」「政策評価」などのリンクからも有益な情報を引き出すことができる。例えば、《http://pmf.mag.keio.ac.jp/bookmark.html》など。

(4) その理由は、第一に、公共事業のあり方についてはとくに問題が山積しており、評価制度の導入等により現状を改革する必要性が高いこと、第二に、事務事業全体の評価においては分野が多岐にわたり、多様な評価方法が用いられるのに対して、公共事業評価においては共通的な評価手続や評価手法を考えやすいこと、第三に、事務事業全体の評価については、三重県のように先行事例を除くと、いまだに検討の段階にあり論評をするのには時期尚早の感があるのに対し、公共事業評価は近年多くの経験・蓄積があり、まとまった批評が可能なことなどである。

(5) 公共事業と財政問題については、特集「公共投資と地方行財政」『都市問題』八一巻一一号(一九九〇年)参照。なお、国の直轄事業であっても、国が全額を負担する事業は、一部の国営公園、開発保全航路、第一種空港などに限られており、治山、治水、道路、港湾、第二種空港については、国の直轄事業であっても、自治体が五分の一から二分の一程度の負担金を支払う必要がある。地方財政法一七条の二参照。また、農業基盤事業は国営事業であっても、地元自治体および受益者の負担があることは、よく知られている。中島富雄『公共投資——その理論と実際』(ぎょうせい、一九八二年)一四一頁以下。

(6) 五十嵐・小川・前掲注(1)六〇〜六一頁。

(7) 中島・前掲注(5)一二〇頁。正確には、住宅、漁港、沿岸魚場整備を除く事業については、計画の閣議決定に先立ち、投資規模およびその内訳など計画の大筋について閣議了承がなされ、さらに事業実施の目標や事業の量が書き込まれ閣議決定に持ち込まれる。

(8) なお、道路審議会は、「中央省庁等改革の推進に関する方針」(一九九九年四月)の一部である「審議会等の整理合理化に関する基本的計画」において、廃止対象とされている。

(9) 新道路整備五箇年計画「二・新道路整備五箇年計画の大綱」《http://www.moc.go.jp/road/consider2/keikaku/index.html》。

(10) ただし、漁港法には例外的に国会承認条項がある。なぜ、漁港法についてだけ国会承認が必要とされているのか、その理由は不明である。

(11) 五十嵐・小川・前掲注(1)七九頁。

(12) 小川明雄「公共事業をどうコントロールするか」『都市問題』八九巻四号(一九九八年)二三頁。この法案をめぐってはさまざまの評価が可能である。筆者は、阿部・前掲注(1)八〜九頁の指摘するように、公共事業関連長期計画を廃止し、国会が毎年予算審議する単年度予算承認方式に改めるべきであると考える。なお、畠山・前掲注(1)「公共事業と行政手続」一二頁参照。

(13)《http://www.moc.go.jp/tec/acnt.html》

(14)塩野宏『行政過程とその統制』(有斐閣、一九八九年)一六～一七頁参照。

(15)ただし、高規格幹線道路の場合は、通常、路線の指定と整備計画決定の間に都市計画法による都市計画決定が入ることになる。都市計画と住民参加の実状については、後述する。

(16)ただし、ここでは環境影響評価法による都道府県知事、市町村長、住民などの意見書提出の機会を除外して考える。住民は、道路建設手続の中に意見表明の機会が設けられていないことから、環境アセスメント手続を利用して事業内容に対する疑問・不満等を述べることになる。しかし、環境影響評価手続は、事業が環境にもたらす影響を審査するだけであり、事業の必要性、規模、収支、費用対効果などに関する意見は排斥されるのが普通である。

(17)なお、すでに述べたように、直轄ダムといっても、公共事業費の四分の一から三分の一の地元負担金がある。

(18)建設行政実務研究会編『建設行政実務講座(五)河川』(第一法規、一九七八年)一五七頁参照。

(19)現在、水資源開発水系の指定を受けているのは、利根川、荒川、木曽川、豊川、淀川、吉野川、筑後川の七つである。

(20)長良川河口堰に反対する市民の会編『長良川河口堰――自然破壊か節水か』(技術と人間社、一九九一年)七三～九六頁。

(21)長谷川徳之輔「公共事業のギルド打ち破れ」『朝日新聞』一九九九年四月一四日朝刊第四面(論壇)、田中啓介「農水省構造改善局は独立王国――公共事業牛耳る技官」『朝日新聞』一九九七年一一月一三日朝刊第四面。

(22)以下は、農林水産省構造改善局計画部監修『土地改良事業計画作成便覧』(地球社、一九八五年)六二一頁以下による。

(23)建設省河川局水政課監修『公有水面埋立実務ハンドブック』(ぎょうせい、一九九五年)三三頁、三七頁。

(24)同右ハンドブック三七頁は、「意見の形式・内容は自由であり、これに直ちに拘束されるものではない。文字どおり、免許権者の裁量に基づく判断の中に自由に反映させればよい。意見に対する回答義務もなく、免許の拒否処分の形で示せばよい」、「期限内の意見であっても、拘束されず、回答義務もないのだから、期限後のものも同様に扱っても問題はない」などと述べている。

(25)ただし、三〇〇ヘクタールというのは、「港湾環境影響評価」の適用要件であって、埋立事業そのものについては、五〇ヘクタール(第一種)および四〇ヘクタール(第二種)という要件が適用される。ちなみに藤前干潟の埋立予定面積は四六ヘクタールであった。

(26) 建設省都市局都市計画課監修『逐条問答都市計画法の運用〔第二次改定版〕』(ぎょうせい、一九九九年)二五六頁。

(27) かながわ地方政府研究会『行政手続法制の研究』(かながわ地方政府研究会、一九九五年)七三〜七五頁。

(28) 住田昌二「都市計画行政における公聴会」『都市問題』六八巻一〇号(一九七七年)二八頁、畠山武道「住民参加と行政手続」『都市問題』八五巻一〇号(一九九四年)四七頁。なお、この個所の記述は、拙稿を一部、書き直したものである。

(29) 山谷清志「わが国の政策評価の現状分析」前掲注(3)六三頁注一二。また、前掲注(24)の記述参照。

(30) 公共事業の検討段階における情報資料の公開については、判決が分かれている。京都府鴨川ダム訴訟(京都地判平成三・三・二七判タ七七五号五八頁、大阪高判平成五・三・二五判タ八二八号一七九頁、最判平成六・三・二五判時一五一二号二二頁)では、ダム候補地選定に関する資料を非公開文書としたが、安威川ダム訴訟(大阪地判平成四・六・二五判時一四六三号五二頁、大阪高判平成六・六・二九判タ八九〇号八五頁、最判平成七・四・二七判例集不登載)は、地質調査専門会社に委託して実施したダムサイト調査報告書の公開を命じている。客観的な事実を記載した文書は、検討が不十分で不当な誤解や混乱を招くことが明らかな文書でない限り、公開するのが原則であろう。宇賀克也「情報公開訴訟判例の動向」『法学教室』二〇一号(一九九七年)九頁。

(31) 例えば、本文で取り上げた千歳川放水路計画に関する千歳川流域治水対策検討委員会のように、委員長(座長)が会議の運営に強い発言力をもち、答申を自ら起草するような場合には、ある程度の成果が期待できる。しかし、こうした例はまれであり、委員にも膨大な労力が要求される。

(32) アメリカの諮問委員会法については、宇賀克也『アメリカ行政法』(弘文堂、一九八八年)二九〜三〇頁、E・ゲルホーン、R・M・レヴィン、大浜啓吉・常岡孝好訳『現代アメリカ行政法』(木鐸社、一九九六年)一二〇頁参照。

(33) 建設省河川法研究会編著『改正河川法の解説とこれからの河川行政』(ぎょうせい、一九九七年)四一頁。

(34) 同右、四三頁。

(35) 同右、三七頁。

(36) 同右、一五六頁。

(37) 同右、四二頁。

(38) 同右、四三頁。

(39) 同右、四二～四三頁。

(40) なお、建設省は、このダム等事業審議委員会とは別に、一九九八年度・九九年度の概算要求にあたり全国三八〇の直轄ダム、補助ダムについて、ダム事業総点検を実施した結果、九八年度は、六つの補助ダム事業の中止、三つの直轄ダム事業と九つの補助ダム事業の休止(当該年度は予算請求をしないもの)などを決定し、九九年度については、七つの補助ダム事業の中止、五つの直轄ダム事業と七つの補助ダム事業の休止などを決定した(数値には生活貯水池を含む。ただし、前年の休止ダムが翌年中止ダムとなるなど重複がある)。細川内ダムは、ダム等事業審議委員会の審議結果を待って結論を出す一時休止ダムとされ、休止ダムの中にカウントされているが、依然として委員会自体が開催できない状態が続いている。

(41) 一九九九年度については、滝上・白滝区間(北海道)、足寄《あしょろ》・阿寒区間(北海道)、日影・蕨峠区間(岩手県)、真室川区間(山形県)、新鶴・柳津区間(福島県)、馬瀬・萩原区間(岐阜県)、関ケ原区間(岐阜県)、用瀬《もちがせ》・三朝《みささ》区間(鳥取県)、日野・溝口区間(鳥取県)、日吉・松野区間(愛媛県)、小田・池川区間(愛媛県、高知県)、菊池・大津区間(熊本県)、緒方・竹田区間(大分県)、日之影・南郷区間(宮崎県)の一四区間が再評価され、現在、結論待ちの状態である。

(42) なお、本文に引用した公共事業評価監視委員会の報告等については、いずれもインターネットにより県のホームページから検索し、アクセスできる。

(43) 自治体の中には、三重県、北海道、静岡県(業務棚卸表)のように、国の見直し指示とは別に、公共事業を含むすべての事務・事業に評価制度を導入したところがある。このうち、三重県の評価制度については、注(3)に掲記の文献を含め、すでに多数の紹介があることから詳細はそれらに譲る。また、北海道は、一九九八年度から政策評価(三〇〇〇をこすすべての事業をＡＢＣの三段階に評価するもの)を実施しているが、北海道は、さらに本格的な事務事業評価制度の導入を検討しており、今回の政策評価は「試行」という位置づけがされている。岩手県も、新規の公共事業評価システムの充実・改善とともに、公共事業以外の事業も含めた主要な事業について計画段階で評価を行うシステムの開発を進めるとしている。岩手県では、公共事業評価委員会が設置される予定であるが、委員会は「再評価結果、新規着手評価手法について審議する」とされており、新規着手事業については評価手法のみの審議にとどまるようである。これも国の新規採択事業評価システムにならったものである。

その他、宮城県、秋田県、愛媛県をはじめ、多数の都道府県が、広範囲の行政評価制度の導入を検討している。したがって、一般的な事務事業評価の検討は、それらが出揃い、一定の実施期間を経てから行うのが適当である。なお、地方自治体における行政評価の最新の進捗・準備状況を知るためには、『自治体における行政評価の現状・課題・視点』(日本都市センター、一九九九年)が有益である。

(44) 北海道の時のアセスメントでは、地元市町村の事業継続の要請に反して中止を決定した事業がいくつか含まれる。そのため、地元市町村の説得、北海道に対する不信の解消、事業中止後の見返り(地域振興策)、民間業者への補償措置などが大きな問題となっている。

(45) 吉野直行『公共投資の経済効果』(日本評論社、一九九九年)、森杉壽彦『社会資本整備の便益評価――一般均衡理論によるアプローチ』(勁草書房、一九九七年)、肥田野登『環境と社会資本の経済評価』(勁草書房、一九九七年)、松野正ほか『開発プロジェクトの評価――公共事業の経済・社会分析手法』(築地書館、一九九九年)、中村英夫編『道路投資の社会経済評価』(東洋経済新報社、一九九七年)、森杉壽彦・宮城俊彦『都市交通プロジェクトの評価』(コロン社、一九九六年)、武藤博己監『社会資本投資の費用・効果分析法』(東洋経済新報社、一九九八年)、竹内憲司『環境評価の政策利用――CVMとトラベルコスト法の有効性』(勁草書房、一九九九年)、栗山浩一『公共事業と環境の価値――CVMガイドブック』(築地書館、一九九七年)、栗山浩一『環境の価値と評価手法――CVMによる経済評価』(北海道大学図書刊行会、一九九八年)、J・ディクソンほか、環境経済評価研究会訳『新・環境はいくらか』(築地書館、一九九八年)、嘉田良平ほか『農林業の外部経済効果と環境農業政策』(多賀出版、一九九五年)、鷲田豊明ほか『環境評価ワークショップ』(築地書館、一九九九年)、貝山道博『社会資本整備の評価の理論』(社会評論社、一九九三年)など。また、インターネットで閲覧可能なものとして、通産省政策評価研究会『政策評価の現状と課題』(一九九八年)、建設省建設政策研究センター『社会資本整備の便益評価等に関する研究』(一九九七年)、同『環境等の便益評価に関する研究』(一九九八年)、金本良嗣『交通投資の便益評価・消費者余剰アプローチ』(日交研シリーズ A―二〇一、日本交通政策研究会、一九九六年)がある。その他、高速道路、河川、空港、航路、港湾施設、鉄道プロジェクトなど個別の事業についても、費用便益分析手法、評価手法に関する調査報告書が公表されている。

(46) 山本・前掲注(3)三七頁。

(47) 日本河川協会編『改訂新版建設省河川砂防技術基準(案)同解説/調査編』(山海堂、一九九七年)五四二頁。

(48) 同右、五四一頁。

(49) 山本・前掲注(3)三八頁、宮田謙・安邊英明「地価関数に基づく治水事業効果の計測――千歳川流域を事例として」『一

九九一年度第二六回日本都市計画学会学術研究論文集』一〇九頁。

(50) 山本・前掲注(3)三八頁は、このコスト・アロケーションを、「計画の円滑な実施のため地元住民を含めた各般の合意、利害調整」のための評価の側面を有するとしている。しかし、利害関係者とはもっぱら費用負担者・負担金分担者を指していると解すべきである。

(51) 山本・前掲注(3)三九頁。

(52) 《http://www.moc.go.jp/policy/bbyc/shishin.html》

(53) 事業評価研究会『道路事業の評価——評価手法の解説』(ぎょうせい、一九九八年)一二～一七頁。

(54) 同右、四〇～四一頁。

(55) 同右、三三頁。

(56) 同右、二二頁。

(57) 下水道事業評価研究会編著『下水道事業評価制度の解説』(ぎょうせい、一九九九年)一二頁、一〇八頁。

(58) 同右、一三頁、一一八～二〇頁。

(59) 同右、一一九～二〇頁。

(60) 同右、二四～三六頁、一二六～二八頁。

(61) 同右、四五頁。

(62) 同右、四七頁。

(63) 同右、一七～一八頁、一〇九～一〇頁。

(64) 同右、三六頁。

(65) 愛媛県公共投資評価指標は、インターネットにより県のホームページから検索し、アクセスできる。

(66) 《http://www.miti.go.jp/feedback-j/ipabu00j.html》

(67) 政策評価研究会『政策評価の現状と課題』(通産省大臣官房政策評価広報課、一九九八年九月)一〇頁、一七頁。

(68) 同右、一七頁。

(69) 同右、一八～一九頁、四〇頁、四二頁。

(70) 同右、四〇頁、四二頁。

(71) 同右、一八頁、四〇頁、四三頁。
(72) 同右、四七頁、六八頁。
(73) 住民参加については、筆者も何度か意見を述べてきた。畠山武道「住民参加と行政手続」『都市問題』八五巻一〇号(一九九四年)四三頁以下、同「地方自治と住民参加」『都市問題』八八巻五号(一九九七年)四五頁以下、同「アメリカの森林管理と住民参加」木平勇吉編著『森林環境保全マニュアル』(朝倉書店、一九九六年)一三頁以下。また、ジョイントセミナー北海道21報告書『すすめよう住民参加』(北海道自治研修所、一九九六年)も参照されたい。
(74) 前掲注(30)参照。
(75) 上山『行政経営の時代』前掲注(3)二〇五~二〇六頁、二一二頁。
(76) 『自治体における行政評価の現状・課題・視点』前掲注(43)五四頁。
(77) 政策評価研究会・前掲注(67)四〇頁。
(78) 同右、三頁、八二~八三頁。「評価は住民説得のための道具ではない。ましてや、評価書作りが自己目的化し、膨大な時間とコストをかけて精緻な評価書作りに時間が費やされるようでは、本末転倒である」(西尾勝『行政学の基礎概念』(東京大学出版会、一九九〇年)二七五~七七頁)。
(79) 上山『行政経営の時代』前掲注(3)二〇九頁。
(80) 『自治体における行政評価の現状・課題・視点』前掲注(43)八九頁、一〇五頁では、五〇~六〇%の都道府県が、実施中の評価方法の問題点として、住民等にわかりにくいことをあげている。
(81) 同右、六〇頁。しかし、評価結果を実際に公表している自治体は、事前評価の場合には三〇%程度、事業評価の場合には五〇%程度であり、自治体自ら公表等情報公開が不十分であることを認めている。同上、八七~八九頁、一〇四~一〇五頁。
(82) 上山『行政経営の時代』前掲注(3)二一五頁。

＊ なお、本稿は一九九九年八月に脱稿したものである。したがって、文献・資料等も、それまでに入手できたものに限られている。

環境アセスメントと政策評価

――北海道の「時のアセスメント」見聞録

小沢典夫

はじめに

私は、一九九七年七月、環境庁から出向して北大法学部に赴任し、北海道が開始したばかりの「時のアセスメント」の取組みに大いなる関心を抱いた。

その直接的な理由は、「時のアセスメント」という言葉が「環境アセスメント」に類似することである。実際のところ、北海道の「時のアセスメント」は「環境アセスメント」の類推から命名されたものだという。その先輩格にあたる「環境アセスメント」は、一九七〇年代後半から八〇年代にかけて環境庁の悲願であった法制化がままならない状況に置かれるなど、非常に不遇な経過をたどってきた。総じて開発事業などの政策決定に関する手続ルールが未熟なわが国において、「時のアセスメント」はどのような経過をたどり、社会的にどのような評価を受けるのだろうか。これが私にとって、ひとつの関心事であった。

また、九七年七月、時のアセスメントの第一次対象施策に選定された案件の中には、士幌高原道路をはじめ環境影響との関連で問題化した事業が含まれていた。はたして、「時のアセスメント」は、「環境アセスメント」との比較において、実際の機能面でどのような差異をみせることになるのだろうか。これが、もうひとつの関心事であった。

本稿では、時のアセスメントの第一次対象施策のうち環境問題との関わりが深い「道民の森」民活事業、松倉ダム、士幌高原道路の三件と、同時期に同様の文脈で再評価が行われた千歳川放水路計画を取り上げ、これらの施策再評価の経過をたどるとともに、環境アセスメントと(時のアセスメントを含む)政策評価の関係について考察をしてみたい。

一　関係制度の概観

1　時のアセスメント

「時のアセスメント」とは、一体どんなものだろうか。北海道が一九九七年一月に定めた「時のアセスメント(時代の変化を踏まえた施策の再評価)実施要領」では、この制度の目的を「時の経過によって施策が必要とされた社会状況や住民要望等が大きく変化し、施策の当初の役割や効果につき改めて点検・評価を加える必要があるものについて、多角的、多面的な視点から検討を行い、時代の変化に対応した道政の実現に資する」ものと規定している。

「時のアセスメント」の背景とねらいをより明確に表現しているのは、この制度の産みの親といわれる堀知事が九七年二月、道議会に対して行った演説(平成九年知事道政執行方針)であり、そこでは次のように述べられている。「これまで、行政は、決して間違いを起こさない、あるいは、起こしてはならないということに自らとらわれてきたと思います。「間違いは許されない」といった固定観念が、行政の先送り体質や硬直的なものの考え方をつくりだしてきました。しかし、時代の転機にある今日、行政自身もそうした観念から自らを解き放ち、虚心坦懐な姿勢で臨むことが必要であると考えます。……私は、様々な事情から停滞したり、時間がかかり過ぎている施策に、「時」という客観的な物差しをあて、時代の変化を踏まえて再評価するシステムとして、「時のアセスメント」を実施してまいります。立ち止まり、そして考える。「時のアセスメント」は、限られた財源の下で、道民の皆さんの多様なニーズの中から、より重要性、緊急性の高い新たな施策を展開していくためのものでもあります。」

時のアセスメント（以下、「時のアセス」ということがある）の手続の流れをみると、まず、再評価の対象とする施策の選定が行われる。対象施策は、知事ら道庁幹部からなる「政策会議」が、次の三要件のいずれかに該当すると認められる施策を洗い出し、決定する。

一、施策が長期間（運用上、一〇年以上）停滞している。

二、社会的状況の変化等により施策の価値または効果が低下している。

三、施策の円滑な推進に課題を抱え、長期間停滞するおそれがある。

次に、再評価のための検討が行われる。検討を行うのは再評価の対象施策を所管する部局であり、対象施策の概要、現時点での必要性、妥当性、優先性等の評価、休止または廃止する場合の影響や推進する場合の手当て等について検討し、その結果を「検討評価調書」にまとめ、時のアセス担当の副知事に報告する。担当部局の報告を受けて、今度はその副知事を座長とする「検討チーム」が再評価を行う。そこでは今後の方針等についても検討し、「再評価調書」をとりまとめて、知事らの「政策会議」に報告する。そして、最終的には、同会議の議を経て、対象施策に関する道の方針が決定されるのである。

以上、要すれば、北海道の「時のアセスメント」とは、北海道が行う施策のうち停滞したり問題を抱えているものについて、道庁自身が、時代の変化を踏まえてその役割や効果等を再評価し、必要な是正を講ずることである、ということができるだろう。なお、これまでの運用実績をみると、担当部の検討段階で、案件により程度や方法の差はあるものの、関係地域住民等への説明ないし意見把握の措置がとられている。また、担当部および検討チームが作成した調書はもとより、再評価作業の進捗状況、担当部が行った調査等に関しても情報公開がなされている。

時のアセスの対象施策は、九七年七月の政策会議で、第一次分として①苫小牧《とまこまい》東部第一工業用水道、②松倉ダム、③白老ダム、④トマムダム、⑤「道民の森」民活事業、⑥道道士幌然別《しほろしかりべつ》湖線(士幌高原道路)の六件が決定された。本稿では、このうち環境問題との関わりが深い②、⑤、⑥を取り上げる。

なお、その後は同年一二月、第二次分として北海道地域輸入促進(FAZ)計画など三件が決定されており、今後も随時、対象施策の選定が行われると思われる。

2　環境アセスメント

時のアセスメントとの対比上、環境アセスメントの概要についても紹介しておこう。

環境アセスメントとは、「環境影響評価」の通称であり、土地の形状変更、工作物の設置等の事業の実施にあたり、あらかじめ、その事業が環境に与える影響について調査、予測、評価を行うことである。日本の制度では一般に、この環境影響評価(狭義の環境アセスメント)を行うべきは事業者自身とされている。そして、事業者が行った評価の結果を公表して、関係地方自治体、住民等に環境保全上の意見陳述の機会を与えること等の手続(広義の環境アセスメント、ないし環境アセスメント手続)を定め、事業について適切な環境配慮を組み込もうとするのが、環境アセスメント制度である。

日本の環境アセスメント制度は、国の統一的法律の制定が一九九七年まで遅れたため、この間に国の一部個別法(例えば公有水面埋立法)、八四年の閣議決定による国の要綱(後に環境影響評価法に吸収)、地方の条例や要綱といったようにさまざまな形で形成されてきた。これらの諸制度は、それぞれ対象事業の範囲や環境配慮を組み込むための手続に微妙な差異があるため、標準的なモデルを示すのは困難である。が、しかし、本稿で取り上げる時のアセス対象施策について、これが立案された時代で考えれば、代表的なものは国の閣議決定要綱と、北海道環境影響評価条例であったといってよい。

国の閣議決定要綱では、道路、ダムなど一定の大規模な事業で、国が直接実施しまたは許認可、補助等を通じて関与するものが環境アセスの対象となる。事業実施者は、まず自ら(狭義の)環境影響評価を行い、その結果(環境影響評価準備書)を公表する。そして、環境保全の見地からの地域住民、関係市町村長および都道府県知事の意見を聴いて、自らの当初の評価結果を見直し、事業者としての最終評価結果(環境影響評価書)を作成する。その事業が国の実施するものであれば、事業者たる国の機関(例えば建設省)が自らまとめた評価書に沿って環境配慮を組み込み、これが国の許認可等を要するものであれば、事業者は評価書を添えて国の主務官庁に許認可等の申請を行い、主務官庁は許認可等の判断に際して当該評価書を審査、勘案することにより、環境配慮が組み込まれることになる。なお、環境庁長官は、主務大臣から求められた場合には、環境保全の見地から意見を述べることができる。以上が新しい環境影響評価法の施行前における国の代表的な環境アセス制度の概略である。そこでは、国の関与する事業(多くの場合、公共事業)が対象であること、環境配慮の確保において主務官庁の役割が大きいことが特徴である。

一方、北海道には一九七八年制定、七九年施行の北海道環境影響評価条例がある。これは歴史的にみると、川崎市に次ぎ、全国で二番目につくられた環境アセスの地方条例である。同条例では、道路、ダムなど一定の大規模な事業(その種別や規模要件は、当然のことながら国の要綱とは異なる)が、道の関与の有無に関わりなく、環境アセスの対象事業となる。ここでも(狭義の)環境影響評価を行うのは事業実施者であるが、その結果(環境影響評価書)は道知事に提出され、これを公表し、環境保全の見地からの地域住民および関係市町村長の意見を聴くのは道庁の役割になる。さらに知事は、関係者の意見を添えて、学識者からなる審議会(北海道環境評価審議会）に諮り、その答申を得て、必要に応じ事業者に当初の評価書の変更を求める。これによって、環境配慮が組み込まれることになるのである。なお、その事業が道の実施するものである場合には、道は審議会の意見に従い、必要に応じ自ら当初の評価書を変更することになる。以上が道の環境アセス条例の概略である。そこでは、道内で行われる大規模な事業は民間が実施するものを含めて対象となること、環境配慮の確保において学識者からなる審議会の役割が大きいことが特徴であるといえる。

二　時のアセスメント等の個別案件に関するレビュー

1 「道民の森」民活事業

(1) 事業の経緯

「道民の森」民活事業とは、北海道が当別《とうべつ》町等で整備を進める「道民の森」とその周辺の一体的な活用を図るため、民間企業のスポーツ・レクリエーション施設を導入しようとした計画のことである。

北海道は、国際森林年（一九八五年）を記念し、道民が森林と親しみ、森林を知り、その恵みを受けつつ自然とともに生きる心を培うことを目的として、一九八六年「道民の森構想計画」を策定し、八七年から当別町および月形町の道有林内で施設整備に着手した。

さらに、この構想計画を受けて整備の方向などを明確にするため、道は八八年に「道民の森基本計画」を策定し、道有林を中心とする道民の森地区とその周辺の当別町有地(町営牧野等)の地域に民間施設を導入し、全体の施設水準の向上を通じて「道民の森」の利用拡大および通年利用化を図ることとした。ちなみに、この当時は、いわゆる民活法が八六年に、リゾート法が八七年にそれぞれ制定され、民間活力の導入による地域振興策が各地で進められていた頃である。そして、この基本計画に基づく民間企業への働きかけの結果、八九年、M製作所がスキー場、ゴルフ場等の整備事業(民間事業名:カムイジャンボリー高原開発事業)として参入することになり、それ以降、道はこの民間企業に対し指導助言等の支援を行ってきた。また、地元当別町は九一年、当該民間企業との間で町有牧野等の売払いに関する覚書を取り交わした。

このカムイジャンボリー高原開発事業は、施設計画の総面積が五七六ヘクタールであり、北海道環境影響評価条例に定められた対象事業の要件(総合レクリエーション施設で、面積三〇〇ヘクタール以上)に該当したため、同条例に基づく環境アセスメントが行われることになった。事業者たる民間企業は、環境影響に関する調査等を行って、九四年二月に環境影響評価書を知事に提出。これを受けて道は、その公表(公告・縦覧)、住民意見の受付、公聴会を行い、同年七月、環境影響評価審議会に諮問した。ところで、この民間開発事業の特徴は、ゴルフ場は無農薬で管理し、その一部は施肥を要しない人工芝を使用するなど計画上ある程度の環境配慮が示されていたこと、一方で、その下流部に札幌市等四市町の水道水源ダム(当別ダム)の建設が計画されていたことである。環境アセス手続の公聴会等では、自然保護団体の関係者らが、水道水源ダムへの影響、開発地域である神居尻山一帯の動植物への影響などに関し意見を述べた。これらのことを踏まえて行われた環境影響評価審議会の審議の結果を受けて、九五年一月、道が公表した本件環境アセスの審査結果は、事業者の環境影響評価書について「特に意見はない」とし、事業実施上配慮すべき「附帯意見」として、一部の植物群落および鳥類についての調査実施と保全策の実施、下流の水道水源ダム関係者との水質保全策に関する協議を求める内容のものとなった。これにより、多少の附帯条件はついたものの、環境アセスメントの手続は終了した。

ところが、環境アセス手続の中で意見を述べた関係者を通じて、水道水源ダムの上流部に道が民間ゴルフ場等を誘致していることを知った札幌等の市民団体が、本事業に反対の声をあげはじめた。九六年一〇月には、これらの市民団体が「当別ダム上流部のゴルフ場建設計画に反対する市民連絡会」を結成し、学習会、道および当別町等への要望書提出、反対署名運動などを繰り広げていったのである。同会は、ゴルフ場が無農薬で一部人工芝だとしても肥料は使われるので下流ダムに水質負荷を与えること、スキー場建設により水源涵養保安林が伐採され保水力の低下等でダムへの悪影響が懸念されることなどを指摘した。また、九六年末には、本事業の前提となる保安林指定解除の権限を有する農林水産省への反対陳情も行った。

こうした状況の中で、北海道は、九七年七月、「事業計画地については水源涵養保安林であること、森林の環境資源としての重要性や水道資源としてのダム計画との関連から様々な議論があり、今後の進め方について総合的な検討を行う」として、本件事業を時のアセスメントの対象施策に選定した。なお、後にとりまとめられた再評価調書(九八年四月)の中では、「自然環境や生活環境に対する道民意識が高まる中で、事業計画地が水道水源上流部に位置することから、水質悪化や生活の安全性などについての不安が提起され、今後、事業の停滞が懸念される状況となっている」と補足している。

(2) 再評価の経過と結論

北海道の本件担当部局である水産林務部は、時のアセスの再評価に向けた検討のため、本事業の経済効果等の調査を実施するとともに、推進・反対の両派を含む関係団体の意見聴取、石狩市、当別町および札幌市での公聴会ならびに文書による住民意見聴取、関係審議会委員等の学識経験者の意見聴取を順次進めていった。

事業の経済効果等に関する調査報告は、一九九八年一月にまとまった。これによれば、ゴルフ場とスキー場への入り込み客数は事業者の当初想定よりやや少ない見通しが得られたものの、観光関連の売上げやこれに伴う所得の増加など一定の経済効果が見込まれ、また、地域雇用の効果も期待されるとの結論であった。

関係団体、地域住民、学識者の意見聴取は、九七年一一月から九八年二月にかけて行われた。水産林務部の検討評価調書（九八年四月）には得られた意見が賛否別に表示されており、これでみると、あらかじめ賛否が明確な関係団体は別として、公聴会または文書で意見を述べた地域住民五六名、森林審議会等の学識者三二名の合計八八名のうち、「推進」意見が九名、「反対」または「見直し」が七六名、その他が三名という結果であった。

九八年四月に同部がとりまとめた検討評価調書では、以上の調査結果を示すとともに、今後の方針については「民間事業者や地元自治体への対応にも配慮しつつ、判断する必要がある」との同部の見解が示された。これを受けて同月、検討チーム、政策会議は、道の最終方針を示す再評価調書をとりまとめ、発表した。その結論は「事業予定地が水道水源上流部に位置するという条件にあるゴルフ場、スキー場は「道民の森」の施設としてはそぐわなくなっているものと判断し、本事業を取り止めるよう〔民間事業者に〕申し入れる」（傍点および括弧は筆者）とするものであった。あわせて、同調書では、「この事業に期待されていた……当別町の地域振興などの役割を考慮し、……事業予定地を「道民の森」の〔道直轄の〕事業区域に編入し拡張事業を展開する……などについても検討を進める」、また「事業者に対しては、これまでの道としての取組みの経緯を踏まえ、真摯に対応する」とも記されている。

(3)　本件の特徴と考察

一連の時のアセス対象施策の中で本件事業の特徴をあげれば、第一は、直接の事業主体が民間企業であること、第二は、環境アセスと時のアセスの両方がともに行われた案件であることである。

この事業が環境アセスで中止されず、時のアセスで中止されたのはなぜだろうか。その答えは、両者のアセスは、実は審査・評価の対象物が異なっていたからであると考える。

環境アセスの審査対象は、民間企業のひとつの開発事業である。環境影響評価条例の立場からは、ある事業が一定の種別・規模要件に該当するのであれば、それが道の支援促進策の対象であるか否かに関わらず、等しく事業者の環境影響評価書を審査しなければならない。そのことの当否評価は別として当時、北海道内には多数のリゾート施設建設計画があった。その中で本件事業計画は、ゴルフ場の無農薬管理、一部人工芝使用による施肥量削減など一定の環境配慮がなされているとの評価がなされたのであろう。附帯意見として、一部生物の調査実施と水道水源ダム側との協議を求めたものの、それ以上のことはなく審査を終えたのである。

これに対し、時のアセスの評価対象は、道の施策としての「道民の森」民活事業である。そこで問われたのは、道が自ら施設整備を行う地区とその周辺を一体的に(広義の)「道民の森」ととらえ、そこに一定の民間施設を誘致するという道自身の政策が是か非かという点だったのである。そして、その結論は、「道民の森」の施設として水道水源上流部にゴルフ場等を積極的に誘致することは、道の施策としてそぐわないとの判断をしたものである。

本件ゴルフ場等の事業主体が民間であったことは、時のアセスに別の面での影響を及ぼしている。民間事業者は、地元町の町有地を買い取り、そこに諸施設を整備して事業活動を行う予定であった。当該事業者としては、将来の事業活動による収益を期待して、環境アセスメントの調査を行うなど一定の経費を支出してきたはずである。また、地元町としても、本事業が円滑に進めば、町有地売却による収入が得られるほか、町民の雇用機会等も期待できたのである。

したがって、道が時のアセスで民活事業の「取り止め」を決めることは、これら関係者の期待した利益を損なうことになる。このため、道は再評価調書の中で、地元町のために民活事業予定地への道直轄事業の拡張を示唆し、民間事業者に対しても「真摯に対応」するとの方針に言及したのであろう。

本件時のアセスの本質は、道民の意識からみてそぐわなくなった施策を変更するために、地元町との関係では道が民間事業者になり替わって追加的なコストを負担し、民間事業者との関係では信頼関係を損なうことによる種々のリスクを負ってもよいかどうかの判断をすることだったといえよう。このような高度の政策判断は、残念ながら環境アセスメントとはまったく別次元の、時のアセスメントのような枠組みで、組織のトップを動員してでなければできなかったことであろう。

2　松倉ダムの建設

(1)　事業の経緯

松倉ダムは、函館市の松倉川上流に、洪水調整および水道用水の供給を目的として建設が計画された堤高八〇メートル、堤頂長三三〇メートルの多目的ダムである。総事業費は三一〇億円が見込まれていた。

函館市東部の松倉川(二級河川)流域は過去、幾たびか洪水被害が発生し、河川管理者の北海道は松倉川の本川および支川(湯の川、鮫川など)の河川改修を進めてきたが、一九八一年八月の台風による洪水があり、同流域としては大きな被害が発生した。これを契機に、道は抜本的な治水対策を検討するための予備調査を開始した。一方、函館市の水道計画では人口の増加、水洗化の普及等による水需要の増加を予測しており、同市は新たな水源を求めていた。

こうして道の治水対策と函館市の水道事業の両方のニーズが一体化していくことになり、多目的ダムとしての松倉ダムの実施計画調査が九三年度から開始された。道の説明によれば、松倉川流域の治水対策については種々の方式が検討されたが、沿川が高度に土地利用されている状況から大幅な河道改修は困難と判断し、家屋の移転や耕地への影響が少なく、かつ、函館市の水需給対策にも対応できるとの理由から、松倉川上流へのダム建設が選択されたという。

ところが、九二年一二月の新聞報道でダム計画の存在を知った地元の自然保護団体と街づくり団体が、函館市にダム建設の必要性に関する公開質問状を提出する等の活動を開始し、九五年三月には両団体が中心となって「松倉川を考える会」が結成された。同会の主張は、その会名にも表されているが、ダム建設に絶対反対するというよりも、函館市民にとって大切な松倉川でのダム建設が本当に必要かどうかを明らかにすることが先決だ、というものであった。同会は、市民向けの松倉川観察会やセミナーを行うとともに、事業主体である道の出先(函館土木現業所)および函館市との話合い、これらの職員も招いてのフォーラム開催等の活動を通じ、ダム計画に対する行政および市民への問題提起を繰り広げていった。

こうした状況の中で、九七年七月、北海道は「ダム建設に伴う周辺の自然環境への影響などについて種々の意見が出されており、今後の進め方などについて検討を行う」として、本事業を時のアセスメントの対象施策に選定した。なお、後にとりまとめられた再評価調書(九八年一〇月)の中では、「事業を巡りその必要性や自然環境への影響など様々な意見があり、このままでは事業の円滑な推進に支障をきたし、長期間停滞するおそれがあった」と補足している。

(2) 再評価の経過と結論

北海道の担当部局である建設部と出先の函館土木現業所は、利水者たる函館市とともに、一九九七年一一月に三回の市民説明会を開催し、九八年一月からは市内町内会長、「松倉川を考える会」および各町内会との個別の意見交換を順次実施するとともに、これと並行して関係諸団体(町会連合会、「松倉川を考える会」、農・林・漁業団体など)の代表一一名と公募市民四名の計一五名からなる意見交換会を設置し、同年二月から八月までにその会議を五回行った。

このように本件時のアセスでは、住民等の意向の把握が重視され、関係者間の意見交換がかなり頻繁に行われたのが特徴である。そして、この意見交換会での主な論点は、松倉ダムの治水対策および利水対策としての必要性に関することであった。以下、事業主体である道・市と「松倉川を考える会」(以下、「考える会」という)の主張を対比させる形で、論議の概要を紹介する。

前述のとおり、松倉ダムは松倉川流域の治水対策として計画された。それは、松倉川本川の上流部ダムで洪水調整を行い、ダム下流部の流量に余裕をつくることによって支川の洪水流下も円滑にするというものである。道は、同流域の過去の実績雨量から百年確率の雨量を求め、その条件下で想定される各河川の洪水流量と現在の流下容量とのギャップを埋める治水対策が必要との立場であった。九七年一一月の市民説明会で、道はこの考え方に基づき、七つの治水対策案を示した。それは、河道拡幅案、遊水地案、分水路+河道拡幅案、分水路+遊水地案、分水路+放水路案、分水路+下流ダム案、分水路+上流ダム案(原計画と同じ場所だが規模を縮小)である。その際、道はこれらの概算事業費を比較して、(原計画に最も近い)分水路+上流ダム案が最も低コストであるとの評価を示した。これは、道として原計画の修正を提案する意味があったようであるが、それ以上に重要な点は、道の示した七案により治水対策はダム以外でも可能であることが示されたことである。

これに対し、考える会は、過去の洪水被害は下水管からの氾濫水や高台からの地表流下水など河川水とは別の原因が考えられること、松倉川本川にしても雨水が短時間に集中して流れ込むのは後背部での森林伐採による保水力低下や長大な林道の側溝による雨水流下が原因である可能性があること等をあげ、治水対策の前提として、これまでの洪水被害の原因を明らかにし、それに対応する対策を立てるべきだと主張した。

次に、本件ダムは道が治水対策として計画し、これに水道用水の水源を求めていた函館市が利水参加したものである。このため、利水対策としての必要性の説明ないし主張は函館市が行った。

函館市は、既存の第四次函館圏総合計画に基づき、同市人口が現在(一九九七年)の二九万人余から二〇一六年(平成二八年)には三二万人になると予想し、これに水洗化率の向上等による生活用水原単位の増加などを織り込み、将来の水道原水の確保必要量を一七・九立米/日と推計、同市の現況一五・九立米/日の取水能力で不足する分、二立米/日を松倉川から新たに求めたいとの立場であった。九七年一一月の市民説明会では、道が七つの治水対策案を示したことに対応し、同市も利水面からの比較を示したが、治水対策上ダムによらない五ケースでは水道専用ダムが必要となって高コストとなり、治水対策上ダムが用いられる二ケースのうちでは上流ダムのほうが既得水利権との関係や原水の水質面で有利であるので、結局、(原計画に最も近い)分水路＋上流ダム案が最も望ましいとの主張を行った。

これに対し、考える会は、函館市の人口は一九六三年の三二万人をピークに現在の二九万人と減少傾向にあり、市が根拠とした総合計画の人口は過去の第一次から第三次計画までいずれも実績人口を二～四億人も上回っていること等から、市の推計した将来の取水必要量は過大であり、松倉ダムの前提となった水需給計画は破綻していると主張した。また、函館市側が追加的な理由として天候不順による雨不足や給水量増加への対応をあげたのに対しては、市の給水能力に余裕のある今から節水、雨水利用など水需要の抑制策を打ち出し、限りある水資源を永続的に利用する政策を見出すべきだと反論した。

なお、函館市は、時のアセスの最終段階にあたる九八年九月、道に提出した意見書の中で「函館市の水需給対策については、水需要予測の基本的な指標である給水人口の見直しはもとより、安定した水源やゆとりある施設能力の確保、安全で良質な水の供給、さらには広域的な水需給の展望や節水等も含めた効率的な水需給の視点も加味し、早期に見直しをする」との見解を示した。

これらが主な論議の概要であった。関係諸団体の代表らが参加した意見交換会の最後に、一五名の委員全員が治水対策および利水対策の必要性とその手法に関する意見書を提出した。道によって公表された各委員の意見書要旨は、解釈が難しいものもあり、道は(「道民の森」民活事業の調書で行ったような)ダム建設に対する賛否等の区分を表示していない。そこで、試みに筆者の判断で区分してみたところ、治水および利水の対策手法として松倉川上流のダム建設を支持する者六名、反対する者五名、判然としない者四名であった。

以上の経過の後、一九九八年一〇月、建設部は検討評価調書をとりまとめ、これを受けて同月、検討チーム・政策会議は道の最終方針を示す再評価調書をとりまとめ、公表した。ここで、函館市の水需給計画については「給水人口の見直しなどの必要性があるとの考え方が示されており、水源確保のためのダム建設の緊急性は認められない」、治水対策については「自然環境の保全を求める市民の声や代替性の可能性があることなどを踏まえ、計画全体を見直す必要が生じた」として、「多目的ダムである松倉ダムの建設は取り止める」と結論づけた。

(3) 本件の特徴と考察

本件時のアセスの一番の特徴は、道の担当部局(建設部)が住民等の意向把握を重視し、かつ、前述の「道民の森」民活事業のそれに比べても、関係者間の意見交換ないし討論が頻繁に行われたことである。その背景ないし理由としては、次のような点が指摘できよう。

第一に、本件のようなダム事業の目的とされる「治水」や「利水」は、その基本的・抽象的な必要性についておそらく何人にも異論なく、しかも、ダム建設による効果ないし必要性の数量的根拠が(その当否は別として)事業計画上、準備されていることである。このため、前述のゴルフ場等や後述の道路計画の場合のようにあらためて事業効果等を推計調査する必要はなく、治水・利水対策の立場から具体的に説明することが可能だったということである。

第二に、治水対策を担当する道建設部としては、この時のアセスの作業を通じ、関係者間の意見対立を緩和し、可能であれば今後の対策の方向性について合意形成を図ろうとしたのではないか。というのは、道建設部が比較的早い段階でダムによらない治水対策の可能性を示唆したのに対し、函館市は利水面からのダム建設の必要性を強く主張し、時のアセスの手続の中で、函館市と考える会等の市民が対立するという構図になってしまった。道建設部としては、自らの治水対策のあり方に関連する利水をめぐっての同市と市民の意見対立を少なくとも解消し、可能であれば今後の治水対策、ひいては河川管理の方向性を見定めたいと考えたとしても不思議ではない。しかし、今回の時のアセスでは、固定メンバーで議論を続けた意見交換会ですら、松倉ダム建設の是非について意見が分かれたままの状態であり、そうした中で、治水・利水の多目的ダム建設は中止することを決めはしたものの、今後の対策の方向性を打ち出すまでには至らなかった。政策決定における真の意味での合意形成の難しさを感じさせる案件であったと思う。

次に、本件時のアセスでは、松倉ダムの治水・利水対策としての必要性が論議の焦点となったが、ダム建設による自然環境への影響評価が大きな論点とならなかったのはなぜだろうか。さらに、松倉ダムの建設事業に対する環境アセスメントは、どうなったのだろうか。

まず後者について調べてみると、松倉ダムは、規模的にみて環境アセスの要件に該当していない。すなわち、松倉ダムは計画上の堪水面積が三八ヘクタールであったが、従前の国の閣議決定要綱では対象ダムの規模要件は一〇〇ヘクタール以上、当時の北海道環境影響評価条例では原則二〇〇ヘクタール以上(ちなみに九九年制定の新条例では原則一〇〇ヘクタール以上、ケースによる判断でも五〇ヘクタール以上)とされていた。つまり松倉ダムは、環境アセス制度上、大規模なダムにはあたらないということである。その点の当否は本稿のテーマではないのでさておくとして、かりにこのダム建設について環境アセスメントが行われたとしたら、はたしてどうなったであろうか。これは、一種のシミュレーションである。

北海道は、一九九三年度から実施した松倉ダムの実施計画調査の一環として、松倉川上流(ダム予定地およびその周辺)の環境調査を行い、その結果を公表している。それによると、この地域には環境庁レッドデータブック等の記載種であるエゾモモンガ、エゾオコジョ、クマタカ、ヤマセミ、クマゲラ、イバラトミヨ等の生息が確認されたという。しかし、北海道にはそのような生物が生息する山河は必ずしも稀でない可能性がある。また、考える会は、この川が函館では唯一ダムのない河川であり、ダム予定地付近は「函」と呼ばれる切り立った美しい渓谷があることを強調している。しかし、筆者が現地をみた限りでは、その渓谷は大変深く、道路を通って訪れる一般市民が眼にすることはできない。閣議要綱、これを引き継ぐ九七年新法、道条例いずれをとっても、環境アセスの制度上、道知事ないし道環境影響評価審議会の役割は「環境保全の見地からの意見」を述べることである。われわれは時のアセスの経過を通じ松倉ダムの建設根拠の脆弱性を認識しているが、もしそのような認識がない状態で本件ダムが環境アセスの俎上に上ったとしたら、どうなるだろうか。筆者の推測では、環境アセスをもってこれを中止させることは難しいと思う。

それでは次に、本件時のアセスで、松倉ダム建設による自然環境への影響の問題が主要な論点とならなかったのはなぜだろうか。そのひとつの要因は、松倉川を考える会の主張ないし作戦に関わっていると思われる。前述のとおり同会は、ダム建設の絶対反対論ではなく、その必要性への疑問解明を重視していた。筆者は九八年五月(時のアセスの意見交換会が開かれていた頃)、函館市内で同会が主催したシンポジウムを傍聴して、印象に残ったことがある。それは、同会の代表が「松倉ダム建設には三つのハードルがある。第一は治水と利水のためにダムが本当に必要か、第二はダムが必要だとして自然へのマイナス影響をどう考えるか、第三は巨額の事業費負担に我々が耐えられるかである。今は、まず第一のハードルがクリアーできるかどうかを議論している」(要旨)と発言したことだ。これは、同会の立場をよく表しているし、もっといえば政策評価の要素を端的に述べていると思う。そして、もしかりに、これが時のアセスの論議に臨む一種の作戦であったとすれば、その作戦は大いに成功したといえる。市民生活にとって抽象的必要性を否定しがたい治水や利水と人々の相対的な価値観に依存する面が大きい自然環境の評価とを、同じ土俵の上で対立的にとらえてしまうことの混乱を避けることができたからである。本件時のアセスでもうひとつの大きな特徴は、この卓越した市民グループの存在だったかもしれない。

3　士幌高原道路(道道士幌然別湖線)の整備

(1)　事業の経緯

道道士幌然別湖線、通称「士幌高原道路」は、十勝支庁士幌町から大雪山国立公園の東南端にある然別湖(鹿追町)までの間に計画された延長二一・六キロメートルの道路である。同国立公園内の区間六・四キロメートルのうち、未施工区間が二・六キロメートルだけ残っており、この区間の整備の取扱いが時のアセスの再評価対象となった。

この道路をめぐる歴史は長く、最初は士幌町道として計画されたものだった。同町の士幌高原山麓は一九五〇年代、自衛隊の演習用地として買い上げ話があったが、「大砲かバターか」の論争の末、地元はこれを拒否。酪農振興をめざして開拓が始まり、入植した農民は天候祈願や湯治のため山越えをして然別湖に接するようになったが、「士幌から然別湖への道路を」という声が持ち上がり、士幌町が町道として整備することを決めたといわれる。

六五年には、大雪山国立公園の公園計画で「公園施設」に位置づけられ、六六年から同町が整備を開始した。この段階でのルートは、士幌高原から東ヌプカウシヌプリの北側斜面を迂回して然別湖方面へ至るもので、山火事対策、木材運搬、観光等が主な目的とされていた。なお、自然公園法では、国立公園の保護または利用のための施設たる公園施設は国立公園計画に定めるものとされ、同施設に係る公園事業は、国が執行するほか、地方公共団体等が国(当時は厚生省、現在は環境庁)の承認を受けて執行することができることとされている。本道路は、士幌町が厚生省から公園事業執行の承認を受け、町道として着工したものである。

六九年には、北海道が本道路を道道に格上げ認定し、士幌町の公園事業執行者の地位を承継して、翌年から道道としての整備工事が進められた。しかし、七二年頃には、工事によって山肌が切り裂かれる様が帯広市内からもみえるようになったほか、道路の開削予定地にはコマクサ等の高山植物群落が発達し、ナキウサギの生息地があることも判明したため、自然保護団体等が反対の声をあげた。そこで、道は七三年以降、新規開削を一時中断するに至った。

その後、道は、工事再開をめざして七九年から周辺地域の自然環境調査を開始し、八二年に同調査の報告をま

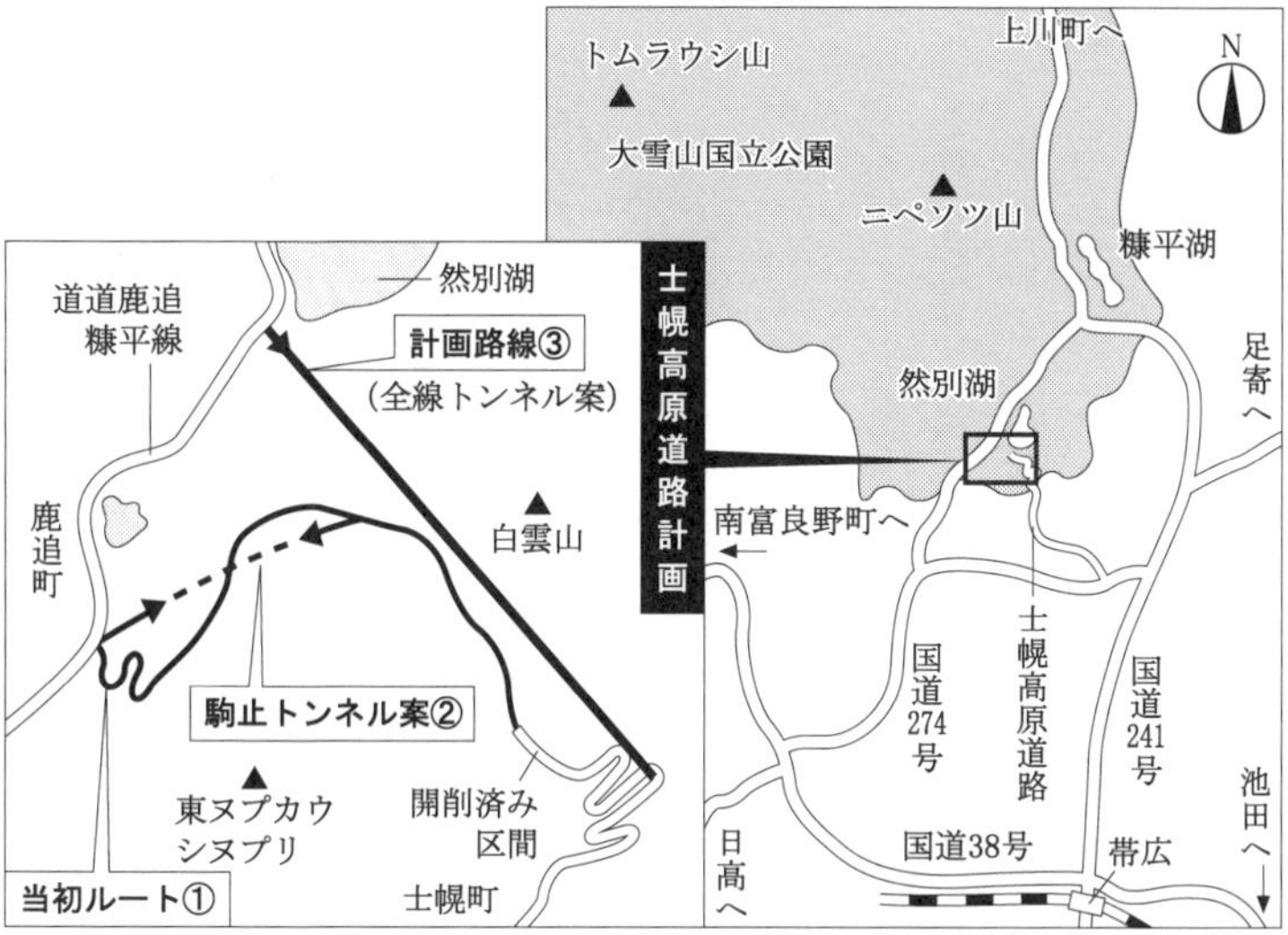

図1　士幌高原道路の整備計画

出所)『朝日新聞』1999年3月11日。

とめ、ナキウサギ生息地部分をトンネルや橋梁とする変更案(駒止トンネル案)を提示した。この道路は北海道環境影響評価条例の対象に該当しない(その理由等は後述する)が、道は同条例に準じた措置として、駒止トンネル案を導いた自然環境調査報告書の公告・縦覧、説明会、住民意見書受付、学識者による検討会議の審議等の手続を行い、八八年九月までかけてこれを完了した。しかし、この変更案にも自然保護の観点から反対等があり、工事再開には至らなかった。なお、この間の八七年当時、道議会で横路知事が工事再開への強い意向を表明し、国会では地元選出議員(革新系)が環境庁に本道路の取扱いに関連する質問を行っている。

さらに九三年、道は、事態の打開策として自然環境への影響を可能な限り最小化するため、トンネル化を基本とした道路設計の変更を表明。九四年一二月に「全線トンネルルート」を選定し、公表した。これは延長二・六キロメートルのうち、トンネル部分が二・四キロメートルを占めるというものだった。

ところで、この間に、道路予定地周辺の自然環境の重要性に関し、後々その評価に影響を及ぼすこととなる出来事がふたつあった。ひとつは、道が八八年に北海道自然環境保全審議会の答申に基づき「北海道自然環境保全指針」を策定し、その中で然別湖周辺を「すぐれた自然地域」とし、コマクサ群落地、ナキウサギ生息地等を「厳正な保全を図る」べきものと区分したことである。もうひとつは、この地域は標高が比較的低いにもかかわらず、局所的に高山植物群落が発達し、ナキウサギの生息地があるという特異な生物分布に注目した植物学者らの研究により、この地域には岩石の空洞部を冷風が流れる風穴現象が存在し、地下に凍土の存在が推測される旨の報告が九四、五年に発表されたことである。これらの点が道路建設に慎重な立場をとる自然保護団体の注目するところとなったことは、いうまでもない。

一方、自然公園法を所管する環境庁は、九四年から九五年にかけて大雪山国立公園の公園計画の全般的な見直し検討を行っていたが、北海道との調整および自然環境保全審議会の審議を経て、九五年八月、本道路(全線トンネル案)の「公園施設」組入れを含む公園計画の変更を行った。なお、自然環境保全審議会は、この答申にあたり「トンネルルートの地形、地質には未解明の点もあるため、専門家の意見も踏まえて慎重に調査検討を行うこと」等の三条件を留意事項として付した。

道路建設に反対してきた自然保護団体の批判は、環境庁の公園計画変更に対してもなされるようになった。また、これら団体の関係者は、九六年七月に本道路建設のための道の公費支出につき住民監査請求を提起、これが却下されると、同年八月には同公費支出の差止めを求める住民訴訟(いわゆる「大雪山のナキウサギ裁判」)を提起した。

このような状況の中で、北海道は、九七年七月、「新規開削工事が中断して以来二五年が経過しており、今後の進め方などについて検討を行う」として、本件道路整備を時のアセスの対象施策に選定した。なお、本件を含む時のアセスの第一次の対象施策六件は、実は同年三月の政策会議ですでにリストアップされており、その最終決定と公表が七月まで遅れたのは、この間に地元選出議員らの働きかけがあり、士幌高原道路を取り上げることについて地元町への説明ないし説得に時日を要したからであるといわれている。

(2) 再評価の経過と結論

道の担当部局である建設部は、まず一九九七年後半から約一年間をかけて、道路建設に関する費用対効果の分析、道民意識の把握のための調査を行い、その後九九年に入ってから、関係団体等の意見聴取を行った。一連の調査内容は多岐にわたるが、再評価の結果に影響を与えた主な点は次のとおりである。

まず、道路建設に関する費用対効果の分析では、道路の未施工区間の概算工事費はおおむね九六億円であり、道路完成後の交通量は六〇〇～七〇〇台／日と推計された。この交通量は、全道道平均の約三分の一に相当する。道路整備による走行時間短縮等の直接効果でみた費用便益比(基準年における便益／費用)は〇・五四と、低かった。また、一次産品の売上および観光客の増加による間接効果は四〇年間で四四億円と算出され、これに前記の直接効果便益を加算すると、道路整備の費用(現在価値として割り引いた値)を多少上回るという結果になった。これを要約すれば、本道路をつくった場合、間接効果まで見込めば全体として損をすることはないかもしれないが、期待される交通量は多くなく、時間短縮等の便益も大きくはないということであろう。

なお、士幌高原道路には、地域の道路ネットワーク上、もうひとつの機能が期待されていることも指摘しておく必要がある。それは、東大雪の観光拠点である然別湖との関係である。現在、然別湖畔への交通手段は一本の道路(道道鹿追糠平《ぬかびら》線)に依存しているが、この道路は線形不良、狭小幅員のため、北の糠平方面は冬期通行止めとなり、南の鹿追・帯広方面も雪崩などで不通となることがある。このため、士幌高原道路が整備されれば、然別湖畔の住民および観光客にとって緊急時の代替ルートが確保されることになる。

次に、士幌高原道路の整備に関する道民意識の把握のため、士幌町など地元三町、十勝圏、全道の三区分で、合計約一万人を対象とする大規模なアンケート調査が行われた。この中で、一般論として公共事業の実施にあたり考慮すべき重要な事項は何かとの質問に対し、地元三町では「経済効果」、「地元の熱意」をあげる者が多く、全道および十勝圏では「自然環境」、「経済効果」をあげる者が多かった。また、地元三町で、本道路の開通による変化について質問したところ、「まちを訪れる観光客の増加」、「産業や商業の売り上げ増加」は肯定的意見(増加すると思う)と否定的意見(増加するとは思わない)が拮抗するか、ないしは否定的意見がむしろ多いくらいであり、肯定的意見が相対的に多かったのは「湖畔住民や観光客にとっての緊急時の安心感」、「湖畔住民にとってその他地域との交流」であった。以上の道民意識調査の結果は、道の最終結論である再評価調書で「公共事業の実施に当たっては、地域活性化に寄与する経済効果を求めるとともに、自然環境に与える影響を重視する傾向が見られる」、「地元三町においては、安心感や交流機会の増加に対する期待は高いものの、観光客や売り上げの増加に対する期待はさほど高くない」と評価された。

九九年に入ってから行われた関係団体等の意見聴取では、地元自治体は道路建設の早期着工を求め、自然保護団体は計画の中止を主張した。また、関係する審議会委員など各分野の有識者一一名の意見聴取では、(これも公表意見要旨に基づく筆者の区分であるが)着工・推進二名、一時凍結三名、中止・廃止三名、その他三名であった。

以上の作業を終えた道建設部は、九九年三月一一日、検討評価調書をまとめ、副知事らの検討チームに報告した。この建設部調書では、然別湖周辺における道路ネットワーク形成等の必要性と、長年にわたり本事業の推進に携わってきた地元関係者の熱意を尊重することの重要性を指摘したうえで、「本道路計画の必要性、妥当性はある」との判断を明記した。ただし、国の自然環境保全審議会が指摘した全線トンネルルート案の地形・地質等に関する調査検討、然別湖畔への既存アクセス道路の改良の可能性に関する調査が引き続き必要として、「本道路の未開削部分の工事着工は、現時点では、難しい」との見解を示した。これは、担当部として道路整備の一時凍結を具申したものと理解されている。

検討チームは、建設部の報告を受けて再評価の検討を行い、同月一七日の政策会議に再評価調書を提出した。実は、これ以前に結論が出た時のアセスの各案件では、担当部の結論を踏襲する方向で再評価調書がつくられたが、本件ではそうはならなかった。すなわち、検討チームの調書は、地元三町をはじめとして本道路の整備に対する強い期待がある一方で、自然保護団体を中心に強い反対運動があるとの現状を述べたうえで、この地域は国立公園第一種特別地域であり、北海道自然環境保全指針で「すぐれた自然地域」と位置づけられていることを指摘し、「近年における道民の環境保全に対する意識の高まりを踏まえると、道路整備の推進に当たっては、より慎重な姿勢が求められる」との認識を明記した。さらに前述のような完成後の交通量や費用便益の分析、道民意識調査等の結果を示しつつ、以上を総合判断して「本道路の未開削部分の工事は、取り止める」と結論づけるものだった。

担当部の報告・具申とは明らかに異なる検討チームの再評価調書が提出されたため、政策会議に参加した道庁幹部の間では、本件の結論を「一時凍結」とすべきか「中止」とすべきかをめぐり、かなり激しい議論があったが、最終的には堀知事が裁断を下し、検討チームの調書が結論として採用されたと伝えられている。

なお、検討チームが提出し、道の最終見解となった再評価調書では、道の今後の対応に関し、地元三町の地域振興については「今後必要な協力を行っていく」とし、とくに士幌町がめざす地域の自然と産業を生かした体験・交流型の地域づくり(自然・環境教育のメッカ)には「積極的に支援していく」と言及したほか、然別湖畔への既存アクセス道路の安全向上対策を「積極的に進めていく」と述べている。

(3) 本件の特徴と考察

士幌高原道路は、時のアセス対象施策の中で最も長い歴史の積み重ねがあり、建設再開・早期完成を求める地元町と建設反対・即時廃止を唱える自然保護団体との対立構造が抜き差しならないほど強固にできあがってしまった案件であった。

地元町からすれば、今から三〇年余り前に、地域の希望の実現のために自ら工事に着手し、やがて道の支援により道道に格上げされ、順調に事業が進むと思いきや、完成間近で自然保護運動のために工事が中断。その後、道がルート変更等に取り組み、いよいよ工事再開かと期待したのに、自然保護運動がますます強まり、再び事業が停滞して時のアセスの対象となってしまった。一方の自然保護団体からすれば、山肌を切り崩して進む道路工事に異を唱え、関心をもって調べれば調べるほど道路予定地の自然環境が特異で貴重なものだとの確信を抱く。道も自然環境保全指針の策定で同様の認識をもったはずなのに、本件道路に関してはルート案を次々に変更してまでも頑なに着工をめざそうとする姿勢は、断じて許せないという状況になっていた。

そして、道庁自身もこの対立構造に組み込まれていたといえる。時のアセスの最終段階で、建設部が事実上「一時凍結」を具申したのは、地元町の期待を受けて自ら道路整備を推進してきた経緯と立場から、本道路の必要性や妥当性を否定することはできず、さりとて、自然保護の観点から指摘されていた道路ルート等の問題にただちに明確な見解を示すことも容易でなく、結局のところ地元町および自然保護団体との適切な間合いをとる唯一の選択が「一時凍結」だったのであろう。これに対し、時のアセスの検討チームは、明らかに別のアプローチを指向していた。一九九七年三月の政策会議で事実上、時のアセスの対象施策に士幌高原道路をリストアップしながら、地元選出議員の働きかけを受け、対象施策の公表を遅らせてまでも地元説明に時日を費やしてきた彼らは、建設部とはむしろ逆に、道庁の過去の立場や経緯にとらわれない、新しい風を重視する選択をめざしたといえよう。その新しい風とは、何だったのか。検討チームが見出したものは、「近年における道民の環境保全に対する意識の高まり」だったのである。

本件をめぐっては、多くのアクターがいたことになる。そして、最後にもう一人、重要なアクターがいたことを忘れてはならない。それは、道知事の堀氏にほかならない。堀知事は、道庁ＯＢであり、かつて本道路を直接担当した建設部次長として、また、その工事再開をめざした前知事時代の副知事として、本道路の建設推進に力を傾けていた。と同時に堀知事は、時のアセスの産みの親であり、本道路整備の取扱いを時のアセスの俎上に載せた最高責任者である。本件時のアセスの主要なアクターをあえて対立構造の中で示せば、一方に地元町と道建設部、その背後に地元選出議員らがあり、他方に自然保護団体と道庁検討チーム、その背後に(彼らが理解する)道民世論があって、これらの意見対立を調整する立場に立ったのが、堀知事だったといえる。

士幌高原道路の整備をめぐる抜き差しならない対立構造は、時のアセスという大がかりな仕組みの中で、こうした多様なアクターを巻き込み、最終的には道知事が政治的・社会的信任をかけて選択を行うことでしか打開の糸口を見出せなかったのであろう。

ここで視点を移し、本道路と環境行政との関わりについて考えてみよう。

まず、本道路の建設については、正式の環境アセスメントが行われていない。というのは、道路建設が開始された一九六一年当時はそもそも環境アセスの制度がなく、道の環境影響評価条例が施行された七九年時点では、未着工区間が二キロ余り残るのみで、これをひとつの新設道路と見なしても同条例の対象規模要件(国立公園特別地域等の道路で延長五キロ以上)に該当しなかった。しかし、この未着工区間には自然環境上の問題があったことから、道は「条例の趣旨に沿って」、駒止トンネル案(一部トンネル化等)を導いた八二年の自然環境調査報告書を環境影響評価書に見立て、その公告・縦覧、説明会、住民意見書受付、学識者による検討会議の審議等の手続を行った。そして、この環境アセス準用手続によっても、道路建設が止められなかったことは既述のとおりである。

それでは、もしかりに本道路について正式の環境アセスがあったとしたら、どうなっただろうか。筆者の考えでは、基本的に事態は変わらなかったと思う。というのは、道条例の手続上(とくに道の直轄事業の場合)最も重要な役割をもつのは、第三者的立場から審議を行う環境影響評価審議会である。前記の準用手続では、この役割をアドホックな検討会議が代行したのであるが、そこにはしかるべき生物学者らも参加しており、実際の審査ないし検討の水準として遜色はなかったとみるべきであろう。また、制度論としていえば、環境影響評価審議会の役割は事業者の行った環境影響評価を審査し、環境保全の見地から意見を述べることである。したがって、事業者が行った環境影響評価の中に環境影響を減ずる適切な代替案があればそれを積極評価し、もしほかにとるべき方策があればそれを提示することが審議会に期待された役割であるといえる。前記の準用手続で検討の対象となった駒止トンネル案は、当初の全面的な地表開削方式に代えて、保全の重要性が高い部分をトンネルと橋梁で回避するものだった。さらに、その数年後には、事業者たる道が全線トンネル案の採用を打ち出した。これだけの代替案検討がなされているのであれば、そのうちの最良のものを選ぶことしか途はなかっただろうと思われる。このような環境影響評価審議会の役割、さらにいえば環境アセスメントの目的は、事業について適切な環境配慮を組み込むことであって、時のアセスメントのように事業の必要性等を正面から論じ、その存否を決するものではないといわざるをえない。

環境行政との関わりでは、もうひとつ、九五年に環境庁が行った大雪山国立公園の公園計画の変更について考察する必要がある。前述のとおり、この公園計画変更で、環境庁は全線トンネルルート案を前提とした本道路を

「公園施設」に組み入れる決定をしている。この件については北海道の自然保護に関心ある人々の間で批判が強く、環境庁出身の筆者は本件を担当していたわけではないが、しばしば苦言を受けることがあった。

まず、自然公園法の仕組みをみておこう。国立公園の公園計画とは「公園の保護又は利用のための規制又は施設に関する計画」であり、環境庁長官が自然環境保全審議会(以下、「自環審」という)の意見を聴いて定めるものである(自然公園法二条五号、一二条一項)。公園計画の中身は(二つの「又は」の組合せがややこしいのだが)おおまかにいえば、保護のための規制の強度に応じた地域範囲や、利用のための主な施設の種別と概略位置(道路であれば起・終点)を文書と地図により示している。公園計画に定められた施設(公園施設)を整備するには、その施設の具体位置や規模等を示す「公園事業」を環境庁長官が自環審の意見を聴いて決定し、さらに、この公園事業を地方公共団体が行うには、環境庁長官の「執行承認」を受ける必要がある(同法二条五号、一四条二号)。

九五年の自環審諮問時の環境庁発表資料をみると、変更前の大雪山国立公園計画には大きな不備があった。例えば、同国立公園内で工作物設置、伐採等の規制を行う特別地域のうち、特別保護地区の範囲は指定されていた(総面積で三・五万ヘクタール)が、その余の部分(約一四万ヘクタール)については規制の強度を示す第一種から第三種までの種別区分が決められていなかったのである。このため、環境庁は同公園の全般的な再検討を行って公園計画等の見直し変更を行ったのであり、その内容は公園区域・特別保護地区の拡大、特別地域の種別区分、そして公園施設の変更と多岐にわたるものだった。そして、この公園施設の変更のひとつとして、全線トンネルルート案を前提とした士幌高原道路が位置づけられたのである。

公園計画変更のほんの一部だとしても、本道路の取扱いには自環審で相当の論議があったようである。その答申では、とくに本道路について「トンネルルートの地形、地質には未解明の点もあるため、専門家の意見も踏まえて慎重に調査検討を行うこと」等の留意事項が付された。

ここで、もうひとつ確認しておかなければならない点がある。それは、この変更前の公園計画には、当初の地表開削を前提とした士幌高原道路が残っていたということである。一九六六年に士幌町がこの道路の整備を開始するにあたっては、当時、自然公園法を所管した厚生省によって、本道路が「公園施設」に位置づけられ、「公園事業」の決定が行われ、かつ、その「執行承認」が士幌町に対して与えられていた。そして、この執行承認は、道路整備を引き継いだ北海道に承継されている。その後、道による新規開削工事は中断されているが、法的にみると、それは事実上の現象にすぎず、道は旧ルートの道路整備を続行できる立場を保持していたのである。それでは、九五年の公園計画変更で、全線トンネル案を前提とした新ルート道路が公園施設に位置づけられたのは、どんな意味をもつのだろうか。まず、旧ルート道路は公園施設ではなくなったので、道はその開削工事を進めることが法的にできなくなる。また、新ルート道路についても、あらためて環境庁長官が「公園事業」を決定し、かつ、その「執行承認」を道に対して与えなければ、道としては着工することができないこととなる。しかも、「公園事業」を決定するには自環審の意見を聴かなければならず、その自環審は九五年答申にあたり留意事項、つまり関係行政当局への宿題を残しているのである。

以下は、筆者のささやかな行政経験に基づく(若干の推測を含んだ)たとえ話である。ある人たちが、膨大な労力を要する仕事を進めていたとしよう。その仕事は全体としては意義のあることであるが、その中にひとつのトゲがあった。そのトゲを今すぐ抜こうとすれば、全体として意義ある仕事が進まなくなるおそれがある。ただ幸いなことに、そのトゲは以前あったものより小さくなりそうである。だとすれば、彼らは、小さなトゲのために全体の作業を止めることはしないだろう。将来その小さなトゲも抜けるかもしれない可能性があるとすれば、なおさらのことであろう……。ただし、このたとえ話には後日談がある。それは、小さくてもトゲはトゲだったということだ。そして、小さなトゲからウミが拡がってしまったかもしれない。

もう一度、自然公園法の話に戻ろう。同法は優れた自然景勝地の保護とその適正な利用を目的とし、公園計画はその保護と利用のための重要事項を決める基本的な計画である。保護と利用のバランスは、ことに公園管理者が土地所有しているわけではない地域制の自然公園では、なかなか容易なことではないだろう。しかし、公園計画に定められるべき公園施設とは、公園の保護と適正な利用の観点から公園管理上、積極的に整備推進を図るべき施設である。この点で公園計画は、環境アセスメントの性格とは基本的に異なり、保護と利用のバランスを考慮すべき総合的政策判断の場なのである。この見地から、九五年の公園計画改定における本件道路の取扱いについては、批判の余地を免れないと筆者は考える。

4　千歳川放水路計画

(1)　放水路計画の経緯

千歳川放水路は、千歳川流域の治水対策として、同流域で発生した洪水を太平洋に導くために計画された大規模な放水路である。事業主体は北海道開発局、総事業費は三七〇〇億円と見込まれていた。

千歳川は、支笏湖から発し千歳市、恵庭市、長沼町等を経て江別市で石狩川に合流する。この川の中下流域は広大な低平地で、昔から洪水氾濫が繰り返し発生していた。この地域で記録的な大洪水があったのは一九七五年および八一年であり、とくに最大の被害となった八一年八月上旬のケースでは、氾濫面積が一九二平方キロ（東京山の手線内の約三倍）、浸水戸数は二六八三戸であった。この地域の治水対策として、洪水を太平洋側に流す放水路の構想は古くからあったといわれるが、七五年と八一年の洪水を機に急速に現実味を帯び、八二年三月、

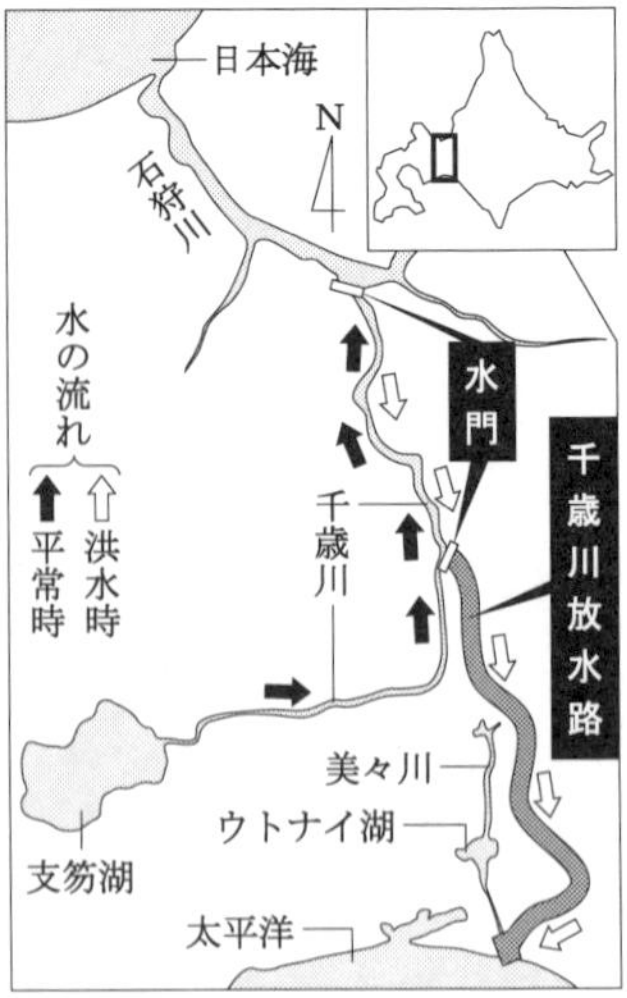

図2　千歳川放水路計画
出所）『朝日新聞』1999年3月31日。

国は石狩川水系工事実施基本計画を改定し、ここに千歳川放水路を組み入れた。

北海道開発局の説明によると、千歳川は河川勾配が緩く、洪水時に石狩川の高い水位が長時間続くため、千歳川の洪水が石狩川に流入しにくい状態となり、これが千歳川の洪水被害を大きくする要因となっている。このため、千歳川流域の水害をなくすには、洪水時に千歳川と石狩川を水門で遮断するとともに、石狩川の洪水を水位の低い太平洋に直接流すことにより、千歳川の水位を下げることが必要だとしている。放水路の建設計画は、長沼町から千歳市、早来《はやきた》町を経て千歳市の太平洋岸に至る全長四〇キロメートル、低水路敷幅一八〇～二八〇メートルの水路を開削する（既存水路または河川の拡幅を含む）ものであり、あわせて、千歳川と放水路の分岐点には洪水時のみ開く呑口水門を、石狩川との合流点には洪水時に閉じる締切水門をそれぞれ設置することになっていた。

この放水路計画について、千歳川流域の自治体等が歓迎したことはいうまでもないが、次第に反対の声もあがるようになった。最初に反対意見を表明したのは、日本野鳥の会等の自然保護団体であり、その理由は、放水路ができると、水鳥渡来地のウトナイ湖に流入する美々《びび》川が分断されるおそれがあったからである。次いで、苫小牧市、漁業関係団体等も反対を表明した。苫小牧側にとって放水路はもっぱら他地域（千歳川流域）の洪水を受け入れるものであり、それによる地域分断など諸々の地域影響への反発があった。また、千歳川の洪水時に相当量の濁水が太平洋へ導かれることによる漁業被害、水路に沿って内陸部へ風、霧等が流れ込むことによる農業影響などの懸念もあった。

これらの反対意見ないし懸念に対し、北海道開発局は、八四年から自然環境調査を開始し、八七年、美々川を回避する東ルートの選定を発表した。また、その後も農業影響調査、漁業影響調査を実施して、その結果を関係団体に説明したほか、九四年七月には、これらを総括して約三百頁の「千歳川放水路計画に関する技術報告」を公表した。しかし、反対は収まることなく、とくに漁業関係者の間ではむしろ増幅し、九四年五月には全道規模の北海道漁協組合長会議が放水路計画への反対決議を行った。

むろん、千歳川流域自治体の間では、八七年に発足した千歳川放水路事業促進連合協議会が九一年に「一万人集会」を開くなど、放水路待望論が衰えることはなかった。また、九二年には道知事が開発局に対し、放水路の治水対策としての重要性を認めたうえで、美々川源流部のルート迂回、農業・漁業影響に対する措置等の要請を行うなど、北海道としても打開の糸口を見出そうとする動きがあったものの、客観状況として放水路計画は膠着状態に陥っていった。

九七年に入り、道が道自身の施策に関する「時のアセスメント」の導入を決めたのと前後して、国の事業である放水路の問題についても関係者の話合いで膠着状態の打開を図ろうとする動きが出てきた。すなわち、九六年末には北海道開発庁幹部が「円卓会議」の開催に言及し、道知事も九七年二月、放水路計画について「一度立ち止まって適切に対応すべき時期にきている」との見解を示した。しかし、開発庁主導による円卓会議の設置は、話合いの結論が放水路容認となることを警戒した漁業団体と自然保護団体が反発したため不調に終わり、これに代わって、開発庁の要請を受けた道が、緊急を要する千歳川流域の治水対策について意見交換する「話合いの場」として、学識者からなる千歳川流域治水対策検討委員会を設置することになった。そして、この検討委員会の場で、結果的には千歳川放水路計画の再評価が行われることになったのである。

(2) 再評価の経過と結論

一九九七年九月、道知事の私的諮問機関として「千歳川流域治水対策検討委員会」が設置された。同委員会の役割は、千歳川流域の治水対策のあり方について、広く関係者との意見交換を行いながら協議・検討し、地域の合意としての治水対策を知事に提言することとされた。委員は河川工学、生物学、農業経済等の学識者（いずれも大学教授）七人であり、委員長には山田家正・小樽商科大学学長が選出された。

委員会は、関係者との意見交換のため、まず関係する諸団体および北海道開発局を順次、個別に招いて意見交換会を行った後、九八年四月からは、委員会の会議と並行して、放水路の推進、反対両派を含む関係団体の代表を交えた「拡大会議」が、公開で開催されるようになった。拡大会議の参加者は、委員会メンバーのほかに、千歳川流域自治体、同農業団体、苫小牧市、連合北海道、札幌弁護士会（以上は代表者一名ずつ）と自然保護・市民団体（二名）であり、開発局の担当官もオブザーバー出席し、発言の機会を与えられた。放水路への警戒感が強い漁業団体は参加を辞退（ただし意見書は随時提出）したものの、この拡大会議を通じて委員会は、広く関係者を巻き込み、地域の合意形成をめざして議論を進める体制が整ったといえる。筆者は、この拡大会議の約半数回を傍聴し、議論の経過を把握することができた。

放水路の推進、反対両派も交えて行われるようになった拡大会議の話合いの中で、委員会側は、ただちに放水路計画の是非から議論することを慎重に避け、放水路計画に比べ情報が少ないという理由で、石狩川との関係を含む他地域に影響を与えない「総合治水対策」（以下、本稿では「流域内の総合治水対策」という）から検討を始めるという手順をとった。これ以降、委員会および拡大会議が検討した千歳川流域の治水対策は、まず流域内の総合治水対策としての①千歳川の本・支川での対策と②千歳川から石狩川への合流を円滑にする「合流点対策」があり、次いで③放水路などの「流域外の対策」があった。

①の千歳川本・支川対策については、委員および拡大会議参加者の議論により、千歳川の堤防嵩上げと河道拡幅、遊水地および調整池の設置等が対策メニューとして整理された。これらのうち(川からの)外水氾濫を受け止める遊水地と(市街・農地側で発生する)内水氾濫を貯留する調整池の設置について農業団体がその用地確保に懸念を表明したものの、これらの対策を全体として行うことによる治水上の効果として、同流域の治水安全度は現状の五分の一から二〇分の一に向上することが確認された。しかし、流域の治水安全度を放水路計画と同等の一〇〇分の一に高めるには、さらに②の石狩川合流点対策が必要と判断された。そこで、拡大会議で議論が出たさまざまな合流点対策について、委員会の依頼により技術的観点から比較検討を行った開発局は、千歳川と石狩川の間に細長い「背割堤」を建設することは現在の技術では不可能であり、両川の合流点をより下流に移すため千歳川寄りに同川の新水路を設けることや、反対に石狩川を千歳川から離れた位置に移設することは江別市の周辺土地利用への影響が大きく、いずれも困難さがある旨の見解を述べた。以上の検討を経て、議論は③の流域外対策に戻ることになった。さらに、委員会の要請により流域外対策の検討を求められた開発局は、①の千歳川本・支川対策により同流域の洪水がある程度抑えられることを前提に、当初の放水路計画より開削断面を縮小した放水路をつくり、太平洋への放流地点である苫東地区に沈砂機能をもつ遊水地を設けるという「新遠浅川方式」を新たに提案した。なお、千歳川流域の自治体および農業団体は②の合流点対策に懸念を表明し、自然保護団体および漁業団体は③の「新遠浅川方式」(彼らはこれを「ミニ放水路」と呼称)に反対の意見書を提出した。おおむね以上が、九八年末までの経過である。

九九年に入り、千歳川流域の治水対策に関する検討結果を「中間まとめ」として集約しようとする段階になって、拡大会議に参加した放水路の推進派と反対派に、検討委員会の委員までも巻き込んだ形で、意見の対立が鮮明となった。すなわち、主に河川工学系の委員と放水路推進派の流域自治体・農業団体は、②の石狩川合流点対策に技術的または社会的な困難性がある以上、治水安全度を高めるために③の「新遠浅川方式」も、治水対策の選択肢に残すべきだと主張した。これに対し、主に生物学系委員と反対派の自然保護団体等は、治水対策は②の合流点対策を含む流域内の対策で処理すべきであり、③の新方式といえども苫小牧・太平洋側に好ましからざる影響を与え、地域間の対立構造を解消できない点で千歳川放水路と同じであるとし、このいわゆる「ミニ放水路案」を明確に否定することを主張した。ただし、いずれにしても、もはや当初計画どおりの千歳川放水路を推す意見はなく、この段階で千歳川放水路計画は、今後の治水対策から除外されることとなった。前年四月から開かれた拡大会議は、ここまでの論点整理をした九八年二月二三日、第一六回目の会議をもって終了した。

「中間まとめ」の方針を協議する最後の機会となった三月一三日の第二二回検討委員会でも、委員間の意見対立は解けなかった。しかし、地域の合意としての治水対策を知事に提言するとの委員会の役割を重視した山田委員長が、委員会の合意形成のために最終的な見解の文案を示した。その要旨は「(石狩川合流点対策を含む流域内の)総合治水対策を実施することによって千歳川流域の治水は著しく改善されると判断する。新遠浅川案のような流域外対策は、総合治水対策の進行状況をみた上で、万一それらが著しい効果を果たさないと判断された段階で、新たな検討事項として取り上げるべきもの」というものだった。そして、すべての委員がこれを了承した。

検討委員会は、九九年四月、このラインにより「千歳川流域の治水対策について―中間まとめ」をとりまとめ、拡大会議に参加した諸団体等に提示した。なお、この中間まとめでは、今後の治水対策は河川についての直接的な工事にとどまらず、水害を軽減するための周辺土地利用対策や農業被害に対する保険制度など社会的な対策の充実も必要であることを強調している。

本稿脱稿は同年五月初旬であり、この検討委員会の中間まとめが最終の情報である。今後、検討委員会は、関係団体の意見も踏まえて北海道知事に提言を行うことになる。道知事は、すでに同委員会の見解を尊重する旨表明しているので、その趣旨に沿って北海道開発庁など国に対し見解を明らかにすることになるだろう。

(3) 本件の特徴と考察

千歳川放水路は国の事業であり、その再評価は、道が道自身の施策を対象とした「時のアセスメント」とは別のスキームである。しかし、停滞した事業のあり方を見直す趣旨といい、その時期といい、道が行った時のアセスの一環ともいうべき様相を呈していた。

既述のアセス対象諸施策と比較してみた場合、本件放水路計画は、すでに十数年の停滞の歴史があり賛否両論の対立構造ができあがってしまったという点で士幌高原道路に類似し、ある地域の治水対策のあり方が問われたという点で松倉ダムに類似している。しかし、士幌高原道路のケースとは対照的に、学識者と主要な関係者が参加してのオープンな議論を通じて再評価が行われ、また、そのことの成果として松倉ダムのケースより踏み込んだ形で、新たな治水対策の方向づけが行われたことが特徴だったといえよう。

本来、社会的に賛否の対立がある問題は、社会的に見える形で議論を行い、解決を図ることが望ましい。しかし、往々にして対立構造が強ければ強いほど、適切な議論の場を見出し、建設的に議論を進めることが難しくなるものである。本件放水路計画の再評価において、それが成立した理由はどこにあったのだろうか。その直接的な要因は、事業主体とは別の立場にある道知事のもとで学識者からなる検討委員会が編成され、これを舞台として、若干の紆余曲折はあったにせよ推進・反対両派の代表者を巻き込み、事業主体の開発局も参加する形で議論の場が設定されたことである。しかも、この議論は、約一年半の間に検討委員会が二二回、拡大会議が一六回というようにきわめて精力的なものであった。前述のとおりこの顚末を観察した筆者の印象では、この議論を成功に導いた最も大きな鍵は会議の議長役たる山田委員長の熟慮と采配ぶりであり、次いで自然保護・市民団体の成熟した対応であったと受け止めている。

関係者間の意見対立がある案件を処理すべき委員会で、これに参加する学識者には自らの立場をこえて問題解決をめざす知恵と判断が求められることはいうまでもないが、実際上これはなかなか容易なことではない。本件委員会に即していえば、委員会が処理すべき問題の本質は、放水路によって救われる千歳川流域と他地域のために負担を課される苫小牧側との地域間対立であったが、実際の委員らの対応をみると、河川工学系の委員は治水対策としての安全度の向上を重視し、生物学系の委員は自然環境への影響を重視する立場をとり続け、処理すべき地域間の対立が専門の学問分野に立つ委員の間にまで伝染したかのような雰囲気さえあった。そうした中で山田委員長は、(自らの専門は生物学であるが、その領域をこえて)この問題の本質を理解し、委員会の役割の実現に腐心していた。例えば九九年三月の最後の拡大会議で、千歳川流域自治体を代表して参加していた恵庭市長に「あなたが苫小牧市長だったら、どう思うだろうか」、「苫小牧側が反発していた時期に、千歳川放水路の建設促進を唱える組織をつくって運動を行うことで、本当に事業が進むと考えたのか」と問うてみせた。また、同年四月の最後の委員会では、自らは「新遠浅川方式」は放水路計画と同様に地域間の対立をもたらすので採るべきでないとの意見を明らかにしつつも、議論に参加した関係者の合意を取りつけるために、あえて新遠浅川案の将来の検討余地を残しながら千歳川流域側での総合治水対策の優先性を明らかにするという熟慮を極めた最終合意案を示し、委員会の意見統一を導いた。ちなみに、行政が設置するこの種の諮問機関では、行政の事務局が委員や関係者の意見から論点を整理し、調整のためのたたき台等を提示するといったことがよく行われる。しかし、千歳川流域の治水対策に関するこの委員会では、山田委員長が一身でその役割を果たしていた。その様が、かつて行政に身を置いていた筆者には、非常に新鮮に映ったことをつけ加えておきたい。

もうひとつ、この委員会の論調に影響を与えたのは、放水路計画に反対の立場をとっていた自然保護・市民団体側の深化、成熟した議論である。話は前後するが、検討委員会がスタートしていた九七年一二月、これら放水路反対の諸団体が札幌で集会を開き、筆者は彼らの主張を聴くためにこれを傍聴した。ところが、そこでは予想に反し、自然保護のための反対運動とは趣の異なる議論が行われていた。その内容を要約すれば、千歳川流域の治水対策は早急に必要であり、千歳川放水路が治水対策として優れた効果をもつことは認める(と断言していた)。しかし、それは関係ない地域に負担をもたらし、かりにその同意が得られたとしても、大規模事業であるため長期をかけて完成するまではいっさいの効果を現さない。それよりも、治水対策は流域内での対処を基本とすべきであり、石狩川と千歳川の側で実施可能な対策を着実に進め、個々には小さくてもそれらの治水効果を早急に積み上げていくほうが現実的である、といったものだった。ちなみにこの集会名は「フォーラム　こうすればできる石狩川・千歳川流域の総合治水対策」といい、そこで述べられていたのは後日の検討委員会での議論を先取りする内容であった。

放水路反対派がこうして議論を深めていったのに対し、国の唱えた放水路計画に期待を寄せた千歳川流域の自治体等が、その期待の大きさゆえに放水路計画推進の立場にとどまり続け、自らの洪水被害防止のために犠牲を分担するという決意をもつに至らなかったことこそ、千歳川放水路問題の最大の悲劇であったというべきかもしれない。九九年三月、検討委員会が千歳川流域の総合治水対策の優先性を前面に打ち出した後にも、流域自治体の一翼を担う江別市は、この総合治水対策に含まれる石狩川合流点対策が「街づくりの根幹を揺るがす」として、これに反対する意向を表明した。同年四月に公表された検討委員会の中間報告は、「〔放水路のような〕流域外に大きな影響を与える可能性がある計画は、如何なる方法によっても流域内では洪水対策が改善されないという明確な客観的事実がないと、流域外住民の合意を得ることは至難である」と述べている。千歳川流域の関係者が、自らの問題としてこの指摘の意味を認識することなしには、同流域の総合的な治水対策は実現できないであろう。換言すれば、ある河川流域の治水安全性は、河川管理上設定された計画に基づく河川管理者の措置によって当然に実現されるわけではなく、最終的には流域関係者の具体的意思と役割分担に依存し、その結果として流域が実際に享受しうる治水安全度が決まるということであろう。

ここで千歳川放水路計画と環境行政との関わりについて視点を移そう。本件放水路事業については、環境アセスメントが行われていない。開発局等としては、事業実施の見通しがある程度できた段階で、環境アセスの手続に入ることを予定していたようである。もし、この環境アセスが行われていたとすれば、どうなっただろうか。すなわち、北海道の地域環境管理に責任をもつ立場の道知事はどう対応しただろうか。また国のレベルでは、かりに環境庁長官が意見を求められたとしたら、一体何を言ったであろうか。

これは、なかなか難しいシミュレーションである。放水路が貴重な水鳥渡来地のウトナイ湖の水源に及ぼすかもしれない影響、あるいは太平洋側に与えるであろう濁水流入等の影響は、いずれも間違いなく環境アセスメントがその対象とすべき環境影響である。そして、これらの環境影響は、影響を受ける地域とは別の地域の洪水防止対策のためにもたらされるという特異な性格を有する。筆者の推測では、もしこの流域をこえる治水対策に地域間の対立が強く残る状態で環境アセスが行われたとすれば、環境行政当局としては、事業実施者に対しそれによる環境影響の回避を強く求めることになるだろう。反対に、この治水対策に地域全体としての実施意思が固まっているのであれば、通常の技術的手段による環境影響の緩和措置を求めるにとどまるであろう。環境アセスメントとは、事業について適切な環境配慮を組み込む手段であり、環境アセス独自の立場で治水対策の地域間分担などを決する機能までもつことには、残念ながら無理があると思う。したがって、環境アセスにおける環境行政当局のふるまいは、その事業の必要性に関する社会一般の認識状況に影響され、左右されざるをえないと考えるのである。

三　環境アセスメントと政策評価

1　時のアセスで事業が止まり、環境アセスで止まらないのはなぜか？

冒頭で述べたとおり、筆者が「時のアセスメント」に注目したのは、環境アセスメントとの比較において、時のアセスメントが社会的にどのような評価を受け、実際上どのような機能を発揮するだろうかという関心からであった。

時のアセスメントに対する社会的な評価は、すこぶる高いといえるだろう。北海道がその導入を決めた一九九七年当時は、全国的に公共事業のあり方に対する批判が高まり、地方もそうだろうが国の財政再建が今よりずっと真剣に考えられており、時のアセスメントがそのような時代の要請に応える斬新な取組みとして国民の目に映ったことは間違いない。しかも、単に前評判がよかっただけではない。具体的な案件についての再評価が進むにつれて、その実効性ないし威力という面でも、時のアセスメントは多くの人々の期待を裏切ってはいない。

時のアセスの第一次対象六施策のうち、本稿で取り上げた「道民の森」民活事業、松倉ダム、士幌高原道路については、再評価の結果いずれも中止が決まった。それ以外の苫小牧東部第一工業用水道、白老ダム、トマムについても、予想した水需要が見込まれないというのが主な理由であったが、それぞれ中止（白老ダム、トマムダム）ないし凍結（苫東工水）が決まった。これらは時のアセスのトップを切って俎上に上がった案件であることを割り引いても、やはり顕著な成果だったといえるであろう。制度的枠組みは異なるものの、千歳川放水路も文脈としては同様である。

では、時のアセスでは事業が止まるのに、環境アセスでは止められないのはなぜだろうか。本稿で取り上げた四事業のうち、「道民の森」民活事業は現に環境アセス手続が行われ、士幌高原道路は正規の環境アセスに準ずる手続が行われたが、事業は止まっていなかった。松倉ダム、千歳川放水路については、筆者のシミュレーションとして、環境アセスで事業を止めることは難しいだろうと述べた。それはなぜだろうか。

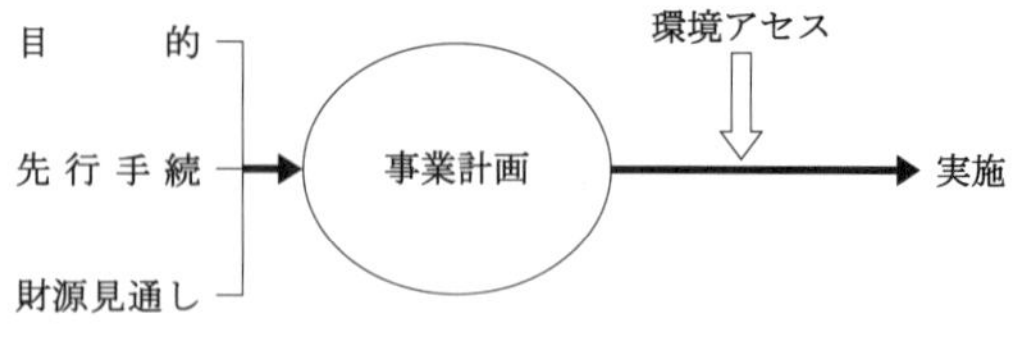

図3　現行の環境アセスメントの位置づけ

環境アセスメント制度とは、一定の大規模な事業の実施に先立ち、事業実施者が環境影響について調査、予測および評価を行い、その結果に対して住民、市町村長、都道府県知事(その諮問に応える審議会等を含む)、さらにケースによっては環境庁長官が環境保全の見地から意見を述べる機会を設けることにより、事業実施者自身がこれらの意見を組み入れ、または事業実施に許認可等を行う官庁が勘案することを通じ環境配慮を組み込もうとするものである。当然のことながら、環境アセスの対象事業は地域振興、治水、利水など何らかの事業目的をもっているし、多くの場合その前提となる基本計画、事業の直接関係者間での交渉や手続を踏まえ、相応の財源調達見通しももって進められている。これに対し環境アセスの手続上意見開陳の機会を保証された市町村長、都道府県知事は、地域環境管理の責任者の立場から意見を述べるのであって、事業目的の適否や必要性そのものを論じたり、その存廃について責任をとりうる立場にはない。国の機関である環境庁長官にしても同じことである。この意味で環境アセスメントとは、事業実施前における環境配慮のための情報交流手続といってもよい。

もっとも、このことは、環境アセスを通じ一切の事業が止まることはないということまでは意味しない。例えば、名古屋市が一般廃棄物処分のために立案し、一九九九年一月に中止が決まった藤前干潟の埋立計画がそうである。これは手続の順序としてはやや異例なケースであるが、愛知県の制度(環境アセス要綱)による環境アセス手続を了し、国レベルの環境アセス手続を包含する公有水面埋立法の埋立免許手続に入った途中段階で、環境庁長官が貴重な水鳥渡来地保護等の見地から述べるであろう厳しい意見の趣旨を理解した事業主体の名古屋市が、一般廃棄物処分地を他に求めることに意を決し、埋立計画を撤回したものである。しかし、環境アセスを通じ事業が止まるという事態は、そうめったにあるものではない。藤前干潟埋立計画のようなケースから浮かび上がってくる条件とは、環境保全に責任ある当局がその事業に対し「環境保全上、看過できない影響がある」旨の厳しい意見を表明し(藤前干潟埋立ではそれが確実視されていた)、かつ、事業実施者の側でもその趣旨を理解して事業実施を見合わせ、または他の代替策を講じうるといった場合に限られるであろう。

これに対し、時のアセスメントでは、時代の流れの中で対象施策の必要性、妥当性、優先性等が再評価され、施策の存廃に関する道庁トップの判断が行われる。そこでは、その施策が本当に効果があるのか、それは限りある財源を振り向けるだけの価値をもつのか、反対に思わぬ副作用をもたらすことはないのか、が多角的に問われる。本稿で論じた案件に即していえば、その副作用の代表的なものが環境影響であり、あるいは環境影響への配慮のあり方に関する道民の批判である。さらに今後対象となる案件によっては、二風谷《にぶたに》ダムのケースのように重要な文化的・社会的価値の損失といった副作用も問題となりうるであろう。

環境アセスメントも、時のアセスメントも、時代とともに進化している。

2　よりよい政策決定のために

環境アセスメントについては、一九九七年六月に環境影響評価法が制定され、九九年六月から施行されることになった。また、北海道条例を含む環境アセスの地方制度もこれに対応し、あるいは不足部分をカバーする形で改正等が進められている。従来の閣議決定要綱と比較した環境影響評価法の主な改善点としては、事業実施者による環境影響評価の着手前にその評価方法に関する決定手続(スコーピング)が入ったこと、事業実施者の環境影響評価に意見を述べることができる者の範囲が拡がる(関係地域居住要件の撤廃)とともに、環境庁長官が主務大臣の求めによってではなく自らの必要性判断に応じ意見を述べられるようになったこと、環境影響の評価項目に生物多様性や人と自然との触れあい等に関する要素が加えられたこと等である。

これらの実体的効果の評価は今後の運用実績を待たなければならないが、事業計画の早期段階からの環境配慮に対する影響力向上という面からは、スコーピングの手続が重要だと考える。従前の環境アセス制度では、事業者が環境影響に関する調査、予測および評価を行い、その結果を公表するところから関係者の意見提出等の手続が始まっていた。これに対しスコーピングとは、事業者が、調査等を始める前に、その事業概要と自ら実施しようとする環境影響評価の重点項目や調査等の方法に関する案を公表し、これについての意見を求める手続である。事業者が行う環境影響評価の調査等には通常一〜二年の期間を要するので、それだけ早い時期から事業の環境影響に関する議論が始まることになるはずである。

しかし、道路、河川、埋立などさまざまな事業に関する計画制度は一様でなく、しかも個々の事業計画が立案される経過の多様性を考慮すれば、一〜二年の期間の前倒しでその計画立案段階をカバーしきれるとは思われない。そもそも環境アセスのあり方としては、何も事業実施段階だけでなく、計画策定段階に焦点を当てるタイプのものも有効なはずである。現に事業実施段階の環境アセスがすでに定着した欧州等では、今や行政上の政策、計画またはプログラムといった意思決定段階で環境配慮を組み込むための「戦略的環境アセスメント(SEA)」が一部で実施され、または検討が盛んに行われている。平成一〇年版環境白書によると、EUが検討中の「一定の基本計画及び実施計画の環境影響評価に関する指令案」(一九九六年)は、開発に関する計画段階で環境配慮を行うためにEU諸国にSEAの導入を促すものであり、その効果として事業段階の環境アセスよりも計画決定者が環境影響を明確に理解し、例えば事業実施場所の選択等に関する代替案がより適切に評価されることなどを指摘しているという。

わが国は、一時期の主に政治的な事情から環境アセスの基本である事業段階アセスの統一的法制度の確立が遅れたため、その先をいく計画段階アセスの検討は大幅に立ち後れをとってしまった。今後その検討を加速しなければならないだろう。

ただ、そこで気がかりなことは、環境アセスと政策評価の関係である。例えば、環境影響の回避軽減に有効な代替案とは何だろうか。環境アセスの対象事業は、それぞれに何らかの必要性ないし効果が期待されている。例えば松倉ダムや千歳川放水路のような治水事業であれば、それと同等の治水効果を有する範囲で代替案は見出せるだろう。しかし、それらの代替案は他の場所や他の主体に新たな、しかも環境影響とは限らない負担を課すことになる可能性がある。それらを環境影響評価という切り口だけで取捨選択することができるのだろうか。また、士幌高原道路の場合のように一定の事業目的をもつ範囲で検討された代替案と、その事業を行わない(環境影響がゼロ)という選択肢が議論の対象となったとき、環境アセスはそれをどう扱ったらよいのだろうか。このようなことを考えると、計画段階の環境アセスメントとは、計画策定時の総合的な政策評価と連動し、またはそのサブシステムに組み込まれてこそ、真に意味のあるものになると思われるのである。

一方、時のアセスメントに関しては、一九九七年以降、短期間の間に、実にさまざまな形での取組みの発展があった。

まず、北海道自身が九八年七月「政策アセスメント」の導入を決めた。九八年度に試行し、九九年度予算編成に反映させるという。これは、国の機関委任事務を除く道の全施策を対象とし、予算計上された約三千の事項ごとに、担当部局が施策の履歴書をつくって多面的な視点から継続か廃止かを含む評価を行い(一次評価)、そのうえで全庁的な検討・点検を加え(二次評価)、とりまとめた「事業別政策調書」は道民に公表するというものである。先行する時のアセスは、対象施策の選定後における再評価経過等の情報公開は進んでいるものの、対象施策の選定過程や選定されなかった施策の姿が外から見えないという難点があった。道の政策アセスは基本となる施策(予算事項)の全体情報を開示し、時のアセスを補完するという大きな意味があると思われる。

また、時のアセスメントの考え方は、国の政策運営にも取り入れられた。九七年一二月の橋本総理の指示を受け、公共事業所管の主要官庁(建設、運輸、農水、国土、北海道開発、沖縄開発の各省庁)は九八年四月「公共事業再評価システム」の導入を決めた。再評価の対象は、国の直轄または出資・補助が行われる事業で、事業採択後五年経過して未着工、同じく五〜一〇年経過して継続中、または社会経済情勢の急激な変化等により見直しの必要が生じたものとされている。

さらに、建設省は、これと同時に「新規事業採択時評価」を導入することも決めた。これは、同省所管の公共事業で、事業費または準備・計画費を新規に予算化するものが対象になるという。なお、政府全体としても、二〇〇一年の省庁再編に合わせて、新規に開始する政策、一定期間経過して未着手または未了の政策、開始後一定期間経過した制度等を対象にした「政策評価」を導入する方針を決めている。

このように近時、政策評価が花盛りの状態にある。が、はたして実行の場面ではどうなるだろうか。筆者は、この問題を論ずるだけの知見をもちあわせないが、北海道の時のアセスを観察してきた経験から、次の三点だけ触れておきたい。

時代の変化がある以上、時のアセス（施策の再評価）は常に必要である。しかし、それと合わせて、今後は施策開始時の政策評価も重要になる。本稿で取り上げた道内の再評価対象施策には、その開始時点での政策選択に難航の原因があったものがある。長い経緯を引きずって関係者の対立を深めてしまう前の適切な対処が肝要である。

施策開始時の政策評価では、限りある財源の有効活用の見地から費用対効果に関連する評価に加えて、環境影響など副作用のアセスと回避も重視すべきである。北海道の時のアセス第一次対象六施策の半数が、環境問題をきっかけに問題化したという事実がある。この意味から、施策開始時の政策評価と環境アセスの統合がめざされるべきである。

同じ政策評価といっても、国と地方とでは実効性に差が出る可能性がある。国の政策評価は各省ごとの内部点検が基本となる可能性が高いが、地方公共団体では首長の直接関与により部局をこえた対処が容易である。組織のトップを動員した大がかりな仕組みこそ北海道の時のアセスの特徴であり、成功の要因でもあったと思う。時のアセスがそうであったように、地方が政策評価のモデルを国に、そして国民に対して示してほしいと願うものである。

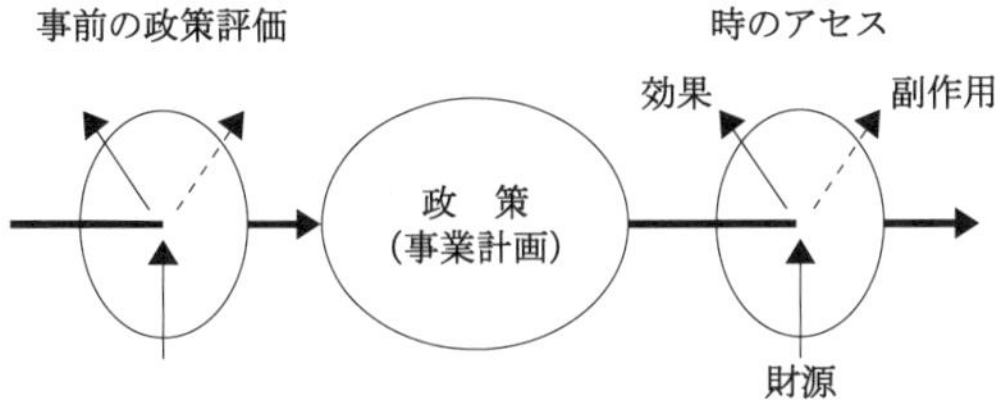

図４　時のアセスメントと事前の政策評価

主な参考文献

一　および全体を通じて
北海道『時のアセスメント(時代の変化を踏まえた施策の再評価)実施要領』(一九九七年)および関連資料
伊東和紀「時のアセスメントの取組みの現場から」ECO-FORUM Vol. 17-2(一九九八年)
札幌弁護士会『みんなで見直そう公共事業』(一九九八年四月)

二の1(「道民の森」民活事業)について
北海道水産林務部『検討評価調書――道民の森民間活力導入事業』(一九九八年四月)
北海道『検討評価調書――道民の森民間活力導入事業』(一九九八年四月一七日)
北海道環境影響評価審議会カムイ・ジャンボリー高原開発小委員会『小委員会報告』(一九九四年一二月)
安藤加代子「道民の森、当別ダム上流部のゴルフ場建設反対の活動」『北の自然』五九号(一九九八年)

二の2(松倉ダム)について
北海道建設部『検討評価調書――松倉ダム』(一九九八年一〇月)
北海道『再評価調書――松倉ダムの建設』(一九九八年一〇月三〇日)
函館・松倉川を考える会『清流 松倉川』(幻洋社、一九九七年)
中尾繁「松倉ダム建設は取り止め」『北の自然』六一号(一九九九年)

二の3(士幌高原道路)について
北海道建設部『検討評価調書――道道士幌然別湖線の整備』(一九九九年三月)
北海道『再評価調書――道道士幌然別湖線の整備』(一九九九年三月一七日)
大雪山のナキウサギ裁判を支援する会『大雪山のナキウサギ裁判』(緑風出版、一九九七年)
環境庁自然保護局国立公園課『自然環境保全審議会自然公園部会の開催について』(一九九五年五月、発表資料)

二の4(千歳川放水路計画)について

千歳川流域治水対策検討委員会『千歳川流域の治水対策について―中間まとめ』(一九九九年四月)

北海道開発局『千歳川放水路――洪水から人々の生活を守る』(一九九四年)

とりかえそう北海道の川実行委員会等『フォーラム資料 こうすればできる石狩川・千歳川流域の総合治水対策』(一九九七年一二月)

行政改革における分権と市民主権

――イギリスにおけるエージェンシー改革を中心として

山口二郎

はじめに

一九八〇年代後半から九〇年代にかけて、先進国では大規模な行政改革の試みが行われた。日本における「橋本行革」もその流れの中に位置づけることができる。九〇年代の行政改革は、小さな政府や能率的な行政をめざすという点では従来の改革の延長線上にあるといえる。しかし、そうした目的を追求する際の手段においては大きな変化が起こった。それを要約すれば、公共部門と民間部門の境界の曖昧化ということになる。もちろん、従来の行革論においても、民間部門の経営効率を範とすべしといった精神論的なスローガンは存在したが、財務管理、組織管理や人事管理については厳然とした公共、民間の区別が存在した。法律による行政の原理、財政民主主義など、近代行政の根本原則に由来するいくつかの法制度の縛りは、行政の能率化の際にも大前提とされており、そうした法規範の枠内で行政の効率化が推進されたのである。これに対して、九〇年代に進んだのは、これらの行政特有と考えられてきた法規範自体を再検討し、業務の内容に応じて新たな組織運営の枠組みを作り出すという根本的な変化であった。

そうした変化を先導したのがイギリスであった。イギリスでは、一九八〇年代にサッチャー政権のもとで大規模な行政改革、民営化、規制緩和が行われた。その徹底的でラジカルな変化は、従来の常識を破るものであった。サッチャーの追求した政策転換は、市場原理を経済のみならず行政、教育、文化などあらゆる分野に押し広げることを特徴としている。行政改革も、そうしたサッチャー主義的改革の一環としてとらえることができる。そして、公共部門と民間部門との間の区別を崩すものとしてこの時期に誕生したのが、エージェンシー制度である。本稿は、エージェンシー制を中心に行政組織の改革の過程を振り返り、イギリスのユニークな改革が実際に行政にどのような変化をもたらしたのかを検証してみたい。そして、日本における行政改革論議との関連において、エージェンシー制度の日本における応用の可能性について考えてみたい。

ここで、本論文のテーマとなっている市民主権、分権といった言葉に説明を加えておく必要がある。九〇年代の行政改革は、民主主義的統制への断念を基調としているということができる。つまり、法律による行政の原理にせよ、財政民主主義にせよ、本来は国民の意思によって能率的で有意義な政策を決定、実施するための仕組みであった。しかし、現代国家において圧力政治が定着し、民主主義が政策的受益を求めるための手続、あるいは既得権を擁護するための手段に変質するにつれて、これらの仕組みはむしろ行政の柔軟で効率的な運営を阻害する要因となった。財政民主主義の形骸化によって、年度末における自己目的的予算消化が行われることはその代表例である。議会が法律、予算を決定し、その議会で実質的に活動する政党が圧力集団によって強い影響を受けるため、議会は国民全体の観点からの行政の効率化よりも、個々の受益者集団の利益を守ることを主眼として行動する。ここでいう受益者集団にはもちろん公務員組合も含まれる。

したがって、国民＝納税者全体の視点に立った政策転換、組織運営の効率化を図るためには、古典的な議会統制の枠組みを外し、むしろ経済における消費者主権の考え方を行政サービスに持ち込むことのほうが有益という主張が、行政改革をめぐる論議の中で高まったのである。消費者主権に最もよく柔軟、適切に対応できるのは民間企業における組織原理である。かくして、公共サービスの供給において公共、民間の間の壁が崩れていくのである。

分権についても同様の問題がある。ここでいう分権は地方分権を意味するものではない。地方分権が、国家、地方公共団体という異なるレベルの政府間における権力分配の問題であったのに対して、九〇年代型行革における分権は、国家行政組織の内部における分権であり、中央省庁の統制から離れた半自立的なサービス供給組織を立ち上げ、そこに権力を移すという意味である。

問題は、そうした意味における市民主権や分権によって、真に国民の利益になるような行政改革が実現されたかどうかである。その点で、八〇年代から九〇年代にかけてのイギリスの経験はさまざまな示唆に富んでいる。以下、本稿ではエージェンシー制度の成立と展開過程を検討することを通して、その問題を考えてみたい。

一　行政組織改革の経過

1　行政改革の文脈――保守党政権のめざしたもの

まず、一九八〇年代以降のイギリスの行政改革がなぜ急速、あるいは過激に展開され、それが具体的な成果をあげたのか、背景要因を確認しておきたい。サッチャー、メージャーの二代の保守党政権が追求したのは、民営化、規制緩和、行政組織のスリム化などきわめて広範なものであり、一連の改革の基底にあった理念や哲学を理解することは、改革の本質を考えるうえで不可欠の作業であろう。

七〇年代、先進国はオイルショックにみまわれ、スタグフレーションに陥った。大きな公共部門と強力な労働組合組織をもつイギリスは、とりわけ、賃金引き上げとインフレーションの悪循環からなかなか抜け出さなかった。七〇年代後半、労働組合の圧力の中で有効な経済政策を打ち出すことのできない労働党政権に対して、国民は不満を高めていた。七九年の総選挙で保守党が政権を奪回し、マーガレット・サッチャーが首相になった。彼女は、国家介入を退け、自由な市場を尊重するという意味での小さな政府の理念を明確にした。

彼女の行った政策転換は、大きくいって次の内容に区別できる。第一は、政府と市場の役割分担を見直し、公共部門自体を縮小するというものである。鉄道、航空、電話など各種の国有、公有企業の民営化はこの理念を具体化したものである。

第二は、政府の関与や規制を取り払い、市場の活動をより自由にすることである。金融ビッグバンに代表される規制緩和がこのタイプの改革である。

第三は、政府活動の中に市場的な競争原理を導入するというものである。つまり、従来の政府活動には組織縮小や経費削減のインセンティブが働かなかったことを批判し、行政の中で競争原理による経費削減を追求した。例えば、国民健康保険(NHS)における内部市場(internal market)導入、現業部門を中心とした強制競争入札などがその代表である。前者は医療費の高騰を抑えるために、患者を総合病院に紹介する一般開業医に選択の自由を与えたうえで公立総合病院同士を競争させ、治療費の抑制とサービスの向上のインセンティブを与えようとしたものである。後者は、清掃、施設管理など各種の行政サービスに民間企業の参入を認め、従来の行政部局と参入を志向する民間企業の間で、行政サービスの受注をめぐって競争入札を行うというものである。そして、エージェンシー制度もこのタイプの改革の一つにあげられるのである。(1)

このように、保守党政権における政策転換は、政府と市場の関係を根本的に変えることを含んでいた。そして、そうした改革の理念は、行政学におけるパラダイムの転換を反映したものでもあった。イギリスにおける大規模な政策転換の過程では、しばしば専門家、研究者を集めた審議会(日本のものとはまったく異なる)が大きな影響力をもつので、学問レベルの理論の転換をみておくことも、改革の全体像を理解するうえでは不可欠である。

行政学においては、一九八〇年代からニュー・マネジャリズム(new managerialism：新管理主義)という理論が急速に力を得た。この理論は、七〇年代後半に大きな政府＝福祉国家が、財政赤字の累増、サービスの停滞などで機能不全に陥ったことを深刻に受け止め、公共部門の効率化のための改革を推進する理論的な基礎を提供しようとした。その中で提唱された「新しい行政管理(new public management)」は、大きく二つの柱からなっていた(2)。

第一は、民間企業における経営手法を公共部門に適用するという原理である。具体的には、次のような内容を含んでいた。コンピュータ化などの先進技術の適用。生産性向上のための労働力の訓練強化。経営専門家の役割の明確化。経営幹部の権限と自立性の強化。これらの改革によって能率の向上が図られた。これらの原理は民間企業ではすでに定着していた。とくに公共部門に適用される際に、組織の二元化という契機が明らかになった。すなわち、組織を戦略立案を担当する中枢部分と、日常の具体的業務を行う部分に二分したうえで、前者には高い自立性を与え、後者においては作業を単純化し能率の向上を進めるというのである。後で触れるように、このような二元化の考え方は、イギリスの行政組織改革に大きな影響を与えることとなる。

第二は、ピラミッド型組織形態における上意下達型の権威・権力による支配から、間接的コントロールへの移行という原理である。これは、組織内における分権と呼ぶことができる。マックス・ウェーバーによる有名な定式化以来、官僚制組織はヒエラルヒー(階層制)原理を最大の特徴としてきた。組織上の上位者が権限、情報をもとに命令を下し、下位の職員はこれに服従するというモデルである。しかし、そうした組織原理は現代社会ではさまざまな病理をもたらした。職員個人のモラールが低下し、業務が停滞する、上からの抑圧を末端職員が市民に対して発散し、行政サービスの質が低下するなどの問題が露呈した。そこで、職員の士気を高め、サービスを向上させるために、上下の支配関係から、委任と契約を基調とした組織体制への転換が必要とされるというのが、新管理主義が提供した新しい論点である。委任と契約によって、職員の自立性が高まり、それが行政サービスの質の向上につながると想定されている。その意味では、政府間の分権と組織内における分権とはパラレルの関係にある。

具体的には、次のような原則が強調される。組織内における分権によって、作業を担当する組織ユニットに責任を与える。業務担当ユニットに適切な情報を提供するシステムを構築する。管理部門と業務担当ユニットの間に市場型の契約関係を確立する。業務担当ユニットの実績を測定し、能率とサービスの質の向上を業務担当職員に対して常に動機づける。業務に関して検査(audit)と監査(inspection)を強化する。

こうした組織原理のパラダイム転換も、イギリスの行政改革に大きな影響を与えた。エージェンシー制度はこのような文脈に位置づけられるのである。

行政改革をめぐるこのような理論の展開は、冒頭でも述べたように、民主主義の政治理論にも大きな衝撃を与えた。伝統的な民主主義のモデルにおいては、国民から選ばれた政治指導者が政策を決定し、行政官僚制がこれを執行するという役割分担が想定されていた。官僚制の正統性根拠は、民意の反映である政策を正しく実行する点に求められていた。しかし、市場メカニズムからの類推において行政の役割を説明すると、官僚制はサービスの供給者であり、市民は顧客・消費者ということになる。そして、官僚制の正統性根拠は、顧客である市民がサービスに満足するかどうかという点に求められることとなる。

行政と市民の間に市場的な供給者─顧客の関係を当てはめるという発想の背後には、民主主義の機能不全という問題が存在した。すなわち、従来は国民が投票によって自らの政策的選好を表明し、政府がそれを実現するという関係が理想とされていた。しかし、現実の政治過程においては、そうした前提は当てはまらない。そこで、公共サービスの供給─需要の関係を市場と同じようなものに変えて、一般消費者の欲求を直接行政に反映させようという考え方が強くなったのである。

ここにおいて、民主主義における市民としての主体性(citizenship)は、投票ではなくて、消費者として行政に対して選択の自由を行使するというところに求められる。また、市民は政治の主権者ではなく、公共サービスの顧客として尊重されるようになる。このような見方は、イギリスの行政改革の基本的な理念にも取り入れられ、後に述べる「市民憲章(citizen's charter)」に大きな影響を与えた。

2　サッチャー政権初期の改革――レイナー主義

一九七九年にサッチャー政権が誕生すると、行政の能率化は最初に重視された政策課題の一つとなった。この課題を担当するため、サッチャー首相は、大手スーパーマーケットのマークス・アンド・スペンサーからデレク・レイナーを顧問に招聘し、内閣の中に能率局(efficiency unit)を設置した。サッチャーはレイナーと次のような考え方を共有していたと回想している。

「政治においてはサービスの価値を投入した予算によって判断し、ビジネスにおいては実際に得られたものによってそれを判断するとわれわれはよく語っていた。われわれは、ビジネスの態度を政府に吹き込む必要があると確信していた。われわれはそれがどんなに難しいことであるかを知らなかった(3)」

レイナーは、政府の事業における能率の総点検(scrutinies)を行った。彼は、改革に着手したときの政府内部と彼自身との大きな距離について次のように述べている。

「私が政府に着任したとき、政府内部では、政府の経営にいくらコストがかかるか経営の論理で理解できる人は一人もいなかった。大臣、政治家、官僚は政策という言葉に幻惑されており、政策を管理するためのコストなど予算全体からみればほんの切れ端でしかないと考えていた(4)」

しかし、もちろん政府のランニングコストは決して予算の切れ端ではない。当時保守党は所得税の減税を大きな公約に掲げており、政府経営のコストを削減することは現実に公約を実行するための重要な手段となった。レイナー率いる能率局のスタッフは各省の担当者と協力して、一九七九年から八三年の間に、合計一五五件の点検を行った。そして、年額四億二一〇〇万ポンドの節約の可能性を指摘した。いくつかの例をあげてみよう。

・法医学サービスで取り扱われた事例のうち三四％は警察の捜査にほとんど、まったく貢献しなかった。

・政府の研究機関では実験用のネズミを飼育するのに一日三〇ポンドかかっているが、民間では二ポンドで売っている。

・パスポートの処理の遅れは、パスポート事務所が外務省に置かれているという組織上の問題と旧式なコンピュータ・システムに起因している。

・農業補助金の事務処理経費は、補助金一〇〇ポンドに対して四〇ポンドかかっている。

一九八五年の段階で、そのうち一億一三〇〇万ポンド分は政府の政策執行に必要という理由で大臣によって拒絶された。しかし、その他の勧告については実施に移されている。

点検作業の具体的な進め方は、次の九段階からなっていた。

能率点検の進め方

第一段階　点検の対象となる行政活動を選定する
第二段階　点検担当者の選定
第三段階　点検者は能率局と連絡をとりながら実地調査を行う
第四段階　コスト節約、能率・効率の向上を実現するための機会を発見する
第五段階　九〇日以内に報告と勧告を提出する
第六段階　報告を担当大臣と能率局に送付する

第七段階　担当省と能率局の折衝を通して、報告を行動文書(action document)に移行させる
第八段階　点検着手から一年以内に解決策を実施する
第九段階　点検着手から二年以内に担当大臣が能率局に最終実施報告書を送付する

この枠組みにおいて、最も明らかな特徴は、時期、期限を明確に区切っていることである。この種の改革が効果をあげるためには、作業全体のスケジュールを明確にして、点検する側、される側の両方に結果に対する責任感を強めることが必要条件となることがわかる。(5)

レイナーがとくに注意を払ったもう一つの点は、点検される行政機関自身の自発性を尊重するということであった。(6)この種の改革がまったく外発的なイニシアティブによって進められ、各省の側が単なる被害者意識だけをもつのであれば、成果はあがらない。厳しい時間的な制約の中で点検を進めるためにも、点検を受ける組織の内発的な協力は不可欠であった。そこで、点検の対象となる事業の選択は、受ける側の組織に任された。また、点検を行う担当者も受ける側から選ばれ、点検の結果を受けてどう対応するかは大臣の責任に、是正策の実施は受ける組織の責任とされた。能率局の役割は、点検そのものの進め方を工夫すること、作業を促進するための触媒、そして全体的な点検作業の調整に限定された。チェックの仕方についてはレイナー自身が具体的な指示を行い、各省の点検担当者はレイナーの強い指導力のもとで容易に作業を進めることができた。(7)

能率点検を進めた際、レイナーの最終的なねらいは、行政組織自身に自らの活動を振り返り、進んで改革を行うという積極的な意識を植えつけることにあった。(8)能率点検は、行政組織全体の意識や文化変革のための引き金となるべきというのが彼の考えであった。まさにその点で、彼の改革理念はレイナー主義と呼ぶにふさわしい。したがって、節約される金額の多少はレイナー改革の成否とは直接関係ないということができる。そして、行政官の反応はこの点に関して二分されている。一方では、レイナーの考え方はかなり行政府に浸透し、政策実施の

コストという発想は広まったとする見解がある。[9] これに対して、レイナー改革は不十分であったという否定的な見解もある。行政組織の自発的な協力という前提のうえに短期間で点検を行った結果、既存の組織が無害と考えるような周辺的な事項しか取り上げることができなかったという意見である。[10]

行政における伝統的な意識を短期間に変革することは、もちろん困難であろう。節約される金額を大きいとみるか、わずかとみるかも一義的には決められない。しかし、レイナー改革は、保守党政権の発足とともに行政改革が重要な政策課題に上ったことを官僚制に印象づけるという点で大きな意義をもっていたということができる。また、レイナーは次で紹介する情報管理システムの構築にも貢献した。そして、能率点検を行った担当者から、以後のより大規模な改革を担う人材が育ったことも重要である。また、能率局がエージェンシー制度をはじめとする改革の中心的役割を担ったことも指摘しておきたい。いずれにしても、レイナー主義は一九八〇年代以降の行政改革のさきがけとなった。

3　財務管理イニシアティブ（Financial Management Initiative）

レイナー主義を展開する中で、省レベルの組織において能率的な管理を可能にするための情報システムの導入が図られた。その点の先駆となったのは、マイケル・ヘーゼルタイン環境相のもとで進められた管理情報システム（MINIS）であった。ヘーゼルタインは、サッチャー政権の環境相に就任したときのことを次のように回想している。

「私は、自分の省で何が起きているのか、またそれに対して誰が責任を負うのかを見出さなければならなかった。また、誰が目標を設定し、その目標が何であるかを確認し、目標の達成を監視しているかどうかも知らなければならなかった。しかし、誰もこれらの質問に答えることはできなかった。誰もこの種の質問をされたことがあるかどうかを思い出すことさえできなかった。情報を集める手段さえ、誰ももっていなかった。しばしば情報というものは存在しなかった[11]」

そこで、一九八〇年春、彼はレイナーの協力を得て、省内における情報システムの構築を始めた。具体的には、まず環境省の組織を五七の単位(課)に分け、それぞれの課長を情報収集の拠点とした。彼らは自分の指揮下で働いている職員の労働コストを教えられ、それぞれの事業に投入される時間とコストを分析した。これらの分析の結果は一冊にまとめられ、それをみれば各課の管理の仕組み、各課の目標、各課で働く職員のコスト、そして六カ月後に達成すべき目標がわかる仕組みになっていた。こうしてできた管理情報システムは大臣や幹部にとっての情報の宝庫となったと同時に、従来の行政においていかに責任が不明確になっていたかも明らかとなった。

さらに、環境省で能率点検の担当者となったクリストファー・ジューバートは、ＭＩＮＩＳを発展させた。彼は、環境省を一二〇のコスト・センターに分け、それぞれがＭＩＮＩＳで認定された一ないし複数の事業をカバーすることとされた。そして、人事に関する情報に加えて、それぞれのセンターに与えられた予算と実際に使っている経費の比較が明らかになるように情報が提供された。

これらの改革は、従来の行政組織における財務管理の曖昧さをつくものとして、注目を集めた。とくに、サッチャー首相は環境省の取り組みを高く評価し、一九八二年五月、政府全体として同様のシステム改革を進めることを指示した。各省は環境省に範をとった情報システムの構築を命じられた。各省における改革を総称して、財務管理イニシアティブ(ＦＭＩ)と呼ぶ。政府自身の見解によれば、ＦＭＩのねらいは次のような点にあった。

ａ　すべてのレベルの管理者が、明確な目的と評価の手段をもち、可能な限り成果や業績をそれらの目標との関連において評価する。

b　すべてのレベルの管理者が、資源を最善に活用するという明確な責任を負う。その中には、成果に対する外部からの批判的な検査を受けることや節約度についてチェックされることも含まれる。
c　すべてのレベルの管理者が、情報(とくにコストに関するもの)、訓練、責任を効果的に遂行するうえで必要とされる専門的な助言を得られる。

各省は、それぞれ財務管理イニシアティブの具体化を迫られた。それらの改革には、以下のような共通点があった。

・大臣や幹部職員のための、MINIS型の管理情報システムの構築
・大臣や幹部職員が、プログラムに使う経費(サービスや政策のための予算)と経常的な管理経費とを区別できるような財務情報システムの構築
・コスト・センターを設置し、ある程度の予算権限をもった現場の管理者に責任を与えることによる分権的な予算システムの構築
・合理的な予算編成技術を確立し、支出の優先順位の根底にある基本的な原則についてまで問題とすることを可能にする
・定常的な節約度のチェック
・具体的な目標を達成できたかどうか、成功度を測るための業績指標や測定方法の明確化

財務管理イニシアティブの進捗を監督するために、大蔵省と人事管理局の共同で財務管理部(Financial Management Unit)が設置された。財務管理部はイニシアティブの進行状況について、毎年報告書を発表した。一九八四、八五年の報告では、イギリスの公共部門の生産性(会計検査院等による客観的な調査に基づく)は、民間企業と同等に改善されたことが強調されている。(12) とくに、一般的な経常経費の削減が図られた。そのことは、経常

経費に上限を設定すると同時に、現場の組織単位に裁量と責任を与えることで節約を動機づけることによって可能となったのである。

これに対して、財務管理イニシアティブの有効性に対する批判的な見解もある。とくに、情報システムを構築しても、情報が大量すぎて大臣や幹部職員が有効にこれを活用できないという問題が起こった[13]。また、予算面での節約を強調しすぎて、行政組織自体の政策能力の向上につながっていないという批判もある[14]。財務管理面での技法の改善という点では、財務管理イニシアティブは従来の改革の延長線上に位置するのであり、質的な飛躍ではないという指摘もある。

たしかにそれらの指摘は当てはまる。しかし、財務管理イニシアティブの中で強調された組織内での分権的な予算システムという発想は、後のエージェンシーのアイディアに大きな影響を与えることとなる。その意味で、一九八〇年代の行政改革における財務管理イニシアティブは重要な位置を占めるといってよいであろう。

二　エージェンシー制度の導入と展開

1　イッブズ報告とネクスト・ステップス

財務管理イニシアティブで示された行政の合理化をさらに推し進める動きが、一九八〇年代後半に試みられた。一つの注目すべき提言は、行政管理人事局の研究チームが八七年に提出した『勤務形態』(ミュラー報告)であった。その中では、コスト削減の観点から公務員の勤務形態の多様化が検討された。そして、従来の行政組織においては、職員の人件費が固定費用のように扱われてきたが、財務管理イニシアティブは労働コストを行政のランニングコストとしてとらえるという視点の転換を提起した。そうした発想の延長で、ミュラー報告は、終身雇用、身分保障などを前提とした従来の人事制度の多様化、柔軟化を求めたものである。とくに、行政組織の中でも高度な政策立案に従事する中枢部分と、具体的な業務に従事する周辺部分について異なった勤務形態を採用し、後者については契約職員やパートタイマーなどの多様な労働力によって労働コストを引き下げるべきと提言した。(15)

ミュラー報告は、公務員を中心と周辺の二重構造に分化させることについては慎重な姿勢をとっていた。そのような明確な区別を設けることは職員の士気に悪影響を与えることが憂慮されていた。しかし、勤務形態の多様化、弾力化という方向性は、以後の改革に大きな影響を与えることとなった。エージェンシー制度の発想も、ミュラー報告と密接な関係をもっている。

レイナーが能率局を退任した後、ロビン・イッブズが後任となった。八六年、イッブズは能率局の三人の職員からなる特別の研究チームを設立し、政府機関と主たる民間企業を対象とした組織管理に関する大規模なフィールドワークと、大臣、高級官僚、公務員労組への広範なインタビューを行わせた。その際、次の四つのテーマが調査の主題となった。

- 行政における管理の改善がどれだけ達成されたか評価する。
- 公務員の意識や実務を変革するうえで有効だった手段を見つけ出す。
- よりよい管理や能率の向上に対する障害として残存している制度上、行政・政治的、意識の上での要因を見つけ出す。
- さらにどのような手段をとるべきか首相に報告する。

研究チームは、レイナー主義、財務管理イニシアティブなどサッチャー政権における改革を基本的に高く評価し、それを継承する必要性を認識した。しかし、財務管理イニシアティブがもたらした変化はきわめて限定的なものであるとして、より根本的な組織改革の必要性を提唱することとなった。その報告『政府管理の改善：ネクスト・ステップス』は、一九八八年初めに公表された。同報告は、基本的な問題意識を次のように述べている。

「政府は一個の組織体として管理するにはあまりにも巨大で、あまりにも多様である。これだけの規模をもつ一つの組織で、運転免許証の発行、漁業の保護、麻薬密売人の逮捕、議会質問の処理を行うべく内部の対応システムをつくろうとすれば、どの一つの事業も効率的には処理されないはずである」

「政府の事業を遂行するうえで、まったく異なった方法を確立することこそ改革の目的である。中央行政は、大臣を補佐し、省組織を管理する少数の中枢職員から構成されるべきである。そして、彼らは、政府の政策やサービスのスポンサーとなるべきである。これらの省に対応して、独自の職員(公務員の場合とそうでない場合がありうる)を雇用し、特定のサービスの実施を専門的に行う広い範囲にわたるエージェンシーが必要である。そして、省の大臣、次官とエージェンシーの長または最高責任者との間には、明確な責任分担が存在しなければならない。省とエージェンシーは、ともに、より開放的で、単純な構造をもつべきである」(16)

ここで引用した箇所に明確に提起されているように、イッブズ報告では政策立案と執行の分離という図式を省組織に当てはめることが改革の基本的な枠組みとなっている。能率局の研究チームの分析によれば、公務員の九五%がサービスの提供や政策の実施に従事している。したがって、政策立案と実施を分離すれば、行政組織は革命的に変化するはずである。

エージェンシーは、大臣によって設定された政策と資源(予算・人員等)の枠組みの中で活動することとされた。そして、エージェンシーは大臣に対して責任を負う。他方でエージェンシーは、目標遂行の方法を考える際には最大限の独立性をもつべきとされた。エージェンシーの目標や目的、大臣とエージェンシーの長の責任分担は、エージェンシーの基本文書(framework document)で定義されることとなった。

イッブズ報告は、行政サービスの管理の役割を担うマネージャーの重要性を強調する一方で、政策立案を担当するスタッフもサービスや事業の執行、実施に関して適切な知識をもつことも強調している。[17] 将来、高級官僚のキャリア・パターンは実施のマネージメントと政策立案の両面における実績を含むべきだというのが、人事面に関する報告の要点である。公務員を中枢と周辺という二重構造に分化させることを避ける配慮が、ここで示されている。

イッブズ報告が公表されたとき、一般の関心はエージェンシーに向いたが、イッブズや研究チームの関心は、彼らが中枢部と呼ぶ省組織の指導部に向いていた。すなわち、ホワイトホール(イギリスの霞が関)にはもっと少ない数の官僚で十分であり、それらの官僚には新管理主義的発想がもっと要求されるはずだというのが、彼らの意図したところである。イッブズ報告は、きわめて体系的な理論のもとに、周到に練られた改革案であった。

2　エージェンシーの設立

(1)　エージェンシーの設立手続

イッブズ報告を受けて、サッチャー首相は一九八八年二月、議会答弁の中で政府は同報告の勧告を実施することを明らかにした。首相は、公務員省事務次官が勧告の実施に必要な組織改革について責任を負うという方針を明らかにした。このポストはネクスト・ステップス・マネージャーと呼ばれ、大蔵省のピーター・ケンプが任命

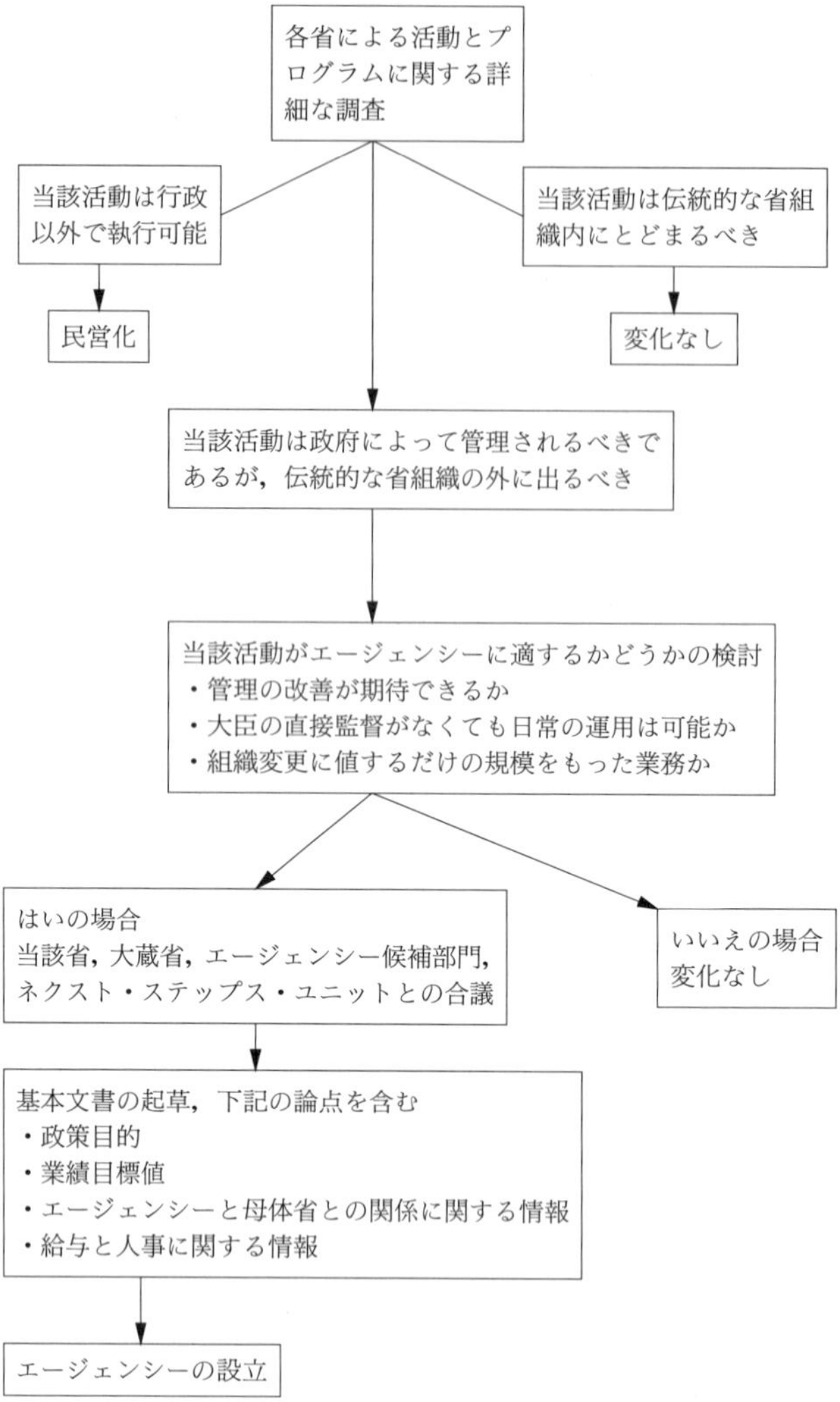
各省による活動とプログラムに関する詳細な調査
当該活動は行政以外で執行可能
民営化
当該活動は伝統的な省組織内にとどまるべき
変化なし
当該活動は政府によって管理されるべきであるが，伝統的な省組織の外に出るべき
当該活動がエージェンシーに適するかどうかの検討
・管理の改善が期待できるか
・大臣の直接監督がなくても日常の運用は可能か
・組織変更に値するだけの規模をもった業務か
はいの場合
当該省，大蔵省，エージェンシー候補部門，ネクスト・ステップス・ユニットとの合議
いいえの場合
変化なし
基本文書の起草，下記の論点を含む
・政策目的
・業績目標値
・エージェンシーと母体省との関係に関する情報
・給与と人事に関する情報
エージェンシーの設立

図1　エージェンシー設立に至る組織改革の手順

出典）G. Fry, *Policy and Management in the British Civil Service,* Prentice Hall, 1995.

された。また、この部門はネクスト・ステップス・ユニットと呼ばれる。イップズ勧告は、「二年以内に各省はエージェンシーがもっとも効率的な管理手法と考えられる活動分野を認定し、エージェンシーを設立するものとする」と述べている。エージェンシーの設立に至る組織改革の手順は、図1のモデルによって説明される。

(2) エージェンシーの内部構造

各省のエージェンシー設立を促進するために、ネクスト・ステップス・ユニットと大蔵省はエージェンシー設置に関するガイドラインを作成した。その中では、当該部門が別個の行政組織に独立する能力をもつこと、行政サービスの供給を行う部門であること、当該省の内部で責任を担うことができることなどがエージェンシー化の要件とされた。

大蔵省は、エージェンシーの設立申請に対して、財務面から審査を行った。何よりも、エージェンシーに対しては事業の遂行に必要な財源の配分が行われる必要があった。また、財務管理と統制のシステムが十分に整備されなければならなかった。さらに、申請の中には計画、業務報告、会計に関するシステムが必要とされた。また、母体省の大臣は、エージェンシー設立にあたって、財務とサービスの質に関する目標値を設定し、エージェンシーの活動、改善についての測定方法を開発することが求められた。

これらの要件を満たした申請は認可されて、エージェンシーの基本文書が作成される。そして、基本文書をもとに、母体省とエージェンシーとの間で業務遂行の契約が締結される。基本文書は、定期的に見直しを受けることになっている。見直しの中では、エージェンシーは前記の手順に即して審査を受け、設立以来の活動状況が母体省によって評価される。他の組織形態が適当でないという判断を受けた場合にのみ、エージェンシーの地位は更新される。エージェンシーに対するさまざまな意見を最大限に反映させるために、見直しの作業は公開されることとなっている。

エージェンシーの経営には、最高管理者(chief executive)が当たる。最高管理者はエージェンシーの活動、とくに目標が達成されるかどうかについて、大臣に対して責任を負う。そして、多くの場合その俸給は目標達成と関連している。最高管理者は公開競争によってリクルートされ、任期が限定されている。一九九四年一月一日現在、九八人の最高責任者のうち三六人が民間その他の出身である。

八八年、ピーター・ケンプはエージェンシーに対する財務制度の改革を提言した。エージェンシーは十分な財源と独立した会計をもつべきというのである。また、独自の収入をもつ事業は独立採算性をとるべきと主張した。これを受けて、造幣、特許局など一二のエージェンシーは独立採算制のトレーディング・ファンドに移行した。トレーディング・ファンドに移行した場合、エージェンシーは予算面での自立性を強めるのである。

エージェンシーは、人事管理に関する責任を母体省から移譲されている。エージェンシー独自で採用を行い、能力開発や訓練についても責任を負っている。しかし、母体省は幹部職員についてコントロールを行っている。また、一四のエージェンシーでは、目標数値を上回る実績をあげた場合の余剰金を積み立て、職員へのボーナスとして支給している。

(3) エージェンシー化の展開

一九八八年八月に、最初のエージェンシー、車両検査局が発足した。当初は、エージェンシー化のテンポは決して速いものではなかった。八八年末には三エージェンシー、六〇〇〇人の職員、八九年末には一〇エージェンシー、七七〇〇人の職員を雇用するにとどまっていた。最も早くエージェンシー化された機関は、車両検査局のほか、HMSO(政府刊行物出版局)などで、もともと小規模で通常の行政機関とは別個の機能をもったものであり、組織改革を受け入れやすい前提が整っていた。

九〇年四月に三万五〇〇〇人強の職員をもつ雇用サービス庁が、予定より一年遅れでエージェンシー化されて、エージェンシー設立の動きは加速された。九〇年末には、三四のエージェンシーで八万人の職員を雇用するに至った。さらに、九一年六月までには五〇機関、一八万三〇〇〇人、九二年五月までには七二機関、二九万人(公務部門の半数)に増加した。その後さらに、九一年から九二年にかけて、税関、国税庁がネクスト・ステップスの組織原則に基づく税関、税務署を設立し、エージェンシーで働く職員の数は急増した。

組織、職員数の大きな変化は表1から読み取ることができるであろう。

表1　公務員と公務組織の変化

	1980年		1994年	
	機関数	人員の割合	機関数	人員の割合
主要省	23	90%	23	25%
小規模省	31	10%	27	10%
エージェンシー	–	–	96	65%

出典）K. Theakston, *The Civil Service since 1945*, Blackwell, 1995.

(4)　エージェンシーの分類

エージェンシーには、さまざまなものがある。どのような業務を遂行する組織がエージェンシー化されたのかについて、解説を加えておきたい。

エージェンシーの活動と改革の現状については、毎年ランカスター公領尚書(Chancellor of Duchy of Lancaster：国務大臣で日本の総務庁長官に当たる)が、年次報告書を発表している[18]。その報告書では、エージェンシーが次の四つに分類されている。

・一般市民に対するサービス：運転免許庁、職業安定庁、社会保障給付庁など、一般市民に対して各種のサービスを提供する機関

・行政機関に対するサービス：軍における調達、ロジスティクスなどの業務を行う組織や一般行政機関における調達、営繕などの業務を行う組織

・研究機関：建築技術、農業、防衛などに関する研究機関
・規制機関：食肉や薬品の安全規制など各種の規制を行う機関

また、能率局が一九九一年に発表したネクスト・ステップスに関するレビューでは、エージェンシーは次のように分類されている。

・主要機関：母体省の政策や活動に密接に連関した任務を行うエージェンシー。職業安定庁、社会保障給付庁など
・規制機関：母体省の政策目的を実現するために、一定の基準を適用して社会、経済活動に対して規制を行うエージェンシー。車両検査局など
・特殊技能サービス：母体省や他のエージェンシーに対して特別な技能のサービスを提供するエージェンシー。軍内の各種エージェンシーなど
・周辺的機関：母体省の主要な政策目的とは無関係なエージェンシー。公園、遺跡管理局など

このように、エージェンシーにはいくつかの類型がある。組織管理や業績評価の方法についても、業務の類型に応じた違いがあるであろう。

3　組織改革が引き起こした波紋

エージェンシー制度の導入は、イギリスの行政に革命的な変化をもたらした。具体的な組織運営や政策実施の仕組みは後の章で詳しくみるとして、ここでは既存の行政の世界がエージェンシーをどのように受け止めたのかをみておきたい。

各省の中枢を担う幹部職員は、これにどのように対応したのであろうか。高級官僚のインタビューから紹介してみたい。

「幹部クラスの行政組織をみても、エージェンシー制度の導入の意義を無視することはできないと思います。それはおそらく、ノースコート・トレベリアン改革〔一九世紀の公務員制度改革。公開競争試験による任用などを柱とする〕以来の大規模な変化でしょう。……エージェンシーの責任者をみれば、かなりたくさんの人々が民間から来ています。つまり、公務の世界において人種の融合が進んでいるわけです」[19]

また、ある研究者はエージェンシー制度の導入の意義を次のように要約している。

「この改革の教訓は、かつて権威や法によって定義され、はっきりと識別できたイギリスの行政機構というものが、もはや存在しないということである。もし、行政機構がまだ存在するという人がいるならば、彼らはもろもろの行政機関に共通する特徴をあげることができるだろうか。各機関が柔軟な職員の採用方法をもち、多数の独立した部局やエージェンシーで多様な条件で職員を雇用している以上、これらの機関を同一視することはできない。そして、システム全体にわたって、職員は公務全体よりも、自分の属する独立した機関にアイデンティティを見出すよう奨励されているのである。そして、公務の匿名性を廃止して、自らの利益のために事業の管理を行うよう促されているのである」[20]

つまり、公務員は「全体の奉仕者」というアイデンティティを捨てて、各エージェンシーに一体感をもち、それぞれの組織利益のために活動することを求められるというわけである。この点は、公務員の世界における文化的革命ともいうべき現象である。そして、この文化革命は不可逆なものであり、イギリス行政の構造変化は以後も永続するであろうと専門家は予想している。[21]

以前にも行政の能率化を求めた改革提言はいくつも存在した。しかし、それらの勧告や試みは、巨大な官僚機構によって飲み込まれ、無害なものへと消化された。ネクスト・ステップスは、まったく前例をみないほどに、行政組織に浸透した。それを可能にした要因として、もちろんサッチャー、メージャーの二代の保守党政権の強い改革志向が重要であろう。

しかし、有効な政治的リーダーシップを発揮するために、サッチャーは過去の行政改革の経験から教訓を学び取っていた。すなわち、官僚制の抵抗を乗り越えるためには、適切な人材を重要なポストに配置する、それらの人々の改革に対する支持を常に確保する、改革に対する政治的な支持を常に明確にするということをサッチャーは実践した。[22] 第一の人材の点に関しては、ネクスト・ステップスの改革がホワイトホールにおける世代の入れ替わりとも重なりあったことが成功の理由であった。つまり、能率局の重要なポストを占め、改革を推進する比較的若く、野心的な官僚を政治家は使うことができたのである。

次に、公務員労組のエージェンシー化に対する反応について紹介しておこう。ネクスト・ステップスのような大胆な改革に対して、労組は本能的に反発した。単に公務員としての地位や給与の安定性を損なうというだけではなく、行政組織に政策中枢と単純作業という二重構造をつくることが労働者の反対を招いた。エージェンシーの設立にあたっては、当然労組の反応を考慮する必要があり、首相も公務員の地位や待遇の変更の際には必ず労組に相談するという確約を与えた。

しかし、組合はエージェンシー化に全面的に反対だったわけではない。公務員労組会議(Council of Civil Service Union)は、エージェンシー化によって大蔵省による財源面のコントロールが削減される可能性を歓迎したのである。組織の管理が分権化されることによって、各省以下の組織が財政面の自立性をもつことに組合は賛成であった。[23]

労組がエージェンシー化を受け入れたもう一つの、そしてより現実的な理由は、戦術的なものであった。サッチャー政権のもとで広範な国有、公有企業が民営化されていた。公務員労組は、エージェンシー化が単純な民営化を防ぐための代案であると考えた。かりにネクスト・ステップスが失敗すれば、次に政府はより根本的な民営化を打ち出してくるのではないかという危機感を労組はもった。[24] 改革に対する強烈な政治的圧力が働く状況では、労働組合もある程度の改革を自発的に受け入れるということが、この事例から得られる結論である。

4 フレーザー報告

一九九〇年前後、エージェンシー改革が始まった頃は、ネクスト・ステップスが過去の改革提言同様、竜頭蛇尾に終わるのではないかと考える人々がたくさん存在した。しかし、サッチャー、メージャー両首相は、エージェンシー改革を強力に推進した。九〇年九月、エージェンシー制度の生みの親ともいえるイッブズが能率局を退任し、アンガス・フレーザーが後任となった。フレーザーは就任早々、首相からネクスト・ステップスの進捗状況について調査するよう依頼を受けた。とくに、母体省とエージェンシーの関係や責任分担、母体省自体が新しい組織構造にどのように対応すべきかという課題を中心的に検討し、勧告を出すよう求められた。フレーザーは、九一年五月に『ネクスト・ステップスの最大限の活用』と題する報告書を提出した。[25] その中で、フレーザーは改善すべき三つの領域を指摘した。

第一は、改革の流れを明確にすることであった。つまり、一時の流行や他に歩調を合わせるといった動機ではなく、改革の本来のねらいを再確認することが必要だと彼は考えた。具体的には、エージェンシーの存在理由と役割について母体省とエージェンシーがはっきりとした共通理解をもつことが何よりも必要とされた。エージェンシーの定期的見直しの際、そのことはとくに重要である。また、活動の目標値の設定について、母体省とエージェンシーがとくに重視して、有意義な目標を設定することがエージェンシーの成功にとっての鍵となる。財務に関連して、すべてのエージェンシーが作業に必要な財務制度の枠組みを設定するよう、母体省、エージェンシー、大蔵省が厳格なタイムテーブルをつくることも勧告された。

第二は、エージェンシーの最高責任者の権限を強化することである。エージェンシー制度が効果をあげるためには、エージェンシーの長が人事管理、財務管理について自ら決定を下せることが不可欠である。そのため、エージェンシーの基本文書の中で長の権限を強化することが必要であり、定期的見直しの中でその点を考慮しなければならないと述べている。また、長の公募を実質化し、エージェンシーの成功に対して長に報酬を与える一方、目標達成に失敗した場合の制裁の仕組みについても整備する必要があると指摘している。

第三は、母体省の役割、組織構造、規模の再検討である。エージェンシーの自立化は、当然母体省にも大きな影響を与えるはずである。各省は、エージェンシーの管理に関してどうすれば大臣の仕事を最善に補佐することができるかを研究し、幹部レベルにエージェンシーの監督を担当する責任者を置くべきであると報告は述べている。また、母体省の人事管理についても、大蔵省や能率局との協議のうえで、明確な合理化計画を設定すべきと提言している。そして、母体省の人事運用について、今後は政策立案の経験と、実施部門における組織管理の経験の両方を重視すべきと述べている。

フレーザー報告は、エージェンシー設立の初期段階では、制度の本来のねらいが必ずしも実現されていないことを認めたものである。とくに重要なことは、改革の本来のねらいについて、母体省とエージェンシーの両方が認識を共有することであった。改革というものが大きなうねりになったとき、組織改革の当事者は何のための改革かを理解しないまま組織形態の変化を推進するという現象は、あらゆる改革に共通した現象のようである。また、エージェンシーに人事、財務の二つの側面で自立性を付与することは、この改革の眼目であったが、母体省は、改革の初期においては、必ずしもその点についても徹底した分権的組織改革を行ったわけではないようである。政策立案と実施の分離というアイディアが定着し、双方の関係がかみあうことは、一朝一夕には実現できないことを、フレーザー報告は確認したわけである。

しかし、この報告はエージェンシー改革のさらなる展開を促す重要な提言となった。次の節では、エージェンシーにおける具体的な政策実施の態様を紹介し、この改革がもたらした変化を検討してみたい。

三　エージェンシーにおける政策実施システム

1　エージェンシーにおける業務管理——目標による管理と業績評価システム

(1)　組織管理の概観

エージェンシーの活動の実態はいかなるものか。もちろん、新しく設置されたエージェンシーはかつての官庁の仕事を引き継ぐわけで、業務そのものには変化はない。組織形態の変化は、業務管理の仕組みにとくに顕著に現れる。

エージェンシーにおける業務管理の最大の特徴は、目標による管理を全面的に取り入れたこと、数値化された目標の設定とその達成に関して毎年評価を行うことの二点にある。各エージェンシーの毎年の管理には、次の四つの共通の指標が設けられている。

①基本指標(baseline)

基本指標とは、エージェンシーの実態に関する最も基本的なデータであり、総維持費、資本形成、総資産、職員数の四つの項目からなっている。

②維持費節約額

毎年、維持費が何%節約できたかを明示する。

③一単位当たりの産出(アウトプット)に対する費用の変化

例えばパスポートを一通発行する、年金を一ポンド支給するなど、一単位当たりのサービスに要した費用の絶対額、前年からの変化(%)、総費用に占める作業費用の割合の三つの項目からなっている。

④料金徴収によってどの程度費用をカバーしているか

手数料、使用料等の収入総額、当該サービスのコストに対する料金収入の割合、エージェンシーの維持費全体に占める料金収入の割合の三項目からなっている。

このように、エージェンシーは企業会計の考えを取り入れて、各種の活動についてコストを明示することを管理の基本原則としている。そして、常に維持費の節約目標を掲げ、合理化の動機を与えている。また、可能な限りサービスを有料化し、独立採算の考え方を最大限取り入れている。

(2) 目標による管理の事例

以下、エージェンシーの一九九六年度年次報告書[(26)]における分類に従って、市民へのサービス、行政機関へのサービス、規制機関という主要な類型ごとに代表的なエージェンシーを選び、目標による管理と業績評価の実態を紹介してみたい。

A　市民サービス機関

このタイプのエージェンシーは一九九六年現在、五七機関あり、すべてを紹介することはできない。そこで、市民サービスの中でも市民との関わりの深い、公証、公物・公施設の管理、給付の三つの類型について実態を紹介してみたい。

①運転免許・自動車登録局

イギリスではエージェンシーが全国を一括して(北アイルランドは除く)免許証の交付と自動車登録証の管理を行っている。この機関では多様な目標が設定されているが、代表的なものは次のとおりである。

・免許証の申請から交付までの標準日数
・登録の申請から登録証の交付までの標準日数
・電話に対して三〇秒以内に応答する割合
・免許証、登録証の正確さ

それぞれの目標について、一〇日以内の交付、八〇%の電話に三〇秒以内に応答する、免許証・登録証の記載ミスを五%以内に抑えるといった具体的な数値が設定される。そして、年次報告書において、目標値がどの程度達成されたかが明らかにされる。

②刑　務　所

刑務所のエージェンシー化は、日本人にとっては奇異に聞こえる話である。刑務所は国家権力が最も具体的に表現される場であり、そこに能率という概念を持ち込むことは、日本人にはなじまないかもしれない。しかし、刑務所までも自立させ、経営の論理を持ち込むところに、イギリスの行政改革の徹底ぶりが現れている。そこでは次のような目標が掲げられている。

・刑務所施設、護送中からの脱走者数の減少
・職員、他の受刑者に対する暴行の減少
・独房に三人の受刑者を収容する件数の減少
・受刑者に常に衛生施設の使用を可能にする
・受刑者が有意義な活動に参加する時間(一週間当たり)
・一刑務所当たりの平均費用

それぞれについて、脱走をゼロにする、一週間当たり二五・五時間の活動に参加させる、平均費用を二万四五〇〇ポンドにするといった数値が設定されている。そして、年次報告書では、目標が達成できなかった場合、理由の弁明が行われている。

③社会保障給付庁

社会保障給付庁は、職員数七万人余りで、最大規模のエージェンシーである。同庁の目標は次のようなものである。

・各種の手当、年金の給付にあたって申請の処理期間、および正確な処理
・社会基金による融資事業について、返済額の確保
・利用者の満足度

例えば障害手当であれば六五%の申請を一〇日以内に処理する、判定について九四%の正確さを確保するといった数値が掲げられている。また、利用者の満足度については隔年でアンケート調査を行って、点数化している。一九九六年においては、八五%の利用者がサービスに満足することが目標数値とされている。このように、社会保障の本来のねらいに沿って、支援を必要とする市民に対して迅速、親切に給付や融資を行うことと、コス

ト削減や給付の適正化による節約という二つの側面で目標による管理が行われている。

B　対行政サービス機関

このタイプのエージェンシーの多くは、軍関係の調達、ロジスティクスを担当するものであり、エージェンシー化によって物品購入の費用削減を図っている。また、文民部門のエージェンシーには、一般行政機関に対する情報提供、広報請負、研修機関などがある。

一例として行政大学をあげてみよう。そこでは以下のような目標が掲げられている。

・収支の均衡　行政大学では受講生の授業料ですべてを運営している
・コンサルタント料収入の確保
・公務員職階の7以上の公務員が受講する数
・学生による授業評価で六段階の1、2の評価を得た講義の数
・民間部門から入学した受講生の数

それぞれについて八〇〇〇人以上の7段階以上の公務員を受け入れる、八〇%以上の講義で1、2の評価を得る、民間から一〇〇〇人の受講生を受け入れるといった数値が設定されている。

C　規制機関

ここでは代表的な規制機関として、薬品規制局をあげてみよう。この機関は、保健省の薬事局からエージェンシー化したものである。主たる目標は以下のとおりである。

・薬品の安全と品質
・薬品の副作用に関する情報をデータベースに登載する
・すべての新規認可薬品について二年間集中的に追跡する

・認可を得た製薬業者に対して二八カ月に一回検査を行う
・サービスの水準
・化学的成分分析に要する期間の短縮
・薬品の認可申請の処理に要する期間の短縮
・財務管理と能率
・能率指標の改善
・コストを織り込んだ作業指標の作成

薬品規制のように、専門的知見が重要な意味をもつ業務についても、安全性の確保のために能率的な情報提供を行う一方、申請者へのサービスや能率的な組織運営が図られている。

(3) 目標による管理の意義と問題点

以上に概観したように、目標による管理は各エージェンシーに対してサービスの向上や節約の動機づけを高めるということができる。しかし、エージェンシー自身が自らの目標を設定するのであり、最初から容易な目標を掲げてしまえば、目標は管理の指標としての意味を失う。エージェンシーに要求される実績を反映させるために、母体省の大臣は目標の変更を求めることができる。

数値化された目標について、一九九五、九六年のそれぞれが前年度の目標値、実績値と比べてどのような違いがあるかを示したのが表2、

表2　前年度の目標と当該年度の目標の比較

（単位：%）

	困難になった	同じ	容易になった
1995年	37.2	46.1	16.8
1996年	38.3	49.1	12.6

出典）*Next Steps Agencies in Government Review*, HMSO, 1996.

表3　前年度の実績と当該年度の目標の比較

（単位：%）

	困難になった	同じ	容易になった
1995年	35.0	8.1	56.9
1996年	36.7	12.9	50.4

出典）*Next Steps Agencies in Government Review*, HMSO, 1996.

表3である。

この表から、エージェンシーの改善や能率化の意欲はかなり強いことがわかる。前年実績と比べて容易な目標を設定したケースが半数あるということも、エージェンシーの改革努力で高い実績を達成したことの裏返しと解釈することができる。目標数値自体の比較をみる限り、容易な目標を掲げて見かけ上の能率化を確保するという問題は、起こっていないということができる。ランニングコストの削減については、ある程度改善を積み上げることによってコストが定常値に収斂することが予想され、目標による管理という手法の適用も再検討する必要が出てくるであろう。

2 エージェンシーと市民憲章(Citizen's Charter)

ネクスト・ステップスに密接に関連した行政改革として、市民憲章が重要な意味をもっている。市民憲章とは、行政機関や民営化された企業が、市民・消費者に対するサービスの指針をまとめた文書である。この改革は、一九九一年七月に首相が開始したものである。そのねらいは、行政の水準を高め、利用者・市民に対してよりきめ細かく対応することにある。市民憲章の作成とそれに準拠したサービスの改善は、九〇年代の行政改革の大きな柱となった。

憲章は次の六つの原則からなっている。
①高い水準
市民が期待することのできるサービスについて明確な水準を設定し、それを公表したうえで、その達成についてモニターする。

②情報と公開性

サービスの運営方法、コストと実績、責任者などについての正確で十分な情報をわかりやすい言葉で表記し、いつでも知ることができるようにする。

③選択と協議

サービスの利用者と提供機関との間に、定期的で体系的な協議の場を設ける。利用者の考え、改善に対する希望が水準の設定に反映されるようにする。

④丁寧で親切な態度

常に名札をつけている公務員から丁寧で親切なサービスを受ける。利用する資格をもった市民にはすべて公平にサービスを提供し、市民の利便を高める。

⑤事態の正当な処理

間違いが起こった場合には、謝罪、十分な説明、迅速で効果的な是正策がとられなければならない。わかりやすく、利用しやすい不服申立ての手段を整備し、必要があれば当該機関から独立した立場からの審査に供する。

⑥節　約

国の予算の範囲内で能率的で経済的なサービスの提供を行う。サービスが水準を満たしているかどうか、独立した立場からの評価を受ける。

一九九〇年代前半、これらの原則を具体化する形で、さまざまな機関が憲章を作成し、公表した。また、優れたサービスによって市民から高い評価を受けている機関に対しては、憲章マークを交付して表彰する仕組みもつくられた。

エージェンシーも、市民に直接サービスを提供するという性質上、市民憲章の枠組みを適用された。それぞれの原則について、エージェンシーがその特徴に応じた憲章を作成している。

①高い水準

市民に直接サービスを提供するエージェンシーは、すべて憲章を作成している。例えば、国税庁の「納税者憲章」、社会保障給付庁の「受給者憲章」などが代表である。また、事業の目標に関して具体的な数値を設定しているエージェンシーも多い。前に紹介したような、免許申請から交付までの時間の明示などがその代表である。

②情報と公開性

すべてのエージェンシーは毎年報告書を公表し、活動実績を詳しく公開している。また、社会保障給付庁では、各地方事務所ごとに目標を設定し、市民に公開している。

③選択と協議

エージェンシーでは、専用電話窓口の設置、世論調査機関に委託した顧客の満足度調査など市民の声を聞くための努力を行っている。パスポート局は、都市の繁華街に出張所を設置して、市民の需要に応えている。

④丁寧で親切な態度

業務改善の事例は次のようなものである。社会保障給付庁では、秘密を守るために個室の相談コーナーをつくったり、母親のために子供の遊び場を確保している。公文書館では、閲覧室でコピーサービスを行ったり、専門家による案内サービスを行っている。

⑤事態の正当な処理

運転免許・自動車登録局では、不服申立てを審査する独立した調停官を設置している。国税庁、社会保障給付庁なども、不服申立てを受け付け、中立的に判断する調停者を置いている。

⑥節　約

エージェンシーでは、一九九二年四月から「能率への競争」というプログラムが実施され、各年度の実績と目標達成度、節約額の公表が行われ、能率化への強いインセンティブとなっている。

市民憲章は、民間企業における顧客管理の手法を公共部門に応用しようとする試みである。その意味で、市民憲章はネクスト・ステップスで示されたエージェンシーの理念を受け継ぎ、発展させたものということができる。(27)エージェンシーの裁量を広げることによって、市民の要望に迅速に対応できるようになったこと、市民の要望に応えるためのインセンティブが工夫されていることはここで強調されるべきであろう。

3　エージェンシー制度の新たな展開——ベンチマーキングと能力開発

一九九〇年代の後半に入って、エージェンシー制度が定着すると、よりいっそうの能率化のための新たなプロジェクトが始まった。

第一は、ベンチマーキング(水準測定)である。これは、ＩＳＯ９０００シリーズに代表される民間企業の基準認証の枠組みを、エージェンシーに取り入れようというものである。企業活動のさまざまな側面にわたる質を評価し、改善に結びつけるうえで、基準認証は大きな潮流となってきた。異なる分野の企業の質を評価するための方法が開発され、それに基づいて各種の組織の水準測定が行われている。その結果は、組織の能率、効率の向上に役立てられている。

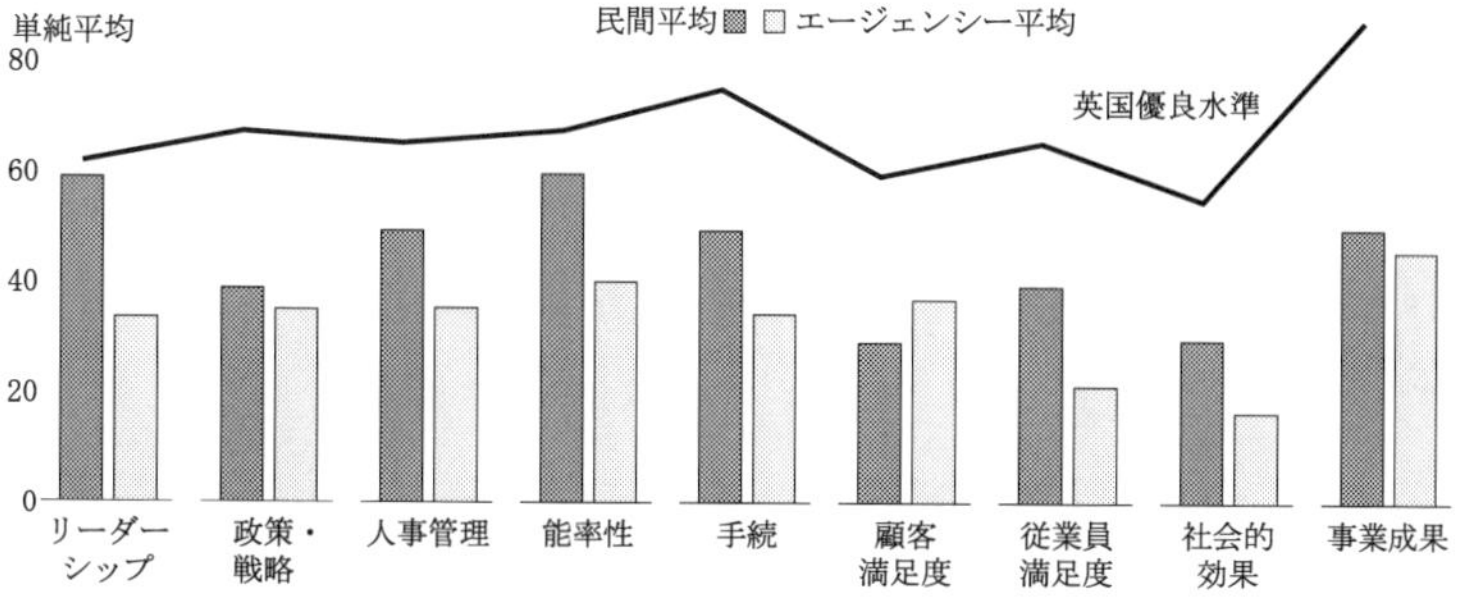

図2　エージェンシーと民間企業の比較

出典）*Next Steps Review,* HMSO, 1996.

政府は、九五年一〇月、民間企業で活用されているビジネス・エクセレンス・モデルを試行的に三〇のエージェンシーに適用し、各機関に自己評価を行うように命じた。このモデルは八九年から九一年にかけて、ヨーロッパ品質管理機構が二〇〇の民間企業とともに開発した評価方法である。このモデルでは、次の九つの基準によって組織の質が評価される。リーダーシップ、政策と戦略、人事管理、財政資源管理、手続、顧客の満足、従業員の満足、社会に対する影響、事業成果。

各エージェンシーでは、幹部職員の中で改革マネージャーを任命し、英国品質管理機構で研修を受けたうえで、ビジネス・エクセレンス・モデルを使った組織診断をそれぞれ行った。その結果については、改革マネージャー同士の会議で検討を加えた。この評価はあくまで自己評価であり、外部の中立的専門家の診断とは異なり、数値の信頼性には限界はあるものの、エージェンシーの組織体質の特徴が、民間企業との比較のうえで浮かび上がった（図2参照）。

それによれば、エージェンシーは、顧客の満足、事業成果、財政資源管理の各項目について優れた評価を受けた。これは、一九八〇年代以来の財務管理イニシアティブ、市民憲章など各種の改革が実を結んだものと解釈されるとエージェンシー年次報告書は述べている。とくに、顧客の満足で優れた評価を受けたことは、エージェンシー化によって公務員の意識改革が進んだことの現れと意味づけられている。

逆に、リーダーシップ、人事管理、手続、従業員の満足度については低い評価が与えられた。そのことは、組織内部のコミュニケーション、管理者やマネージャーから経営幹部へのフィードバック、作業手続などに改善の余地があるということを意味している。そのことは、給与や職階などの人事管理が中央集権的に進められた時代から、エージェンシーがねらいとする分権的、自立的人事管理に完全には移行できていないことの現れでもある。

水準測定の試行に参加したエージェンシーは、この評価が組織管理にとってきわめて有益な情報を提供するものと歓迎している。今後評価の経験が蓄積していくにつれて、エージェンシーと民間企業のより精密な評価が可能となり、能率向上に資することが期待される。

もう一つの新しい動きは、エージェンシーの職員に対する教育訓練の投資の強化である。企業の人的資源に対する投資については、「人間に投資する企業(Investors in People、通称ＩＩＰ)」という認証制度がある。これは職員の能力開発について、外部の独立した有資格の専門家が評価を行い、付与するものである。一九九六年に発表された白書『公務員の能力開発と訓練』の中で、政府は二〇〇〇年までにすべての公務員をＩＩＰの認証を得た機関で雇用するという方針を明らかにした。

今や公共部門全体の七四％の職員を雇用するエージェンシーにおいても、教育、訓練は重要な課題となった。そこで各エージェンシーは能力開発や研修に関する計画を立案し、職員の質の向上に乗り出した。九六年一〇月末の時点で、ＩＩＰの認証を獲得した機関は全体の一三％、三三％の機関が認証獲得のために正式なプログラムを実行している。

以上に紹介したように、ビジネス・エクセレンス・モデルにせよ、ＩＩＰにせよ、民間企業で開発された管理や能力開発の技法を積極的に取り入れているところに、最近のエージェンシーの活動の特色がみられる。

四　エージェンシー制度の意義と問題点

1　エージェンシー制度に対する肯定的な評価

これまでの議論から明らかなように、ネクスト・ステップスの改革は、行政の手法を変えただけではなく、公務員の意識に大きな変革をもたらしたということができる。この改革の成果について、これを擁護する側の議論をあらためて整理しておきたい。

第一の成果は、行政サービスの顧客である市民にとっての利益である。各種のエージェンシーにおけるサービス改善運動の一端はすでに紹介した。論理的に考えれば、エージェンシー制を導入することは、サービスの改善にとっての不可欠の必要条件ではない。旧来の行政機関でも目標による管理によるサービス向上は可能だったかもしれない。しかし、論理的には可能であっても、組織形態を変えないで改善を行おうとして、ネクスト・ステップスのようなめざましい成果をあげていたかといえば、答えはおそらくノーであろう。

ネクスト・ステップスの成功の理由は、その手法がきわめて斬新でラディカルなものであったため、幹部から現場に至る行政職員に事態の変化を実感させ、改革へ取り組む意欲を強く刺激した点にある。(28) 能率的なサービスの供給という点では、ネクスト・ステップス以前の行政は、工業生産における産業革命以前の手工業に相当するという見解も説得力をもつ。(29)

第二に、行政における官僚制のカルチャーを変えたことが指摘できる。すでに述べたように、マックス・ウェーバー以来、ピラミッド型の階層組織と上意下達の指揮命令構造こそ、官僚制の能率を保障するというのが行政学の常識であった。これに対して、ネクスト・ステップスは分権的組織構造こそ能率を高めるという新しい発想を提起した。執行責任の分権化は、意志決定が市民＝顧客の近くで行われるようになることを意味する。そして、エージェンシーという仕組みは、実質的な権力が中央省庁からラインの下部の職員に移行したことを意味する。

ネクスト・ステップスの推進者は、来世紀にイギリスの行政の姿は伝統的な官僚組織とまったく異なったものになると予想する。すなわち、中央も地方も、きわめて小さな中核組織と、それをとりまく一連の分権化された大きな執行組織によって構成されるようになる。ネクスト・ステップスの改革はあらゆる行政機関の本質の転換をもたらすはずというのである。(30)

そして、行政の世界に求められる人材の質も、それに応じて変化し、行政という職業の魅力も別のものに変わると予想されている。パーマネント・セクレタリー(日本の官房副長官(事務)に相当する)のロビン・バトラーはイギリス行政の将来について、次のように語っている。

「行政はこれからきわめて広範な事象を対象とするのであり、ますます異質な要素を含み込むことになるであろう。より多くの委任が必要とされ、個人の責任がますます強調されるようになり、行政の中での活動の機会が増え、職員は自分のキャリアを自分で管理しなければならなくなるであろう。そして、それだけ行政は意欲をかき立てる仕事となり、面白くやりがいのある仕事になるであろう(31)」

これらの論者の主張を敷衍すれば、ネクスト・ステップスこそ行政のパラダイムを変えるという革命的な意義をもつことになる。伝統的な官僚制は、規律と統制を重んじてきたが、その反面でさまざまな病理を生み出してきた。繁文縟礼、窓口職員の不親切な対応、新しい問題に迅速柔軟に対応できない体質、等々。これらは洋の東西に関係なく、官僚組織全体に当てはまるものであった。イギリスで、官僚制の病理を克服する最初の実験を行うという意気込みが、ネクスト・ステップスの推進者に共通してみられる。

2　エージェンシー制度に対する批判

次に、ネクスト・ステップスによる一連の改革を批判する議論についても紹介しておきたい。エージェンシーを批判する論者も、重要な論点を提起しており、かりに日本でエージェンシー制度を創設する場合、これらの批判をあらかじめどのように受け止めるかを考えることは不可欠である。

第一の論点は、公務というアイデンティティの喪失である。従来は、公僕、全体の奉仕者という観念が公務員に広く共有されてきた。そして、公僕意識は、遵法、責任、公平など、国民全体に奉仕する組織にとっての重要な価値を体現してきた。イギリスの公務員には、組織内の上下関係、省庁間の横の関係をこえた一体感が存在していた。したがって、重要な政策課題に対して、省庁をこえて対応し、省庁の利害をこえた調整も可能であった。公務というアイデンティティに基づいて、無私の精神で仕事をする公務員集団は、イギリスにとっての重要な財産であったと、伝統を擁護する人々はいう(32)。

しかし、エージェンシー制度の導入は、そのような一体性をもった集団としての公務員をバラバラに解体した。もはやエージェンシーに帰属する職員は、そのエージェンシーにのみ忠誠心をもつように促される。それぞれが自己の組織の利益を追求すれば、全体としての調整は困難となる。民間における企業の論理がエージェンシーに持ち込まれ、ビジネスライクで仕事熱心な職員が、狭い視野でエージェンシーの利益を図れば、社会的な弊害を伴う事業が歯止めなく進められるおそれがある。包括的な採用試験の代わりに、各エージェンシーで独自にそれぞれの事業に適した人材を採用していけば、優秀な人材が公共部門に集まらなくなる。エージェンシーに反対する人々はこのような論拠をもとに、改革がイギリスのよき行政を破壊したと非難するのである。

公務という観念を尊重すべき価値と考えるか、改革ないし破壊すべき旧習と考えるかは、まさに価値観、哲学の問題である。したがって、この論点に関しては、論争はすれ違いに終わっている感がある。しかし、個々の部局の利害をこえた公共性という価値自体は、今後とも重要である。エージェンシーにおける市民への奉仕という理念を公共性につなげる発想が必要といえよう。

第二の論点は、エージェンシー制度の根底にある政策と実施の分離という発想の非現実性を批判するものである。いうまでもなく、政策立案機能を省組織に残し、日常の政策実施をエージェンシーに移すというのが本来想定されている役割分担である。しかし、日常の政策実施活動の中にも、常にある種の価値選択に基づく政策判断が入り込むことは不可避である。[33]

例えば、エージェンシーである社会保障給付庁が生活保護や障害手当の申請を審査、判断するとき、法令、要項を機械的に適用してすむということはありえない。そこには常に、政策判断、価値判断がつきまとう。そして、ある決定に不満をもつ人は、議員に訴えるなど政治的な手段で自己の利益を主張するであろう。極端な例をあげれば、北アイルランドのエージェンシーである刑務所で、ＩＲＡ（アイルランド共和国軍）の受刑者の処遇をどうするかといった問題は、政治的争点以外の何ものでもない。

ルーティンを政策から切り離し、経営の論理で実施するという発想は、実はかつての国有企業の根底にあったものである。しかし、ルーティンと見なされたはずの業務に政治が介入することを防げず、結局経営の論理がゆがめられ、非能率に陥ったという経験がある。国鉄の赤字路線の経営など、その典型であった。新しいエージェンシーの仕組みの中で、この点について過去の失敗を繰り返さないための工夫は行われているのであろうか。

保守党政権時代の社会保障大臣、トニー・ニュートンは、社会保障給付庁がエージェンシーになっても、大臣の関与する管理上の問題は決して減少しなかったと述べている。同庁の業務に関しては、大蔵省、人事委員会が調査を行っており、決して中央の省から独立した機関とはいえない。

各種のエージェンシーの基本文書を分析したグリアは、基本文書は契約の当事者(母体省とエージェンシー)にエージェンシーの成功と発展に関して十分な役割分担を明示できていないと結論づけている。[34]とくに、両者の関係が曖昧なことを利用して、人事と財務に関して、母体省が関与する傾向があると指摘している。人事について、基本文書は一般論として、エージェンシーの柔軟な任用を認めてはいるが、実際の規程では多くのエージェンシー自身の直接任用はきわめて下位の職階に限定されている。また、財務についても、経常予算と資本予算の流用、節約によって積み立てた資金の使用、年度間の剰余金の繰り越しなどについてエージェンシーの裁量の幅はきわめて限定されている。これらの点から、グリアはエージェンシーに対して中途半端な委任しか行われていないと批判する。この点は、先に紹介したフレーザー報告でも強調されていたところである。

政策と実施の分離という枠組みは、責任の問題と密接に関連している。従来の責任内閣制のもとでは、大臣が自分の所轄する省のすべての事柄について責任を負い、内閣が連帯して議会に責任を負うとされてきた。行政組織の政策執行、ルーティンも大臣の統制下に置かれ、そのことを通して行政活動は議会のコントロールを受けてきた。法律と予算による統制はその代表である。

しかし、執行部門を切り離し、自主性を付与するということは、業務が大臣の責任の外側に出るということであり、従来の責任内閣制や議会による統制という民主主義の大原則を空洞化するという批判が当然出てきた。行政の能率化は必要とはいっても、多数の市民の利害に関わる事業を議会の統制から自由に行うこと、例えば議会が議決した予算とは無関係に職員にボーナスを支給すること、が是認されうるかというのがここでの論点である。また、責任の分離という枠組みでは、必然的に責任転嫁や問題のたらい回しが行われるのではないかという批判も起きた。実際、刑務所の運営についてはエージェンシーの責任者と司法省の間でどちらが責任を負うべきかをめぐって紛争が起きた。

この問題を突き詰めれば、民主主義的コントロールと企業経営の能率性という二つの矛盾する原理をどのように組み合わせるかという難問に逢着する。この点は議会でも論争を招いた。そして、下院公務小委員会は、エージェンシーに著しい非違があった場合、大臣がそれに対して責任を負うべきという報告を出した。また、一九九〇年、下院財政公務小委員会は、議会におけるエージェンシーに対する質問への回答が議会議事録に収録されていなかった問題を取り上げた。個別のケースに関する回答でも、ある種の政策の一般方針と密接に関連する場合がある以上、エージェンシーの回答は社会に周知されるべきというのが議会の主張であった。政府もこの批判を受け入れ、プライバシーや機密の場合を除いて、回答を公開することに改めた。

このように、エージェンシーといえども広い意味の行政府の一翼を担う以上、民主的な統制からの完全な自立はありえない。民主的責任の論理と経営の論理の関係については、今後も試行錯誤が続くであろう。

第三の批判は、人事管理上の問題である。エージェンシーの設立が、組織の二重構造を作り出し、職員の士気や意欲に悪影響を及ぼす危険があることはすでに述べた。多くの官僚が、エージェンシーにおける業務管理よりも、「政策」立案こそを本流と見なし、人事運用がスムーズに進まない可能性は高い。キャンベルは、彼が行った大蔵官僚とのインタビューを紹介している。

「大蔵省でも、事業官庁でも、出向から戻ったとき、人はしばしば「彼は手を汚した。もはやわれわれの一員ではない」というものです。問題は、大蔵省が重要なポストを押さえていて、次官や次官補は大蔵省系列か内閣府系統の官僚によって占められるということです。……優秀な出世候補を集めるのは依然として政策の仕事です。鉄道の経営者から幹部を引き上げるようなことはしません。役所の最高位に上りつめる最善の方法は、大蔵省の本流の仕事に常に張りついていることです[35]」

　また、民間からの人材登用を進めることがエージェンシーの成功にとって必要な条件である。しかし、ある程度自由化されたとはいっても、エージェンシーが提供できる給与には限界がある。民間企業の経営で手腕を発揮したような人材をエージェンシーにリクルートできるかどうかは、不明である。

　第四は、目標による管理の落とし穴という問題である。エージェンシーにおいて、目標による管理は、常に改善の動機づけを与えるうえで最も重要な管理手法であった。しかし、目標値自体が改善の指標として妥当なものかどうかを検証する手続は十分開発されていない。すでにみたように、ネクスト・ステップスの年次報告書においては、前年の目標値や実績値との比較において、目標の水準をチェックしていた。目標値が職員に何かを要求しているということと、目標値が実績のよしあしを判断する基準となるということとはまったく別である[36]。

　この点について、保守党政権時代の大蔵大臣、ナイジェル・ローソンはきわめて辛らつな批判を加えている。達成目標に過度にこだわることは、かつてさんざん批判され、破綻した東欧社会主義国の計画体制と同じではないのかと[37]。社会主義体制では、国営企業にノルマが設定され、企業はノルマを表面上達成することだけに関心を奪われ、さまざまな弊害が生じた。

　業務改善に対する強迫観念に支配されて、次々とより高い目標を設定し、コスト削減や過誤の減少を図るならば、目標達成自体が自己目的となり、職員の意識や業務の内容に悪影響を与えるであろう。コスト削減にせよ、顧客の満足度にせよ、ある程度改善を積み重ねれば、一定の高原状態に達することは常識である。その点を加味した目標設定は、エージェンシーの業務管理における今後の課題であろう。

　以上に紹介したように、イギリスの行政学界でもエージェンシー化がもたらした変化、その得失についてはさまざまな論議が行われている。もちろん、先に述べたとおり、この問題は公務、公共性という哲学的命題につながり、論者の価値観が反映されるので、一つの通説が支配的になるということは今後もないであろう。ただし、エージェンシーの実態調査に基づいて、その限界を指摘する研究が存在することには留意する必要がある。

3 政権交代とエージェンシーの今後

イギリスにおけるエージェンシー論議の最後に、政権交代によってエージェンシーがどうなるかを展望しておきたい。いうまでもなく、ネクスト・ステップスはサッチャー政権の新保守主義的イデオロギーと密接に結びついていた。公共部門に対するサッチャーの激しい敵意が存在しなければ、改革はここまで進まなかったに違いない。労働党はかつて国有化を推進した経緯があり、公共部門の存在を肯定的に位置づけるという感覚をもっているので、このような改革には批判的であった。

労働党の批判の中心は、先に紹介した大臣責任制の問題であった。エージェンシーの設置により、議会に対する行政府の責任が軽減されることを労働党は最も憂慮した。そこで、情報公開法の制定、オンブズマン制度の整備などによってエージェンシーに対する統制を強化することを主張していた。[38]

しかし、一九九〇年代後半のメージャー政権の行き詰まりの中で政権交代が射程に入ってくると、労働党の行政改革に対する方針も微妙に変化してきた。選挙向けのマニフェスト(公約集)には、エージェンシーの問題はあまり詳しく触れられていない。ここでは、ブレア首相の側近中の側近で通産相、北アイルランド相を務めた、ピーター・マンデルソンとロジャー・リドルが書いた労働党政権の構想から、労働党の対応を予想してみたい[39](以下の引用はすべて同書による)。

マンデルソンは「公共部門＝悪、民間部門＝善」というサッチャー的な図式を排するところから出発する。しかし、彼は単純に昔のような大きな政府に回帰することはまったく考えていない。労働党が政権に復帰するためには、公共部門の官僚機構に改革を加えることが不可欠の条件であることを、彼は認識していた。その点が、現在の労働党が「ニュー・レーバー」と呼ばれるゆえんである。

一方で彼はエージェンシー化によって市民に身近な公共サービスが改善されたことを認めている。

「原則論で考えて、ホワイトホールの実行部隊が政策部門から切り離されてはならないという理由は存在しない。大臣はそのおかげで政治や戦略に専念できるのだから。実際、政府の目的を達成するうえで、多くの場合、新しいエージェンシーは、かつての行政組織よりも鋭利な道具である。大臣によって基本文書に明記された政策と支持のもとで、そして基本文書が母体省とエージェンシーとの間の明確な契約に具体化されるという状況で、エージェンシーは政府の意図に迅速に対応すべきである」

したがって、労働党政権は、ネクスト・ステップスを逆戻りさせることはない。

「もし新政権が望むなら、これらのエージェンシーは法律改正なしで、廃止、変更することが可能である。しかし、大半の場合、エージェンシーは、よりよい経営と権限委任によって、政府サービスの提供を改善した」

マンデルソンが問題視するのは、政策と実施が密接に結びついている分野、刑務所、社会保障給付、児童手当給付などのエージェンシーである。これらの分野では、サービスを要望する市民に対して、エージェンシーの担当者が政策内容に踏み込んだ解釈や判断を行わざるをえない。そして、エージェンシーという枠組みは、政策に対する大臣の責任を曖昧にし、政治の側からのコントロールを困難にすると彼は批判する。そこで、大臣とエージェンシーの長との関係を、大臣が指揮しエージェンシーの長が管理するというふうに明確にする必要がある。母体省とエージェンシーの責任の分離という枠組み自体が現実を反映しないものであり、エージェンシーを再び本来の行政組織に戻すこともありうると彼は述べている。

このように、労働党もネクスト・ステップスの効果はかなり高く評価しており、政権交代によってこれが全面的に元に戻るということはありえない。むしろ、実態に即して政策と実施の分離という図式が適切かどうかを再検討することによって、エージェンシー制度の再改革を推進するというのが、労働党の現実的な政策であろう。公共部門の能率化、行政管理における市場原理の導入については、もはやイギリスでは党派をこえた合意が形成されているということができる。行政に対する市民の権利を考える際に、サービスの向上を求める権利は、消費者主権のアナロジーによって基礎づけるという論理は、労働党政権でも共有されているのである。

五　エージェンシー制度の教訓——日本における応用可能性

本稿の結びとして、日本の行政改革にとってイギリスのエージェンシー制度がもたらす教訓について考察しておきたい。日本においても、行政改革会議の報告の中でエージェンシー制度の導入が打ち出され、試験研究機関、国立の博物館等、国立大学についてエージェンシー化の可能性が論議されている。日本におけるエージェンシー制度導入の根拠は、ほぼイギリスと同じである。すなわち、政策決定と政策実施の分離により、特定業務の実施機関における能率を向上させること、法制度上の縛りをゆるめることによって特定業務の実施機関が国民の需要に弾力的に対応できるようにすることなどがその根拠とされている。

しかし、エージェンシー制度を日本で導入することの意味については、世論の理解を得られているとはいいがたい。各省庁がエージェンシー化対象組織について議論するときには、どの組織を人身御供として差し出すかを議論している感もある。エージェンシー制度が作り出されたイギリスの文脈を無視して、単に形態だけを輸入しようとしても、有意味な改革は実現できないであろう。日本におけるエージェンシー論議には、次のような問題があるということができる。

第一に、エージェンシー化の意味について行政の内外で明確な合意をつくることが不十分である。政治的スローガンで動き出した「改革」が有益な成果を生まない、場合によれば弊害さえ生み出すことはどこの国でも起こりうる。なぜエージェンシー化を行わなければならないかをきちんと認識することが改革の大前提である。

イギリスの場合、一九七〇年代の労組の大規模なストライキによる社会生活の麻痺、国有企業の赤字やサービス低下など、取り組むべき課題が明確であった。であればこそ、保守党政権は明確な政治的意志を固め、国民もそれを支持したのである。日本の場合、公共サービスの何が問題かをきちんと分析しなければ、エージェンシー制度の導入が適切な処方箋かどうかはわからないはずである。日本において、とくに国レベルでは厳格な定員管理が行われており、政府の規模は先進国中でも最小である。また、総務庁の行政監察などによって国民に直接接するサービスについては、かなり改善されてきた。

そのような状況でなぜエージェンシーが必要か、改革を進める側は国民にわかりやすく説明しなければならない。また、日本の行政組織法制においては、イギリスのように立法措置なしでこれだけ大規模な組織再編を行うことはありえない。したがって、エージェンシー化に伴う時間、労力、エネルギーのコストはイギリスよりもはるかに大きいはずである。改革に伴う直接のコストを明らかにしたうえで、それを上回る大きな成果があることを納得させなければ、職員の理解も得られないであろう。

第二に、どのような領域でエージェンシー化を進めるかについて、戦略が欠けている。日本では、一律、横並びの予算削減や部局の削減と同じように、エージェンシー化も一定の数を確保することに関心が向けられている。その点で、イギリスの展開は対照的である。イギリスでとくに市民の支持が大きいのは、パスポート、免許証など市民生活と直接関わる部門のエージェンシーである。日本においても、同種の部門についてエージェンシー化を進める意味はあるであろう。要は、市民生活に関連した部分から迅速に改革を進めるためのタイムテーブルをつくることである。

また、規制機関についてもエージェンシー化を進める必要性は大きいと思われる。悲惨な薬害を引き起こした薬事行政に代表されるように、従来日本の規制行政は匿名性の壁に阻まれて、責任追及が困難であった。社会的規制について、審査を行う機関を純化、独立させ、責任の所在を明確にすることには、きわめて大きな意味があると思われる。その場合、エージェンシー化の目的は能率化ではなく、あくまでプロセスの透明化と責任の明確化である。

第三は、行政全体の分権化という構想の欠如である。繰り返し述べてきたように、エージェンシーは市民に近い場所に位置する組織にできるだけ金、人、権限を移譲するという思想に基づいていた。日本の場合、さまざまな権力が集中した国の本省をスリム化することへの合意は得やすいであろう。しかし、そもそも中央省庁の行政事務がすでに各種の委任事務の形態を通して地方自治体にアウトソーシングされているということができる。したがって、その場合中央政府の行政組織内における分権化の対象となるのは、行政全体からみれば周辺的なものとならざるをえない。

今後、エージェンシー制度の具体化が進むとすれば、エージェンシーへの分権化と地方自治体への分権化の関係があらためて問題となるに違いない。イギリスと異なり、大規模な地方自治体が広範な政策を実施している日本においては、エージェンシーが中央政府の監督下に置かれる必然性はない。公共サービスの消費者の最も近い地点に権限を下ろすとすれば、自治体にエージェンシーの監督を委譲することも必要となってくるであろう。日本でエージェンシー制度を導入すれば、行政全体の分権化という大きな構図の中でエージェンシーを位置づけることが必要となる。

第四は、市民主権という発想の欠如である。イギリスの行政改革において、消費者主権という市場モデルを適用したことが一定の成果をあげたことはすでにみた。その場合、市民憲章の制定など行政サービスの消費者としての市民の権利を保障するための制度の整備が並行して行われていることが重要である。

日本においては、エージェンシー制度の導入が行政サービスの供給サイドの都合で論じられている。行政サービスの質の向上のためには、市民主権の確立が不可欠である。日本にエージェンシー制度を導入するならば、市民参加の保障と拡充という、行革論議で省みられなかった課題に同時に取り組むことが必要である。

これらの条件を考慮することなしにエージェンシー制度を導入するならば、制度の文脈を無視して制度を模倣するという近代日本にありがちな蹉跌を繰り返す結果に終わることが予想されるのである。

（1） K. Walsh, *Public Services and Market Mechanisms*, Macmillan, 1995, pp. xix-xxi.
（2） *ibid*, pp. 65-67.
（3） M. Thatcher, *The Downing Street Years*, Harper and Collins, 1993, pp. 30-31.
（4） Lord Rayner, *The Unfinished Agenda*, University of London, 1984, p. 16.
（5） R. Pyper, *The British Civil Service*, Prentice Hall, 1995, p. 4.
（6） G. Fry, *Policy and Management in the British Civil Service*, Prentice Hall, 1995, p. 61.
（7） A. J. M. Bray, *The Clandestine Reformer*, University of Strathclyde, 1987, p. 2.
（8） N. Warner, "Raynerism in practice: anatomy of Rayner scrutiny," *Public Administration*, 1984, p. 7.
（9） Bray, *supra* note 7, p. 37.
（10） C. Ponting, *Whitehall: Tragedy and farce*, Hamish Hamilton, 1986, p. 216. L. Chapman, "Action not words," *The Spectator*, 17 May, 1980, p. 13.

(11) M. Heseltine, *Where There's a Will*, Hutchinson, 1987, pp. 16-20.
(12) Treasury, *Budgetary Control Systems: Implementation Report by the Cabinet Office*, HMSO, 1984, paras. 1.1-1.11. *Policy Work and the FMI Report by the Cabinet Office*, HMSO, 1985, paras. 1.1-1.2.
(13) Fry, *supra* note 6, p. 68.
(14) Pyper, *supra* note 5, p. 45.
(15) Mueller Report, *Working Patterns: A study document by the Cabinet Office*, HMSO, 1987, paras. 2.1-2.2.
(16) Efficiency Unit, *Improving Management in Government: The Next Steps. Report to the Prime Minister*, HMSO, 1988, paras. 10-11.
(17) HMSO, *The Civil Service*, Stationary Office, 1995, pp. 51-53.
(18) Chancellor of Duchy of Lancaster, *Next Steps Agencies in Government Review 1996*, HMSO, 1996, pp. 35-37.
(19) D. Richards, *The Civil Service under the Conservatives, 1979-1997*, Sussex Academic Press, 1997, p. 42.
(20) R. Chapman, "The end of the civil service?," in *Teaching Public Administration*, vol. 7, no. 2, 1992, p. 4.
(21) Richards, *supra* note 19, pp. 42-45.
(22) *ibid*., p. 25.
(23) Fry, *supra* note 6, pp. 78-80.
(24) *ibid*., p. 79.
(25) Efficiency Unit, *Making the Most of Next Steps: The management of Ministers' departments and their executive agencies. Report to the Prime Minister*, HMSO, 1991, pp. 2-6.
(26) Chancellor of Duchy of Lancaster, *supra* note 18, pp. 38 ff.
(27) T. Butcher, "The Citizen's Charter: creating a customer-oriented civil service," in Barveris ed., *The Civil Service in an Era of Change*, Dartmouth, 1997, pp. 56-57.
(28) K. Dowding, *The Civil Service*, Routledge, 1995, p. 106.
(29) W. Waldegrave, *Public Service and the Future: Reforming the Britain's Bureaucracies*, Conservative Political Center, 1993, pp. 7-12.

(30) *ibid*., p. 12.
(31) R. Butler, "The future of the civil service," in *Public Policy and Administration*, vol. 7, no. 2, 1992, pp. 4-5.
(32) Chapman, *supra* note 20, p. 4.
(33) V. Bogdanor, "Market must not sell democracy short," in *The Times*, 7 June, 1993.
(34) P. Greer, *Transforming Central Government: the Next Steps Initiative*, Open University Press, 1994, p. 65.
(35) C. Campbell, The aptitude of Whitehall for coherence and consistency: a paragon lost?, Paper Presented to Amereican Political Science Association, 1993.
(36) G. Jordan, *The British Administrative System*, Routledge, 1995, pp. 157-158.
(37) *ibid*., p. 159.
(38) K. Theakston, *The Civil Service since 1945*, Blackwell, 1995, p. 142.
(39) P. Mandelson and R. Liddle, *The Blair Revolution*, Faber and Faber, 1996, p. 250.

ドイツにおける公務員の養成・研修の現状と課題

ライナー・ピッチャス／木佐茂男 訳

はじめに

現在、公行政は、世界的規模で変革過程にある。公共部門の能率性と効率性が、先進工業国家においても発展途上国においても、そしていわゆる「移行期過程にある社会」〔旧社会主義圏の諸国のこと〕においても、「新しいパブリック・マネージメント（new public management）」というパラダイムによって問われている。そのために、たいていの現代国家は、その行政を相当大きく変革しはじめている。

公務もまた、その変化に伴い、行政の現代化という過程に巻き込まれている。公行政のこうした発展傾向は、そこで働く公務員に新しい役割をもたらしている。ドイツでは、そのことから、行政マネージャー（Verwaltungsmanager）という独自の職業像が生まれている。これらのマネージャー、すなわち職員集団の中にある潜在能力が行政の現代化を進める方向で決定的なものになろう。したがって、この点との関わりで、ドイツの公務にとっても次のような原則が当てはまる。つまり、直面している課題は現代化現象に対応することができる専門能力をもった職員によってのみ処理が可能である。

当然のことながら、このことは、これにふさわしい制度的諸条件が備わっているときにのみ、言い換えると、民主的法治国家における公的な職務・勤務制度が「常に学ぶ組織」でありうるときにのみ、うまくいくことになる。

ドイツ連邦共和国においては、このために最も重要な貢献を行う使命をもつのが公務のための養成・研修である。なぜなら、行政に身を置く者は、その個人的潜在能力を、現代化という目標のためにも発揮しなければならず、またその限りで、彼らは、幅広い人材開発に至る学習課程に身を置かねばならないからである。ちなみに、公務のための養成・研修には、後輩や現にいる職員集団も同じような専門性を身につけることができるように配慮する任務もある[1]。

一　公務員の養成・研修の現状

1　公務の体系・分類

(1)　構　造

ところで、「公務」は、国家的事務の執行に奉仕し、国家組織に編入されているすべての（従属的）職業を含む。公法上の法規範は、あれこれの仕事が公務に属すかどうかについて判断するためには、ほとんど意義をもっていない。（法規範よりも）公衆、すなわち市民の総体のための勤務であるということがポイントである。

この意味で、「公務」は、公法上の営造物、社団または財団との間で直接の勤務関係にある人を含んでいる。公務は、したがって、裁判官、大学教授および軍人など公法上の特別扱いのある者を含めた官吏関係にある者と、公務職員(Angestellten)ならびに公務労働者(Arbeiter)をカバーする。

このように、公務に関する法と現実は、「複線制」を特徴とする。すなわち、官吏という職業類型と並立するのが、形式と内容が異なる私法上の勤務関係にある公務員である。（複線を構成する第一は、官吏であり）官吏の地位は、国家の特色、つまり国家の憲法構造やその任務に合わせたつくりになっている。憲法上、官吏は高権的な核心的任務を執行するものとされる。他面で、〔複線の第二にあたる〕私法上の勤務関係にある公務員がいる。このうち公務職員は、「公務職員法（Angestelltenrecht）」のもとにあり、この法は、官吏法とも民間の労働法とも異なるものである。

公務員全体をみると、官吏は、現在のところ少数である。公務職員の数は、ドイツ連邦共和国の憲法と行政の現実においては、官吏関係にある者を圧倒している。また、多数の雇用主体〔国、自治体、各種公法人など〕が、任意で官吏のポストに公務職員を充てて、人事管理を柔軟にしているという事情もある。

(2)　憲法上の原則

「公務」の概念は、立法者の自由な処理に委ねられてはいない。立法者は、憲法の中に、すなわち自明のものとなっている基本法三三条四項に、その制度化の基盤と伝統をもっている。これにより、恒常的任務としての高権的権限の行使は、通常は、公法上の勤務関係・忠誠関係にある公務員に委託されなければならず、そのような公務員が官吏である。したがって、官吏関係が憲法のうえでは、原則的な勤務関係であって、これを公務における他の勤務関係が補うものとされている。官吏関係は、他の勤務関係に取って代わられてはならない。同時に、憲法は、その三三条五項で、公務に関する法は職業官吏制度の伝統的諸原則を考慮して規律するよう定めている。

(3)　官吏制度の編成と官吏法上の義務

官吏制度の編成は、ドイツ連邦共和国の公法においては、官吏法によって行われている。この法の特徴は、まず、「ラウフバーン原則」[2]による官吏の勤務関係の編成にあり、他方で、官吏の義務にある。いわゆるラウフバーン原則は、すでに言及した「職業官吏制度の伝統的諸原則」に属するものであり、同一の養成・研修を基礎とする専門のすべての官職をラウフバーンにまとめるものである。このラウフバーンは、「ラウフバーン原則」により、現在四つのラウフバーン・グループに編成されている。これらは、単純労務職、中級職、上級職、高級職からなる。個々のラウフバーンは、任命にあたり一般的な教育制度における修了と結びついているのであり、個別に言い換えると、ハウプト・シューレ[3]、レアル・シューレ[4]、ギムナジウム（大学進学を予定する中等高等学校）および大学教育をそれぞれ修了することを要する。

この中で最強のラウフバーン・グループは、今日では、上級職の公務員である。彼らはドイツ連邦共和国の公行政の屋台骨であり、この官吏グループは、その地位を急速かつ十分に強固なものにしてきた。人数と重要さからして彼らは常に前へ進んでいるという状況である。

上級職のラウフバーン法の発展は、長い歴史をさかのぼることができる。この発展史でとくに注目に値するのは、ドイツのラウフバーン法の新しい原則が一九七六年から確立しはじめたことである。この年に、個々の官吏のラウフバーンについての任命要件や養成教育の要件が、ドイツ連邦共和国の公行政に向けられた要請や仕事への期待が高まったこと、および、ドイツにおける教育制度の改革に応じるように変えられたのである。この際に特別の役割を果たしたのは、学術的大学（wissenschaftliche Hochschule）と並ぶ新たな教育のレベルの独立化である。専門大学校（Fachhochschule）は、（学術的総合）大学のランクに位置づけられた。

この一般的な（「所管省の外にある＝外部型の（extern）」）専門大学校は[5]、国が行う修了試験を伴い、独立して職業活動を行えるよう学問的基盤の上に立った教育を行うために設けられた。ここにみられるような大学政策ないし教育政策と上級職における公行政の専門職化との結びつきは、ドイツ連邦共和国における公務の養成・研修のメルクマールである。このメルクマールは、今日まで適用されてきたし、おそらく将来も特徴となるであろう。

公務のラウフバーンへの編成、および公務員が個々のラウフバーン・グループのいずれに属するかには関係なく、官吏には統一的な義務がある。この義務に属するのは、官吏が国民全体に対して中立的でなければならず、党派に奉仕しないということである。官吏の職務行為の適法性については、官吏が完全に個人責任を負っている。一連の官吏法上の義務と並んで、自己研修も官吏の義務に属する。連邦ラウフバーン令と各州のラウフバーン令は、官吏には研修を受ける義務があることを前提とし、これにより、官吏はそのラウフバーンが求める水準以上の教育を受け、かつ次第に高まっていく当該のポストの要請水準にも追いつくのである。このように、ラウフバーン原則は、職業専門性があり、かつ、義務を伴った専門性をもつ養成・研修の原則と結びついているのがわかる。

もとより、この二つの点の結びつきは、すぐに理解できるというものではない。すなわち、一方で、十分な養成・研修は、閉鎖的でかつ分類・編成されたラウフバーン制度の中ではもはやとうてい保障できないのである。逆の側から〔職業専門性の側から〕みると、いうまでもなく、公共の福祉を目的とし独自に公務を専門職化するという原則は、広く承認されかつ実務で行われている自明のこととみなすことはできない。例えば、政治的イデオロギー的な資質を基準にした幹部中心の行政は、中欧・東欧の諸国家の社会主義システムの本質的なメルクマールの一つであった。

2 公務のための養成・研修

(1) 職業専門性とラウフバーン原則の結びつき

ドイツ連邦共和国の公務におけるラウフバーン原則の基本的機能の一つに、すでに示唆したところであるが、公務の各ラウフバーン・グループに入るための専門的要件がある。なぜなら、基本法三三条二項は、各ドイツ人は、その適性(能力と専門的技量)に応じて(のみ)、公職に就く道をもつものと定めているからである。したがって、ラウフバーンと職務上とくに必要な養成教育は、公務にとって決定的な意味をもつ就任要件の一つである。各ラウフバーン・グループに入るために少なくとも必要とされる養成教育の修了をもって、各志望者は公務において仕事をする能力を証明しなければならない。教育課程の修了は、このように、公務就任の入り口の要件となる。

公務就任を養成教育の修了と結びつけるのには、歴史的な理由がある。公務への就任にあたり必要な養成教育は、一九世紀においては、種々のラウフバーンの間に存在した教育の境界(そして階級の境界)を反映していた。軍隊勤務と異なり、一般行政勤務においては、大学教育を受けていない公務員にとって、高級職のラウフバーンは閉ざされていた。もとより、今日のラウフバーン法は、こうした歴史的背景を捨てている。すなわち、現在でも統一的なラウフバーンがあるわけではないが、それでも、各ラウフバーンから一つ上のラウフバーンに昇進できる道が常に開かれている。

(2)「養成」と「研修」の概念と射程

「養成」と「研修」の概念と射程は、適性原則とラウフバーン上、ないし、専門職的な準備教育(Vorbildung)に関連づけて、詳細に述べることができる。養成(Ausbildung)教育は、基本法三三条二項の意味における職業選択に必要とされる教育水準を付与するものである。この教育水準は、公務における官吏(およびその他の公務員)の任命のための不可欠の適性を確保する。これに対して、「研修(Fortbildung)」は、官吏の職業生活に入ってから個々の教育の機会を通じて得られた資格取得などをいうのであって、それは、養成教育を基盤とし、その段階の教育内容を、職業活動を通じて獲得した体験の蓄積を超えて、仕事に関連づけて拡大し深めるものである。つまり、公務における研修は、それがすでに存在する勤務関係・労働関係の中で行われること、養成教育を完全に修了した後に続くものであることを意味する。したがって、勤務してからの研修には、ラウフバーン上の準備教育と専門職的な準備教育に影響を与える機能はないのである。

(3) 外在的諸条件と公務就任要件の変化

公務の適性と能力は、黙示的には公務員が基本法二〇条二項に従い、彼らが適用し、かつ遵守しなければならない法を知っているという要件を含んでいる。さらに、基本法の定める連邦共和国は、民主的にして社会的な法治国家である(二〇条一項)ということも適用される。すなわちこの法治国家で定着している基本権は立法と裁判のみならず、執行権をも直接に有効な法(基本法一条三項)として拘束する。加えて執行権は、裁判と同様に、法律と法に拘束されている(二〇条三項)。したがって、公行政は、法律適合性の原則の遵守を義務づけられている。以上のことは、公務員全体に当てはまる。

このような憲法上の前提条件に照らして、また、略述した官吏の種々の義務を背景として、官吏は養成教育ならびに研修において、職務の遂行に必要な法規についての徹底した知識を得なければならない。これなくしては、ドイツ連邦共和国の行政においては、官吏がその義務を果たすことはできない。まさに、この法治国家的な拘束があることから、有名な社会学者マックス・ウェーバーは、官僚制のモデルをもつ公行政の理念型を作り出した。この官僚制は、法律の執行において、文書による公衆の平等取扱い、公務員の職業専門性、公務員の上下間での服従関係および事務処理の中立性に目を向けたものである。だが、この「官僚制による行政」は、一方では、現実のものではなく、他方で、今日では従来にもまして行政マネージメントの諸原則に従わなければならないことを認めざるをえない。ドイツの公行政のマネージメント志向は、生きた現実である。われわれは、上級職にあっては、「中間マネージメント」ということを語っており、この中間マネージメントは、高級職である管理職と相互にからみあう関係にある。

現代の公務を行政マネージメントとして理解することも、公務の周辺諸条件と就任要件の変遷の影響を受けてのものである。本質的にいって、近年、ドイツの公行政に対してマネージメントの発展、すなわち公務の発展（および、それとともに養成・研修の発展）への新たな要請をもたらした三つの深刻な転換のポイントがある。

第一に、ドイツの再統合により、かつてのドイツ民主共和国に存在した社会主義国家官僚制を古典的・ヨーロッパ的な意味での法治国家的行政に移行させ、[6]新五州の法秩序と行政システムを旧西ドイツの諸州のそれらに統合するという世紀の課題がある。この統合過程は、今も続いている。そして、この過程は、同時に、もともとのドイツ連邦共和国の法と行政のシステムに対して明白な影響を与えている。

第二に、近年では、連邦、州および自治体のレベルでドイツの公行政の現代化についての広範囲な議論が起きている。現代化をめざす努力の目標は、「スリムな（schlank）国家」である。これを実現することは、公行政にとって、その構造が変化を遂げた社会の周辺の諸状況や乏しい公共財源に照らして新たに形成されなければならないということを意味する。

第三の外在的諸条件の変遷は、ドイツの行政の国際化とヨーロッパ化である。国民国家が、経済、社会、環境・交通政策の分野およびその他の分野での国際的な拘束を受けることから、国民国家レベルの多数の行政が「外へ向けて」、すなわち超国家的ないし国際的な方向に向かわざるをえないという事態に至っている。ドイツ連邦共和国の公行政は、この種の強烈な体験をヨーロッパ連合（EU）との間で行っている。ヨーロッパ法は、成立、議決、変型（Umsetzung）〔国際法学上の用語〕および執行という多様な段階を伴うが、そのヨーロッパ法が国民国家レベルで優先的に適用されるため、ドイツ法も、また連邦、州、市町村の各段階のドイツの行政も、絶えず、そしてさらに強くヨーロッパ法に合わせることを余儀なくされている。

〔第二の点に関連する〕養成・研修についてみると、これらの諸要請から、例えば新五州において上級職のための独自の養成事業や新しく専門大学校を設けるといったことが必要となる。再統一を果たしたドイツは、新五州においても専門職化した公務員を必要とする。行政の現代化は、そうした教育事業を超えて、継続的なマネージメントの展開を強要している。求められているのは、一方では、例えば個人の権限、管理権限や社会的権限の強化、現代のマネージメント手法の基礎的知識、および一般的な経営学的基礎知識のような、公行政の構造変化にとって不可欠の枢要な能力を身につけさせることである。研修によるマネージメント展開のレベルでは、とりわけ管理者層のために同じような研修の機会が必要である。

最後に、今後、ドイツの公務のための養成制度の道は、EUに属する他の国々の出身の国民のために、国民国家レベルの行政を開放することになる。移動の自由の原則の象徴ということで、他の構成国の国籍をもつ人がドイツの公務にドイツ人と同一の資格で就任できるように、外国の大学卒業の資格の承認が法的に定められなければならなかった。これを受けて、大学卒業資格の承認に関するヨーロッパ共同体(EG)指針が、ドイツ国内法としての官吏法に変型された。この際、ヨーロッパ委員会は、一般高級行政職のラウフバーンのためのすべてのEU内の応募者のうち、法律家の職に限っては、適格性審査を実施してよいということに同意した。この移動の自由の副次的効果として、ドイツ連邦共和国の公務就任に求められる養成教育が質の面で下がっていく危険性は、大いにありうる。

3　養成制度と公務就任要件

(1)　高級職の養成——大学における学問的準備教育

非技術系の一般高級行政職の就任資格は、大学(Hochschule)における学問的養成教育が先行する養成課程の修了である。この養成教育にあっては、〔従来からある学術的〕総合大学と同等の学術的大学(wissenschaftliche Hochschule)における少なくとも三年間の就学と修了試験の合格が必要である。さらに、少なくとも二年間の準備勤務も終えなければならない。

伝統的に、ドイツ連邦共和国では法曹養成が一般高級行政職に就任するために特別の意義をもっている。しかし、このラウフバーンには、大学における法学の課程を修了して試験を受ける者だけが就けるのではない。さらに、同じような課程を経る経済、財政および社会科学の分野の就学も同一の価値をもつものとして承認される。

高級職における法律家の比率は、この制度的な仕組みの結果として、相対的に高い。具体的には、連邦内務省の〔一般高級行政職に占める〕法律家の比率は七〇%以上である。連邦経済省では法律家の比率は約四〇%で、経済学士の比率とほぼ同程度である。管理職の上の方になると、もとよりこの比率は再び法律家に有利となっている。それにもかかわらず、ドイツにおける法律家によるポスト独占は、もはやなくなりつつある状況である。ただ、ドイツでの法曹養成が特殊な養成ではなく、公行政において、法律家的な処理法は総合的な資質を身につけさせるものであり、また、職能の要請に適うという現実から、今もなお法律家の比率は高い。もとより今日では、現代行政の公共的管理のためにいっそう職務遂行能力や経営的(ökonomisch)能力が求められており、この法律家的基礎的資質だけではもはや十分ではないことがますます明らかとなっている。

高級職のラウフバーンにあって修了試験をもって終わる大学教育に続く準備勤務は、少なくとも二年続く。これとは別に、高級行政職のラウフバーンの資格は、法律家としての準備勤務、すなわちいわゆる司法修習によっても取得することができる。この法律家の準備勤務は、現在は二年である。しかし、この準備勤務は――現在、徹底して議論されているように――再び短縮され、個々の法律家の職のための特殊な準備勤務に分けられるようである。目下決着がついていないのは、一般高級行政職のための特殊な養成制度に行き着くのか、それとも、法曹養成の就学内容と試験内容についての行政的な改革にとどまることになるのか、そのいずれかということである。

修習生は、法律家の準備勤務の一部を――役所または／および行政裁判所での義務的な実習の代わりに――シュパイヤー行政科学大学院でも履修することができる。シュパイヤー行政科学大学院は、その意味で、高級職の若手の行政関係の資格付与にあたって、重要な補充機能を果たしている。三カ月の行政科学の補充教育コース（「シュパイヤー学期」）は、かなり多くの受講者がいる。なお、このことより重要なのは、このシュパイヤー学期が、法律家資格のコースではないが資格を得た高級職ラウフバーン志望者（経済学、行政学、統治論の修習生）にとっては、関連する養成・試験令により、義務として取るべきコースになっていることである。

(2) シュパイヤー行政科学大学院における行政科学の補充教育コース

法律家養成の準備勤務に関わることにより、シュパイヤー行政科学大学院はドイツの大学の中で特別の地位を占めている。なぜなら、法曹の修習期間に、きわめて狭い範囲にすぎないものの、特殊に行政に関連する養成の部分を提供しているのである。このことから帰結されるシュパイヤー行政科学大学院の例外的地位は、わけても、連邦の関与を受けつつドイツのすべての州の共同利用施設であるという特徴をもつ。この大学院の活動の法的基礎は、特別の〔ラインラント＝プファルツ州の〕州法律(行政大学院法)である。同時に、本大学院は、ドイツ連邦共和国における唯一の大学院大学(post-universitäre wissenschaftliche Hochschule)である。すなわち、教育の中心が学部段階にある他の大学とは、この点で異なるのである。

シュパイヤー行政科学大学院には、法学(公法、法哲学、法社会学、国際法、ヨーロッパ法)、行政学、経済学ならびに社会学および歴史学の各大講座がある。一九九七年の夏学期には、これらの科目の講義に約五六〇名の受講者があった。開講されている科目は、法理論、政治理論から、各大講座による個別の講義、行政関連のテーマでの特別のプロジェクト研究ないし演習、コンピュータ処理や語学コースまで広範囲に及ぶ。しかし、この補充教育コースは、行政職の若手にとって、義務的なものではないし、その全員を対象とするものとして構想されているのでもない。それにもかかわらず、ドイツ連邦共和国における一般高級行政職のラウフバーンの準備勤務にとって、シュパイヤー行政科学大学院が重要な貢献をしていることは明らかである。

(3) 上級職の養成——専門大学校の役割

高級職の養成と違って、非技術系の一般上級行政職のための養成は、たいていは行政内部の専門大学校で行われる。これらの公務のための専門大学校(行政専門大学校)〔7〕バイエルン州では官吏専門大学校)は、一九七三年から一九八一年にかけて、連邦では一九七九年に設立された。これらは、中級の行政マネージメントとしての上級職に対する高い資質の要請ということから必然的に生まれたものである。連邦と州の内務省は、当時、養成を行政内部的に「準備勤務」として行うのが適切と判断した。一九九〇年以降、新五州においては、公務のための専門大学校の設置はとくに優先されている。このようにして州と自治体の行政では、固有の公務員集団が養成されうると考えている。

行政専門大学校は、とくに、その学生が同時に官吏であるという点で、一般の専門大学校と区別される。上級職のラウフバーンに必要な(行政内部的な)三年間の準備勤務は、彼らがそのラウフバーンの仕事を行うのに必要な学術的認識と方法ならびに実務上必要な能力と知識を専門大学校における教育として付与するものである。専門大学校の教育を受けるためには、志願者が一般の大学入学資格ないしそれと同等の資格をもつことが必要である。しかし、養成課程を行政内部化しているために、公務就任ということは、種々の任用する官庁での選考手続を経てのみ可能である。つまり、これらの官庁が志願者を見習生(Inspectorenanwärter)として撤回権留保つきの官吏関係に置いて、養成のために各専門大学校に派遣するのである。

同時に専門大学校の学生である見習生のための準備勤務での養成では、すでに――(「外部型」専門大学校における)「通常の」専門大学校の学生とは異なり――給与が支払われる。教育課程はインターバル教育として組まれている。すなわち、専門理論の部分と実務・実習の部分が相互に来る。それらが全体として三年になるのである。言い換えると、ドイツのすべての行政内部的な専門大学校での養成は二元的に行われている。この仕組みでは、少なくとも一八カ月の理論教育と少なくとも一二カ月の実務・実習がある。例えばノルトライン＝ヴェストファーレン州では、理論と実務・実習の関係は、たいていの他の州と同じく、専門大学校の校舎での一八カ月の理論教育と職場での一八カ月の実務教育になっている。これに対して、五つの州では、二四カ月の理論教育と一二カ月の実務・実習というモデルをとっている。バーデン＝ヴュルテンベルク州では、四年間の養成教育期間をとって、二四カ月ずつに分ける仕組みを選んだ(二四：二四モデル)。〔全ドイツ規模の〕学術審議会は、一九九六年の「行政内部型専門大学校の今後のあり方についての勧告」において、研究班の提案に基づき――私もそのメンバーであった――、公行政のための専門大学校における理論教育期間を二四カ月に拡大することを支持した。

上級行政職は、ドイツにおいては、行政の屋台骨とみなされるが、それは不当ではない。このことは、とりわけ、自治体行政に当てはまる。それゆえに、まさにこのラウフバーンにあっては志願者の法的知識には特別の意義がある。このことに対応しているのが、連邦や州の行政専門大学校のカリキュラムである。平均すると、教育時間の約五〇%が法学、約四〇%が経済学、約一〇%がその他の社会科学である。法的な点では、公行政の「ヨーロッパ化」にも考慮が払われている。一連の専門大学校では、それゆえ、「ヨーロッパ法」が選択必修科目として提供され、新米の官吏がヨーロッパ共同体法の内容と体系を修得できる。

「外部型」専門大学校では通常、教授や講師が教育をするのに対して、「内部型」の行政専門大学校では教授や行政官出身の専任の教官が、または行政官のみからなる専任の教官がいる。一九九一年以降の九〇年代の学術審議会の各種勧告および一九九五年一〇月の文化大臣会議の議決によると、全体として以下のメルクマールが専門大学校での養成教育の特徴である。

・大学レベルにおけると同様の入学資格要件（＝専門大学校による養成という大学政策上の側面）
・専門の職業分野への志向を高めること
・実務・実習において学術的方法を適用すること
・教育の重点科目（例、メディア法、経済法）を選んで方法論志向をもった基本的知識を付与すること
・専門の枠を超え、かつ、問題志向をもつようにプログラム編成をすること
・三カ月以内で十分な準備ができ、かつ専任の教官によって評価を受ける学位試験をもって修了すること
・研究と開発という任務を遂行すること
・専任教官の資格（具体的には博士の学位）。ことに専任教官の少なくとも四〇%について十分な実務経験をすること

調査研究により一致しているところによると、非技術系の一般上級行政職のための専門大学校の教育課程の採

用は、ドイツの行政の測定可能な高度の資質水準を確保してきた。それにもかかわらず、今日では、この養成教育が種々の理由から議論の対象となっている。一方で、ドイツの大学の中で専門大学校の意義が大きくなったため、総体として内部型の行政専門大学校を外部型の専門大学校に編成し直すことが求められる。他方で、公行政における人員整理の結果、すべての見習生に十分で、養成課程にふさわしい職業の全体像の教育を保障できない、ないしは、採用の仕方を誤ったため専門大学校の収容能力がもはや限界を超しているという事態になっている。労働市場政策の発展から、もっぱら行政内部の専門大学校で養成する考え方が最大の問題となっており、この発展傾向からは、内部型の養成から外部型の養成への転換を迫られていくであろう。現在議論されているその他の点として、養成教育における教育資材・機材、養成教育の三年への制限、養成教育を実務に近づけること、ならびに理論と実務・実習の期間をどう組み合わせるかなどがある。

(4) 中級職および単純労務職の養成

一般中級行政職のための養成は、同様に、行政内部的に行われる。上級職のための専門大学校における養成教育と同じように、任用した官庁の職場での実務・実習が行政学校または(自治体が設ける)講習所での専門理論的な養成教育と結びつけられている。この準備勤務は、少なくとも一年、連邦では通常二年続く。行政学校における養成教育の例として、一方ではとりわけバイエルン州の行政学校が、他方では新五州の新しい行政学校が、具体的にはヴァイマールにあるチューリンゲンの行政学校またはフランケンブルクにあるザクセンの行政学校があげられる。どこでもこの準備勤務に入る資格要件は、中等教育修了資格[8]である。

連邦の一般行政と内務行政については、連邦行政局(Bundesverwaltungsamt)が中級職の養成担当官庁である。そこでは、州の場合には行政学校に委ねられている専門理論教育も行われる。州の行政学校は、法的に人事権をもつ公法上の社団[9]であり、その構成員は、それぞれの州と(郡と同格の)市町村および郡である。行政学校は、中級職の官吏の養成と並んで公務職員の教育をも行う(そして、これらの学校は、勤務後の研修事業の主体である)。こうした仕事の範囲の拡大からただちにわかることは、行政学校が公務の専門大学校の場合のような特定の職種を養成する任務に特殊化されていないということである。このことのかなり深刻な理由は、中級職の公務が果たす意義の低下にある。

すでに述べた七〇年代末のラウフバーン法の再編により、〔上級職と同様に〕中級職の養成も質的に改善されたのに対して、単純職のための養成は、依然としてほとんど法的な規律の対象とはなっていない。この養成は、現業の能力の獲得に向けられている。ラウフバーン法は単純職への就職についてハウプトシューレの学歴[10]またはそれと同程度と認められる教育の修了を求めている。ちなみに、多年にわたり、ドイツ連邦鉄道とドイツ連邦郵便は単純職の官吏のための主要な雇用主体であった。二つの大企業の民営化に伴い、このラウフバーンにおける雇用能力も目立って減ってきており、単純職は、ドイツ連邦共和国においてはまもなく「干からびてしまう」であろう。

4　公務における研修と高度継続教育(Fort-und Weiterbildung)

(1)　人材開発の全体構想としての研修と高度継続教育

いわゆる職務上の研修は職業官吏制の教育の伝統と結びついている。内容とやり方は、通常は略述した養成課程との調整がとられている。ドイツの公務のための特殊な養成教育は長い伝統があるのに対して、研修は、その今日の制度面の整備という点では相対的に新しいものである。その基盤は、六〇年代に固められたが、完成に至るまでなお一定の時間を要し、七〇年代の末までに研修は人事管理のゆるぎない構成部分として認められた。

そのようにして受け入れられた研修の考え方の基礎は、個々の官吏にあってはさらに付加的な個別の能力が必要であるというものである。研修は、したがって、この意味において専門の職業上の能力開発と結びつく。この関係が出てくると、これまで養成教育の修了によって、すでに長期の職業生活に必要な能力があると考えてきたこととぶつかってしまう。このことは、とくに学術的養成教育の場合に当てはまる。というのは、その養成の機能が各専門分野における自己研修の能力をも付与するところにあるからであるが、養成教育修了後、次の資格づけの段階では、純粋に専門に関連した部分は小さくなってしまう。したがって、研修を広義にみた高度継続教育の試みの一部として理解する方が有意義である。この高度継続教育は、付加的な個別の専門的資格付与と並んで、個人の能力と社会的能力の自己研修をも含むのである。このように理解された「高度継続教育」は、ますます重要になる人材開発と表裏一体となっているのである。人材開発は、付加的専門的能力ならびに個人的社会的能力の獲得を含んでいる。

ラウフバーン法の側からは、そのような高度継続教育のための勤務法上の根拠がある。連邦ラウフバーン令および各州のラウフバーン令は、すでに述べたように、研修を受ける官吏の義務から出発している。この場合、ラウフバーン法上は、自己研修と職務上の研修措置には違いがあり、自己研修の義務は、官吏法上の業績主義から生ずる。なぜなら、自らの専門知識とその他の自分の能力をたえず最新のものとすることをもってのみ、官吏は変化する時代の要請に対応できるからである。だが、人材開発と結びついた人事管理は、そのときどきの研修需要が職員たちに認識され、勤務上の高度継続教育措置への参加が促進されるよう配慮しなければならない。

(2) 職務上の高度継続教育の目的と体系

以上のことから、高度継続教育の職務上の目的は明らかになってくる。それは、公務員の潜在的能力を維持、拡大し、加えて、広く仕事を行えるようにし、そのことによって公共の管理と個々の人材投入の質と柔軟性を高めることである。また、同時に、高度継続教育は、公務員の人格的、個人的および社会的能力をも強化しようとする。

このように、職務上の高度継続教育の目的は広く設定されている。すなわち、それは、個人の業績の向上、同僚への刺激、ならびに職業上と個人のいっそうの自己開発を含んでいる。これは、個人の仕事の能力が高まり、個人の能力が開発されれば公行政全体の使命にとっても有益であるという推定から出発しているのである。

この目的設定の枠内で、個々の高度継続教育措置は広い範囲に及ぶ。例えば、連邦と州の官吏は、自らのポストまたはそれと同一の価値をもつ仕事に必要な能力を維持し改善することに役立つ職務上の研修措置に参加する義務を負っている(適応研修)。それ以上に、官吏には、その適性に応じて、必要があって行われる職務上の研修措置に参加する機会が与えられている。これらは、いっそう高い価値のある仕事の能力を磨くという目的をもつ(昇進向けの研修(Förderungsfortbildung))。これについては、権限をもつ上司が推薦をすることができるし、自ら応募することもできる。官吏の選考にあたっては、人事管理上必要な事柄に対して慎重な配慮がなされるべきである。

以上と並んで、新採研修とプロジェクト研修がある。高級職の若手のための新採研修は、そのもともとの目標設定からして、法律家にとっては経済学関連の追加的ないし補完的養成教育であり、経済学専攻者にとっては法学のそれである。この研修段階の重点は、しかし、ますます行政作用の経済性や効率といった専門を超える諸問題や後に担当することになる管理的事務に照らして、コミュニケーション的能力の付与に移行している。他方で、プロジェクト研修は、研修措置のうち、個々人にとってではなく、組織単位(課、官庁、局など)の全体の中での連携のために行われる限りで、すでにあげた研修の種類と並ぶ地位にある。

以上のすべてにあって、研修の伝統的な分類が問題となっている。これまでの分類は、職務上の研修の原則的な正当化や目標設定を行政の中で定着させることに大いに貢献してきた。しかし、総体として、今日では、研修の考え方が変化してきたといわざるをえない。その考え方は、教育目的に従った図式的な分類に見切りをつけ、ますます特定の目的集団が必要とするもの、ないしは、特殊な行政目的に向かっていて、高度継続教育に移行している。例えば、今日の管理職研修(Führungsfortbildung)にあっては、管理能力の開発が語られている。準備勤務の後にある新採研修は若手のための高度継続教育となり、プロジェクト研修は組織・人事関連の目標設定(組織開発、人材開発)に位置づけられる。

(3) 研修の組織と実施

研修の組織と実施は、これまで圧倒的に行政内部の施設に委ねられてきた。連邦行政についてみると、一九六九年に連邦公行政アカデミーが連邦内務省の組織単位として設立された。これは、連邦の中央研修施設である。その使命は、所管を超えた職務上の研修措置を計画し、組織し、実施することにある。この目的で、連邦アカデミーは毎年約四百のセミナーと講座を実施し、ほぼ八千人の連邦の公務員がそれらに出席している。出席者の構成をみると、一九九三年のデータが示すように、高級職が半数を超えている。

高級職　五三・八％
上級職　三八・八％

中級職　七・二％
単純職　〇・二％

連邦の研修ネットは、その他の特殊な研修施設を網羅している。若干のものは連邦公行政アカデミーの設立前に設けられていた。これらは、部分的には、例えば連邦財政アカデミーまたは警察管理アカデミーのように、州行政の公務員をも統合して研修を行っている。全体をみると、今日では以下の所管を超えた連邦の研修施設をあげることができる。

・連邦公行政アカデミー
・連邦財政アカデミー
・連邦公行政専門大学校
・警察管理アカデミー
・外務省養成・研修所
・連邦国防軍管理アカデミー
・内部管理センター
・連邦安全保障政策アカデミー
・国防行政・防衛技術連邦アカデミー
・ドイツ連邦銀行養成・研修所

研修の行政内部での結びつきは、各州における研修の風景にも当てはまる。各州は、一九四七年以来ますます高級職の州の官吏の研修をシュパイヤー行政科学大学院で行ってきた（これについては、以下の(6)を参照）。その他の研修の機会は、関係する省や内務省の側で自ら準備した研修を通じて用意されている。例えば、教師の研修、または、社会的研修領域においては、独立の営造物の法形式で運営される研修施設や、私法人化された研修所ないし実質的な民営化モデルもある。州の領域における重要な展開の一つは、そうしたこと以上に、管理職の研修のための特別の施設が新設されており、これについては以下に特別に取り上げる。

(4) 補説 I――専門大学校における高度継続教育

連邦の専門大学校が職務上の研修に関わっていることがすでに新たな展開を示唆している。専門大学校には、次第に独自の高度継続教育の任務が課されている。例えば上級職および中級職における高度継続教育の需要をより適切に満たすために、連邦内務大臣は一九九四年に、連邦の専門大学校に対して、連邦公行政アカデミーが内容についての責任を負う(当初は、過渡的なものにすぎない)職務研修の任務を委任した。

州においても、もともとは、上級職の官吏のための研修は、行政専門大学校の任務ではなく、八〇年代の半ば以降、研修の仕事がますます意義を得たのである。例えば、一九九二年一月一日からザールラント州の公行政専門大学校は州の全地域のための研修を――管理職研修を除いて――委託された。この間、ヘッセン州の行政専門大学校とその他多くの州の専門大学校も、上級職の官吏(およびこれに相当する公務職員)の研修を引き継いだ。これらの専門大学校は、監督官庁との協定によりそれぞれ研修企画を実施することができる。

すでに言及した学術審議会の諸勧告は、将来、一般に応用研究と高度継続教育の分野で公行政専門大学校の使命を拡大することを提言する。この提案は歓迎すべきである。すなわち、研修の領域での提供側の競争関係が強まって、任用官庁の側ならびに行政実務の現代化の担い手〔行政を行う公務員のこと〕の側双方にとって利益となるからである。

(5) 補説 II——研修と高度継続教育の民営化[11]

職務上の研修と高度継続教育のシステムは、ドイツにあっては民間市場および営利企業の高度継続教育活動から広範囲に遮断されてきた。その中で「中間的存在」に当たるのが行政・経済アカデミーである。そこの学位と、それと同等の施設の修了資格は、ラウフバーン法により公務にとっても特別の専門的知識の証明とみなされる。

とくに、行政・経済アカデミーは西ドイツの州においてすでに長年にわたって広がってきた。かつての官吏アカデミーに由来し、二〇世紀の初頭以来の業績をもつ研修施設——ベルリン行政アカデミー（私自身、一九七二年以来、そこで講師をしている）——は、上級職の官吏（およびこれに相当する公務職員）に、行政実務家や研究者の参加のもとでつくられたカリキュラムで、数学期にわたる教育（講義と演習）を提供している。行政・経済アカデミーの若干のものにあっては、経済分野の出身の学生比率がほぼ八〇％にも及ぶ。ベルリンやヴェストファーレンの行政アカデミーのような純粋な行政アカデミーではないところでは、これらの研修施設の運営主体は、市町村や市町村連合、商工会議所ならびにその他の諸機関である。これらのアカデミーで行われる職業向けの（独自の）官吏研修は、勤務時間外に行われる。すなわち、講義は夕方や週末である。雇用主体の側からは、必要とあれば、若干の時間について、労働免除ないし職務免除が行われる。これらの施設のカリキュラムは、それぞれの公行政が求める、より深い知識という現実的需要に向けて組まれている。それゆえ、カリキュラムは、法的な科目のみではなく、経営論、コンピュータ技術や経済と行政の組み合わせが前面に出ている。

しかし、通常は、職務上の研修や高度継続教育は、営利企業ないし商工会議所の教育活動との合同という形ではない。経済界は、総体としては、その養成教育・高度継続教育活動を独自の教育センターに分離するという方向に移っている。せいぜいのところ、管理職研修の分野が例外であって、ここでは、ますます、未来を志向する行政エリートの育成について、一方で企業の経営上の利益と、他方で雇用主体の利益の特殊な結びつきが顕著である。ちなみに、公共部門と民間部門は、高度継続教育分野での外部講師のリクルートのところで競合している。この高度継続教育にあっては、民間部門でも自由業のトレーナーに対してかなり大きな需要がある(とくに接遇などの訓練)。

(6) シュパイヤー行政科学大学院での行政科学の高度継続教育

シュパイヤー行政科学大学院では、行政科学の高度継続教育を、養成教育および研究とならんで、一九四七年以来、その活動の特別の重点事項としてきた。本大学は、すでに述べたように、高級職の分野で連邦各州のための行政科学の高度継続教育の主たる運営主体となっている。ここでは、過去においては種々のタイプの高度継続教育科目が区別されてきた。

基本的な高度継続教育事業に属するのは、いわゆる国家学研修学会(Staatswissen-schaftliche Fortbildungs-tagung)であり、一九四七年以来行われている。今年、一九九七年には第五〇回のこの学会が行われた。これは、すべての公務員に対して開かれた三日間ないし四日間の催しで、とくに高級職の官吏に有益である。この学会の参加者は、毎年二五〇名から四〇〇名の間で推移している。

一九五七年以来、これと並んで、第二の学会方式、すなわち毎年秋に行われる行政科学研究会(Verwaltungs-wissenschaftliche Arbeitstagung)がある。これは、限定して招待した研究者や実務家が参加し、三日間で厳しい意見交換を可能にするというねらいをもっている。今年一九九七年のこの研究会は、一〇月二〇日から二二日に、「行政裁判権の改革」というテーマを扱う。今回の研究会は、私自身が主宰者である。

以上と並んで、これまで高級職の幹部レベルの公務員(政府参事官、上級政府参事官、政府管理官[12])を対象とする管理職セミナーが展開されている。これらは、従来、職業に伴う高度継続教育に重点を置いていたもので、各セミナーは、一人のシュパイヤー行政科学大学院の教授が主宰する。この管理職セミナーは、今は、一週間ずつ三つ（かつては四つ）の必修コースと任意参加の補充企画からなる。これらのコースは半年の間隔をおいて実施され、全体として、このセミナーに参加するよう指名を受けた州の官吏は、四つの管理職セミナーに出席する。これらのセミナーの講師として協力するのは、シュパイヤー行政科学大学院の教師と並んで、名声のある行政実務家と他の大学の教授たちである。

現実的で、かつ問題志向のある高度継続教育措置への関心に対して、シュパイヤー行政科学大学院は、一九七三年以来、数日に及ぶ特別セミナー、シンポジウム、少人数討論を提供してきた。これらにはドイツ国内レベルでのもの、国際規模のものがあるが、参加者数を小さくして――テーマにもよるが――指名制で行っているものもある。

ドイツの公行政の「ヨーロッパ化」と「国際化」を対象とするのが、一九九〇年以降定期的に行われているヨーロッパ・セミナーならびに一九九〇年の春以降定期的に実施している法と行政の協働のためのシュパイヤー・フォーラムである。これらの特殊な高度継続教育の場は、主として連邦各州の管理職に、さらに、連邦や市町村ならびに諸団体、政党、財界の選抜された管理者層にも、一方でヨーロッパ連合の法と政治についてのカレントな知識を、他方でヨーロッパ外の法と行政の発展についてのカレントな知識を取得する機会を提供している。

新五州のためには、シュパイヤー行政科学大学院は、一九九一年以来、いわゆる夏のアカデミーを提供してきた。「東側における成果」というタイトルで、新五州の行政と財界の管理職のためのこれらの事業は、経済、環境、社会的セクターおよび行政の発展についての情報と分析を対象としている。

最後に言及する必要があるのは、シュパイヤー行政科学大学院にある公行政研究所という組織の名において行っている研究セミナーである。このセミナーは、例えば「ヨーロッパ共同体の構成国の公務員法」、「行政手続法の改革」といった現実の問題を扱っている。これらの研究セミナーは、ほかのすでにあげた高度継続教育の諸タイプと同じく、現在見直しの過程にあり、本大学院も、その高度継続教育科目を「現代化」している。管理職セミナーは、多くが他のタイプの企画で代替されるようになっている。その代わりの企画に入るのが、シュパイヤーでの学会、研究会、フォーラム、セミナーおよび少人数討論である。行政科学研究会も、今年は、この形態における最後のものとなる。研究シンポジウムがこれに代わることになろう。

これに対して、ヨーロッパ・セミナーや法と行政の協働のためのシュパイヤー・フォーラムのような別のタイプの企画は、維持されることになろう。このようにして、シュパイヤー行政科学大学院は、将来もドイツ連邦共和国のすべての公行政にとって、高度継続教育の中心地となるであろう。

5 高度継続教育による管理職の育成

(1) 公行政の発展傾向とマネージメントの発展

管理職の高度継続教育は、連邦と州の職務上の高度継続教育の特別の重点課題となっている。これは、行政の中の管理者レベルに向けられている。これに対応する高度継続教育プログラムには、若手の管理者、ならびに行政のトップ、例えば連邦の行政においては局長、事務次官、州の行政においては大臣、事務次官、局長、独立の州官庁の長官などに向けたものがある。

この管理職向けの高度継続教育の企画構成は、公行政の発展傾向に従っている。これは、行政マネージメントを根本的に新しい基礎の上に置くことを要求している。とりわけ、すでに触れた公行政のための社会的周辺諸条件の変化がこのことを強いているといえる（本章一2(3)を参照）。このことから導かれる変化の中心は、一方では、公共部門の能率と効率が上がらなければならないということであり、それは、内部の合理化のプロセスを通じて改善される必要がある。他方で、グローバル化と国の機能の変遷に伴って現れている行政という職業分野の変化が強調されるべきである。さらに、決定的なことであるが、公行政の国際化（「ヨーロッパ化」も）が周辺的諸条件に入っている。この国際化によって、管理職ならびに上級職の公務員は、国民国家を超えたところの公行政がもつヨーロッパ法と行政文化の諸条件に向けて広く対応することができるのである。

(2) 重点としての管理職高度継続教育

そうした事情で、今日、管理職の高度継続教育が重要となっている。これによって、管理職は管理業務を引き受けることへの備えをすることになる。他面で、この高度継続教育は、管理業務の執行にあたって、個々の管理能力を対内的にも対外的にも充実させ、とくに社会や制度という公共管理の周辺的な諸事情の変遷を受け入れて、対処することを可能にする。

したがって、管理職高度継続教育は、人事管理、組織単位間の紛争解決および個人がらみの問題（仕事の技法、ストレス対策、チーム作業など）の諸テーマも対象とする。例えば、法の実現、計画、実行のための準則定立、協調と統制に関する指揮をするという機能に必要な実体的な知識や事務処理過程の知識などである。

ドイツ連邦共和国での以上のような高度継続教育の仕事は、連邦レベルにあっては、とりわけ連邦公行政アカデミーに委ねられている。ここでは、管理職の高度継続教育は、管理職以外の高度継続教育の基本プログラムの中に統合されており、その基本プログラムは、セミナーや教科課程からなる段階的システムとして開発されている。これの中核的部分は、二〇年来行われている四週間の管理職「研修」課程である。

州レベルでは、最初にバイエルン州が管理職になるための若手の準備のためという特別の要請を認めた。一九六八年以降、この州の首相府(Staatskanzlei)が一四カ月も続く管理職課程を組織化し、実施した。一九八六年には、バーデン=ヴュルテンベルク州が、独自の管理アカデミー(Führgungsakademie)を設立した。[13] その中心は、若手の管理職の育成と選抜を目的として、二〇名の参加者のために一五カ月間続けられる教育課程である。[14] この期間中、参加者は職務専念義務を免除される。これら二つの州と並んで、他の州もこれほど体系的ではないが、管理職高度継続教育のためのプログラムを用意している。

(3) とくに、「シュパイヤー管理職コレーク」と「ヨーロッパ行政コレーク」

これらの体系性を欠く管理職高度継続教育の体験が教えるのは、やはり、潜在能力をもつ集団を対象とするための広範囲な管理職高度継続教育が不可欠だ、ということである。ラインラント=プファルツ州、シュレスヴィヒ=ホルシュタイン州、ニーダーザクセン州およびザールラント州は、それゆえ、シュパイヤー管理職コレーク[15]を一九九一年に設立して、この道を歩みはじめた。一九九三年にヘッセン州も加わったこの管理職コレークは、一六週間のコース・プログラムからなり、全体では三〇カ月かかる。このコレークの管理責任をもつのは(シュパイヤー行政科学大学院の所在地である)ラインラント=プファルツ州である。ここでは、組織上の責任は内務省が負い、事業の実施は、シュパイヤー行政科学大学院に委託されている。二〇名の参加者枠が、関係する州の間で事前調整されて配分される。バーデン=ヴュルテンベルク州やバイエルン州における管理職高度継続教育課程の参加者と違って、ここでは参加者は講座の期間中を除いて、自らの職場で勤務する。

他の諸施設と比べ、シュパイヤー行政科学大学院との結びつきを通じて、かなり強い学問と実務の相互交換が確立するはずである。

管理職の育成と管理職向けの高度継続教育の各モデルには、長短がある。コース・プログラムは、何カ月もの集中的教科課程にはならない。その代わり、コース・モデルの場合には、実務・職場との結びつきが維持されている。たしかに、上述したすべての管理職高度継続教育モデルに共通しているのは、それらが相当高い価値のあるポストを保障する直接的な請求権を与えておらず、この高度継続教育の提供が人材開発システムと密接に結びついてもいないということである。

ドイツの各州の行政の実務と、ヨーロッパ連合のレベルから始まった規制や執行に関する要請との結合が強まって、上述のコレークの段階を超えて、「ヨーロッパ行政コレーク」が成立過程にある。これは、ドイツの公行政の高級職の「ヨーロッパ対応能力(Europafähigkeit)」を強化することに奉仕する。現在、こうした目的から、私の学術的責任のもとで、三層制の高度継続教育システムが設けられており、これは知識取得のための基本セミナー、EUの首都であるブリュッセルに滞在しての実務セミナー、ならびに修了課程としてのプロジェクト型高度継続教育セミナーからなる。

二　変化の諸傾向と展開の見通し

1　「スリムな国家」における養成教育と高度継続教育

(1)　「スリムな国家」の養成教育

ドイツ連邦共和国の政府は、各州と共同で、「スリムな国家」の概念のもとで、国家組織を改革し、行政作用をより効率的に行い、これを不可欠の程度に限定し、そして国家ないし行政の作用のコストを引き下げるという目的に向かっている。これに奉仕するのが、法規定の削減、行政機関の分離、国家的事務の私化〔民営化〕ならびに官庁の権限の再調整および「経営的」行政思考〔「行政マネージメント」〕への移行である。公務員側からみると、これはポストの継続的な縮小を意味する。

養成・研修は、この展開により直面攻撃を受ける。ポストの減少に照らして、養成教育に当たる集団がこれから極限まで働かざるをえないかもしれぬという問題だけが出てくるのではない。同時に、例えば、マネージメントの発展と結びついている新しい能力、またはプロジェクトによる高度継続教育を可能にし、公行政の「ヨーロッパ化」を準備する仕事と結びついている新しい能力が要請されているため、これまでの養成・研修の提供内容が考え直されなければならないのである。必要なのは、養成教育・高度継続教育のプログラムの全般的な新構想なのである。

ここで、まず挑戦を受けるのは、養成教育である。一例をあげると、上級職の養成のための専門大学校で単にヨーロッパ関連科目を設けることではもはや不十分である。ドイツ連邦共和国の中級の行政マネージメントでの「ヨーロッパ対応能力」は、より広く鍛えられなければならない。それと並んで、結果や手続を問うにとどまる事務処理に対しては広く批判があって、分散的な資源責任、事務処理の予算化、事務処理のコントローリングを将来の行政活動の中心に置く行政マネージメント強化に移行することがこの間認識された重要な任務なのである。高級職の養成は、それら以上に、とりわけ「ジェネラリスト型勉強」としての現在の法律家養成がなお時代に合っているかどうかという問題を投げかける。大学における法学カリキュラムは、司法修習での従来の重点化を引き継ぎながら、行政との関連づけをより深めなければならないであろう。具体的には、ドイツ連邦共和国では、すぐ続けて行政で勤務するためには、高級職のラウフバーンのための追加的要件として、大学での特別の課程「行政法曹と司法法曹」が設置されうるだろう。その限りで、シュパイヤー行政科学大学院には新しい仕事がつけ加わることになろう。

(2) 研修と高度継続教育

一般的な職務上の高度継続教育は、時代の変化という傾向を背景として維持され、事務の範囲の再構築にあたって公務員が新しい職務を引き受ける準備教育となる。もとより、高度継続教育施設も財源の増加をあてにすることはできない。すでにこの理由から、プロジェクト型高度継続教育の形式による組織に関連づけた高度継続教育がいっそうの意義を得るであろうということから考えはじめる必要がある。その長所は、かねてよりその形での研修が組織開発と人材開発を結びつけるものであり、また、研修費用を委託者(研修や高度継続教育を求める行政側)に支払わせるという点にあった。

2　特　論――専門大学校という部門における現在の発展の傾向

(1)「スリムな国家」からみた現在の専門大学校

専門大学校にとって「スリムな国家」の発展の帰結は、まだ見通すことができない。例えば、とくに現在、個々の専門大学校間の協同モデルが議論されている。この間、議論の前面に出ているのは、先に言及した「行政内部型専門大学校の今後のあり方についての勧告」である。これらの勧告は、当初は大学政策の道具として考えられているのであるが、行政の現代化がもたらす影響に対応して、国家が専門大学校を新しい要請に合わせたものにすることをも目的にしている。このことは、学位取得で修了するということで表現される養成教育の学術性の強化を求める学術審議会の要請と、管理者能力の強調に照らして明らかとなる。同時に、学術審議会は、専門大学校における課程の内容を、経済関係の諸科学の充実を図る方向で変更することを支持している。同じように勧告されている理論学習の期間の長期化については、すでに言及した。学術審議会の勧告の中心部分は、そのことを超えて、「外部的な」学習施設の設置、すなわち公行政専門大学校を行政内部との結びつきから切り離し、ドイツ連邦共和国の一般的な専門大学校システムの中に移行させることにある。

学術審議会の諸勧告は、近時深まった公行政専門大学校の現在の成果に対する批判に同調する傾向を示す。それとの関係で、入学志願者を学業の修了試験合格後初めて上級職の官吏として任命することが、考慮に入れられる。こうすると人事上の決定は、かなり遅い時期になって行われることになる。今一つの問題は、現在約五万人になる上級職の見習生の費用が忘れられている点である。この費用の総額は、毎年一四億マルク〔一マルク七〇円として計算して、約一〇〇〇億円〕にのぼり、そのうち七五％が見習生の給与である。これを雇用主体が負担する。

各見習生は、年におおよそ二万六〇〇〇マルク〔同じ換算率で約一四五万円〕を受け取る。加えて、各種手当て、旅費および養成施設のあるところに滞在することから必要ないわゆる「兵站《へいたん》手当」がある。これを自治体の専門家は年額六〇〇〇マルクと見積もっている。

見習生の給与の額は、現在のところ、能力のある志願者にはかなりの魅力である。彼らは、そうでなければ、おそらく公行政での勤務に応募しないであろう。任用する官庁側が事実上の人材需要に目を向ける結果、志願者側の関心以上に、高い安定性のある職場を保障している。現実に、一つのポストに一〇名の志願者がある。上級職への志願者の採用や任命については、適性と能力に従い決定される。専門大学校の課程で修了資格を取得できない学生の率は、その結果として、通常は五％以下である。これに対して、外部型の専門大学校の場合には最高二五％まで卒業できない学生が出るのが普通である。

もちろん、大学政策やコストの観点からの考慮は、公行政専門大学校に変化を及ぼす根拠としては二次的なものにすぎない。すでに説明した公行政に対する社会的周辺的事情の変遷に基づく専門大学校像の変化が、前面に出なければならない。すなわち、行政実務からの要請や需要が基準とならなければならない。もちろん、決定的な疑問は、上級職の公務員にふさわしい新しい同質の資格づけがいるかという点である。この問題は、否定されるべきである。ドイツ連邦共和国では公行政が変遷しており、現在では、実験的な資格づけの変更以上のことは考えがたい。専門大学校での養成において実証されたことを軽率に廃止するのではなく、新しい道のために別の選択肢を考えるしかないことは明らかである。このことがどのように行われるかについて、以下で概観を示す。

(2) 現在の発展の傾向

例えば、中級職から上級職への昇進の可能性を残しておくために、まず、公行政専門大学校で外部型学生と内部型学生からなる混合形態が考えられる。公行政のための専門大学校の同時の、かつ大規模な「外部型化」および一般的な専門大学校の部門への編入は、それゆえ否定されざるをえない。

質の高い高度継続教育に対する需要の増大には、将来、専門大学校の卒業生のための専修課程(Aufbaustudiengang)の設置をもって対応する。それと並んで、専門大学校は、外部型の専門大学校との協力を拡大し、中級の行政マネージメントのための専門的な養成課程を提供する。

適切な事例として以下のものがあげられる。

・オズナブリュック専門大学校における「行政経営(Verwaltungsbetriebswirt)」講座。これは、公務職員が後に従事することになる専門の仕事の準備となるもの

・ブレーメンで行われている公行政専門大学校と「〝経済と行政〟ヨーロッパ講座」のための一般の専門大学校の両大学でのモデル試行

・一九九五年にハルツ専門大学校で開始された「公行政」講座。これは、公的企業と第三セクター(intermediäre Wirtschaft)の境界領域の知識に対する需要をカバーするものである。この講座のために、従来の内部型の公行政専門大学校は解体され、新しい講座に移行する。シュパイヤー行政科学大学院は、そのために私が助言にあたるという形で、協力をしてきた

・一九九三年の九月以降、ノルトライン＝ヴェストファーレン州の公行政専門大学校で設置されている「行政経営論(Verwaltungsbetriebswirtschaftslehre)」のモデル講座

類似のモデル講座やモデルの提案はベルリン、ハンブルク、ブランデンブルクおよびザクセンの各州にある。もとより、それぞれに、上級職の養成教育での若干の変化が中級職のラウフバーンに与える影響や、人材開発への影響——例えば、官吏と公務職員の比較可能性に関して——などが考えられていなければならない。

外部型の専門大学校を設置する費用も無視できない。なぜなら、任用する官庁は労働市場で公務員を採用するにあたって初任の給与を上げなければならないだろうからである。見習生に必要な給与がなくなるコスト面の長所は、このようにして中期的には数倍も高くつくだろう。それ以上に、外部型大学での就学を準備勤務として承認することがただちにほぼ不可能となろう。おそらく、大学卒業後に、各雇用主体は、補充的な準備勤務(六カ月から一年)を予定するだろう。それは——技術職のラウフバーンにおけるそれと比較して——追加のコストを投入して修了させることにならざるをえないであろう。

3 「二〇〇〇年」の行政のための養成教育・高度継続教育改革アジェンダ

以上のような背景のもとで、「二〇〇〇年」の行政のための養成教育・高度継続教育の展開の若干の原則的な課題が取り上げられる。その際に前面にあるのは、国家と行政の現代化のプロセスから始まる大学の課程に対する内容上の要請である。養成教育における現在の赤字の処理は、これらの要請に合ったものでなければならない。この赤字は、とりわけ理論面と実務面の養成教育を絡ませていることから生じているが、専門大学校が高度継続教育の使命をもたないこと、そしてマネージメント知識や「ヨーロッパ対応能力」について実務に関連づけたことを身につける教育がほとんど行われていないことからも生じている。それに加えて、私企業と、広義の国家的行政として組織された領域との境界線は、経営論上の出納事務と官房学的な簿記との間の境界線がそうであるのと同様に、変化せざるをえない。こうしたことを目的とする能力上の要請は、これまで以上に、養成教育の内容に持ち込まれるであろう。

この点に関連して、専門大学校での履修が、従来とは異なり、行政に近い活動や私企業の領域にとっても、ないしは、専門分野からみて伝統的な講座に近い職業分野にとっても、専門能力を与えるものとなろう。なぜなら、この職業に関連づけた履習内容の拡張は、現在の専門大学校の卒業生に公務以外のところでも職場を得る機会を開くことになるからである。

行政内部型の専門大学校の高度継続教育と上級職への就任資格となる専門大学校での履修内容と並んで、すでに高級職のための養成教育の改革の必要を指摘してきた。二つのラウフバーンは堅く維持されよう。だが、そのことを超えて、養成教育と高度継続教育が人材開発に結びつくことは避けられず、そのようにして公行政は、「常に学ぶ組織」としての理想像に近づくことになろう。

〔1〕 本稿に出てくるドイツの公務員制度について、その概要、公務員の種類ごとの人数などの基礎的な知識とデータについては、ヴィリ・ブリューメル(著)・木佐茂男(翻訳と解説)「ドイツ連邦共和国における公務員の養成・研修の現状と諸問題」『自治研究』六九巻五号(一九九三年)二〇～四五頁を参照していただきたい。

〔2〕 日本の人事院では、ラウフバーンを「同一の学歴及び修習(準備勤務)を資格要件とし、かつ、専門領域を同じくする官職の集まりをいう」と訳している。

〔3〕 四年間の小学校の後、第五学年から第九学年までの課程を修了する学校。ギムナジウムやレアル・シューレに行かない生徒が進学する。

〔4〕 実業中等学校。四年間の小学校の後、六年間通う。

〔5〕 「所管省の外にある」というのは、例えば、内務省が一般職の公務員や警察官の養成を行うのではなく、一般の総合大学を所管する文部省・科学省などが所管するという意味である。

〔6〕 旧東ドイツ地域の五つの州をこのようにいう。

〔7〕 以下、固有名詞については、それぞれのニュアンスの違いを出すため、ドイツ語から直訳に近い形で訳した。

〔8〕 小学校一年以降計一〇年の就学を要する。

〔9〕　公法上の社団でありながら人事権をもたないバイエルン州の県連合のようなケースがある。
〔10〕　前記のとおり、小学一年から九年間の就学で足りる。
〔11〕　直訳すると私化となる。
〔12〕　これは連邦政府レベルの場合に関する日本の人事院訳のもので、下位の役職から上位へという順に書いてある。
〔13〕　神奈川県はここに毎年、県職員を一名派遣してきた。
〔14〕　最高裁長官や大企業社長なども非常勤講師となっている。
〔15〕　コレークには、もともと大学の講義、夜間のギムナジウム、カトリックの神学院などの意味がある。ここでは少人数の集中講座という感じのもの。

〈ドイツ連邦共和国　基本法〉

三三条二項　各ドイツ人は、その適性・能力及び専門的技量に応じて、等しく各公職に就くことができる。
三三条四項　高権的権能の行使は、恒常的任務として、通常は、公法上の勤務関係・忠誠関係にある公務員に委託されなければならない。
三三条五項　公務に関する法は、職業官吏制度の伝統的諸原則を考慮して、これを規律しなければならない。

〈訳者付記〉　本論文は、一九九七年九月九日に、北海道大学法学部、北海道市長会、北海道町村会、北海道市町村振興協会、自治研修協議会北海道部会、北海道公務研修協議会の主催、北海道の後援で札幌市内「かでる2・7」において行われた「欧州公務員養成に関する講演会」におけるシュパイヤー行政科学大学院教授ライナー・ピッチャス(Rainer Pitschas)博士の講演の邦訳である。この講演は、訳者によるドイツの公務員制度を紹介する小報告の後に行われたが、参加者が全道から、約一五〇名にも及んだ。このテーマに対する関心の深さが示されたものと思う。本講演の後、約四時間にわたって、少人数による徹底討論が北海道自治会館特別会議室で行われたが、その記録は本稿には反映されていない。

同教授は、北大法学部の学術振興基金を基礎として来日されたものである。同教授の略歴、来日中における全国各地での講演については、すでに本ライブラリー・シリーズの第三巻である田村善之編『情報・秩序・ネットワーク』の一一五頁以下で紹介されているので省略する。

同教授はきわめて広範囲に及ぶ領域を研究対象としているが、そのライフワークの一つに公務員の養成・研修制度というテーマがある。これは、教授自らが大学進学、研究者生活を開始する前に、一般職公務員の経験をもたれたという事情、また、そのこととも関わって養成・研修制度の中身が、一国の法治国家性を大きく規定することに対して深い関心をもっておられることに拠っている。ドイツの法学部教授としては非常にまれであるが、初級職、中級職、上級職、高級職の各種公務員が求められる資質につき一貫して実務の現場での職員との研究と公務員制度、その養成・研修体制について研究や実践を行ってこられた。

本論文は訳者の求めに応じて、事前に日本の実情についての意見交換を経て、最新のドイツ国内の各種の行政学校、公務員養成大学校の資料を網羅的に収集され、ドイツにおける新しい養成・研修の傾向についてのレポートをまとめていただいた。同国においても、管理職に対する高度の継続教育が大きな課題になっていることが明らかになろう。わが国においては、国(中央省庁)も同様であるが、ことに地方自治体において職員の資質の向上が議論されているところであり、本稿におけるドイツの紹介から、わが国の今後の公務員の資質・素養のあり方に対して、種々の示唆が得られることと思われる。最近になって、継続教育、継続研修という用語が頻繁にみられるようになったが、一九九七年の時点においては、継続教育という訳語を使うべきかどうか、訳者自身が相当に迷った。結果的には、ずれてはいなかったように思われる。

本来、訳者は、本書において、このドイツ側からの報告である本論文を受けて、カウンターレポートを書く予定にしていたが、編集上の事情から、別個のテーマで論文を執筆することになった。

ここで、同教授と訳者との関係について、少し触れておきたい。同教授がミュンヘン大学法学部のショルツ教授のもとで助手を務められ、教授資格論文を執筆されている時期に、訳者である木佐は一九八五年から一九八七年にかけてフンボルト財団の奨学生として、同学部のレルヒェ教授のもとで留学をしていた。当時、ほぼ毎日のごとく学生・職員用の食堂(メンザ)に通って、あれこれの学問的な話や雑談を交わした間柄である。訳者が行っているドイツの司法、地方自治、行政管理、人事管理、行政事情などに関する研究スタイルは、当時のピッチャス助手のアドバイスや、両者の間での議論に大きな影響を受けている。訳者の学位取得論文である『人間の尊厳と司法権』(日本評論社、一九九〇年)におけるインタビュー手法は、同氏のアドバイスなくしては成り立たなかったといっても過言ではない。この場を借りて、同教授に謝意を記しておきたい。

ピッチャス教授がドイツで本テーマに関する資料を収集されてから本書の刊行までに三年に近い歳月が経ってしまった。昨年(一九九九年)にドイツの公務員養成・研修関係の施設を調査した結果、同国においても、最近ではさらに新しい公務員の養成・研修の論点が出てきている。これらの点も含めて、訳者は、公務員に対する法治主義教育がもつ重要性について、別稿を用意したいと考えている。

本講演の主催、後援をいただいた諸団体、とりわけ北海道町村会と北海道自治研修所(当時)(現、北海道自治政策研修センター)に対して、厚くお礼申し上げる。なお、本講演とその後の長時間にわたって行われた討論の概要は、『フロンティア180』二四号(北海道町村会、一九九八年)に紹介されている。

執筆者紹介

執筆順・＊印は編者

宮 脇　 淳(みやわき じゅん)
北海道大学大学院法学研究科教授，行政学

木 佐 茂 男(きさ しげお)
九州大学大学院法学研究院教授，行政法

畠 山 武 道(はたけやま たけみち)
北海道大学大学院法学研究科教授，行政法

小 沢 典 夫(おざわ のりお)
前北海道大学法学部教授，環境法

＊山 口 二 郎(やまぐち じろう)
北海道大学大学院法学研究科教授，行政学

Rainer Pitschas(ライナー・ピッチャス)
シュパイヤー行政科学大学院正教授，公法学・行政学

自治と政策　　北海道大学法学部ライブラリー5

2000年8月10日　第1刷発行

編　者　山　口　二　郎

発行者　菅　野　富　夫

発行所　北海道大学図書刊行会
札幌市北区北9条西8丁目北海道大学構内(〒060-0809)
Tel.011(747)2308・振替02730-1-17011

㈱アイワード／石田製本

ISBN4-8329-2651-9